国家出版基金项目

当代中国教育改革与创新书系

总主编 **朱永新**

变革的力量

海门县域教育生态的蜕变

Ushering in an Area of Change

Redefining Education Paradigms in Haimen

许新海　著

中国人民大学出版社

·北京·

总　序

见证中国教育的成长

改革开放 40 年以来，中国发生了翻天覆地的巨变。40 年前的 1978 年，中国的国内生产总值（GDP）只有 3 600 多亿元；2017 年，中国的 GDP 达 827 122 亿元，增加了近 230 倍。中国奇迹、中国速度、中国故事，已经成为世界关注的重要话题。

在中国奇迹、中国速度的背后，中国教育的贡献是不言而喻的。如果没有中国教育为中国经济的发展提供重要的人力资源与智力支撑，这一切是不可能发生的。但是，中国教育一直没有引起真正的关注，直到一个偶然的事件，中国教育才为世界所瞩目。

2009 年，上海学生代表中国首度参加经济合作与发展组织（OECD）的国际学生评估项目（Programme for International Student Assessment，PISA）就拿了一个大满贯，包揽了数学、阅读和科学 3 个冠军。2013 年，上海学生以数学 613 分、阅读 570 分和科学 580 分的成绩，在所有 65 个国家（地区）中位居第一，再次夺魁。这一次，86.8%的上海学生的成绩达到或超过 OECD 平均成绩 494 分，呈现出上海义务教育校际差异小、均衡程度高的特点。一时间，“藏在深闺无人识”的中国教育成为世界教育的焦点。“上海为什么能?”“中国教育到底有什么秘密武器?”许多关注中国教育的人不断追问。

一直埋头学习别国教育的我们，也开始仔细地打量自己。有着重视教育的深厚文化传统的中国，这些年来，在“穷国办大教育”的背景下，用世界最快的速度推进了学前教育，普及了义务教育，实现了高等教育的大众化。中国教育的悄然变革，让我们也重新认识了自己。

在国家教育投入上，连续多年占 GDP 的比重达 4%，2016 年中国教育经费总投入已达 3.89 万亿元，其中国家财政性经费投入首次超过 3 万亿元。

在教育普及上，2016 年，中国的学前教育毛入园率为 77.4%，小学净入学率为 99.9%，初中毛入学率为 104%，九年义务教育巩固率为 93.4%，高中阶段毛入学率为 87.5%，高等教育毛入学率为 42.7%。这些数据均超过中高收入国家平均水平。

在信息化建设上，全国中小学生基本实现电子学籍管理，各级各类学校互联网的接入，从 5 年前的 20%左右，增加到现在的 94%多。6.4 万个教学点实现数字教育资源全覆盖，惠及 400 多万偏远农村地区的孩子。

在推进教育公平上，90%以上残疾儿童享有受教育机会，80%以上的农民工随迁子女在流入地公办学校就学。全国 2 379 个县（市、区）通过义务教育发展基本均衡督导评估，约占全国总数的 81%，11 个省份整体通过。高考录取率最低省份与全国平均水平的差距从 2010 年的 15.3 个百分点缩小至 2017 年的 4 个百分点以内。

在教育国际化上，我国已成为世界第三、亚洲最大的留学目的国，来华留学人员突破 44 万人，生源地国家和地区总数为 205 个。80%出国留学人员选择毕业后回国发展、为国服务。与 188 个国家和地区建立教育合作交流关系，与 46 个重要国际组织开展教育交流，与 47 个国家和地区签署学历学位互认协议。

我们每个人都见证了中国经济的高歌猛进和中国教育的快速成长。40 年来，中国的教育成就是全方位、开创性的，中国的教育变革是深层次、根本性的。从“有学上”到“上好学”，从普及教育到均衡发展再到内涵发展，从教育大国迈向教育强国，中国教育进入了一个新时代。

在看到这些成就的同时，我们也清晰地意识到中国教育面临的困难与问题，看到人民群众日益增长的对于美好教育的需求与我们教育自身发展的不均衡不充分之间的矛盾，看到中国教育与世界先进国家教育之间的差距。

看到，是一种见证。见证，是为了建设。这就是我们编写“当代中国教育改革与创新书系”的初衷。一方面，我们希望通过这套丛书系统总结中国改革开放 40 年以来教育发展的经验和教训，梳理我们在幼儿教育、基础教育、职业教育、高等教育、国际教育，以及区域教育改革和民间教育实验方面取得的成果；另一方面，我们希望把中国教育正在发生的故事介绍给世界，让世界了解真实的中国教育，并在与世界交流的过程中丰富和完善我们自己的教育。

“当代中国教育改革与创新书系”是一套开放的丛书，既有宏观层面的研究，也有微观层面的叙事。丛书既囊括了荣获首届国家基础教育教学成果特等奖的情境教育，又分享了在全国具有广泛影响力的新教育实验的最新成果；既介绍了在科技不断发展和互联网革命背景下不断快速发展的职业教育、国际教育，也总结了日新月异的家庭教育、学前教育进程；既以在 PISA 评比中崭露头角的上海教育为典型探讨了如何通过教师教育培训提升教学质量，也分析了海门作为县级市在改变区域教育生态方面所做的内容和制度创新。我们希望尽可能全面地反映改革开放 40 年以来中国教育改革与创新的成果，但由于多种原因，难免有遗珠之憾，因此，欢迎各个领域的专家积极联系我们，为我们出谋划策，提出宝贵建议，帮助我们发现优秀的教育案例与故事，也欢迎毛遂自荐提供相关的素材，更欢迎相关专家指导和参与这套丛书的编写工作。

朱永新

于北京滴石斋

2018 年 6 月 4 日

前　言

变革的力量

江苏海门，通江通海通上海，连通南通，素有“江海门户”之称和“金三角上小浦东”的美誉。全市总面积 1 149 平方公里，人口约 100 万，下辖 12 个区镇，其中 1 个国家级海门经济技术开发区、1 个省级海门工业园区，拥有 58 公里长江岸线和 25 公里黄海岸线，是江苏唯一同时拥有沿江沿海深水岸线的县市，是清末状元、著名实业家、教育家张謇先生的故里，是全国著名的“科技之乡”“教育之乡”“纺织之乡”“建筑之乡”“平安之乡”“生态之城”，也是江苏长江以北第一个全面小康达标市。

近年来，海门经济持续攀升，社会发展和谐，人民生活殷实，城市竞争力增强，对外知名度、美誉度和影响力不断提升。2019 年海门市完成地区生产总值 1 249 亿元，增长 8%；一般公共预算收入 71 亿元，税收占比达 80%，同比提升 9.5 个百分点；城乡居民人均可支配收入分别达到 4.79 万元、2.46 万元，分别增长 8.5%、9.4%；工业应税销售连续 24 个月保持 20%以上增速，首次突破千亿大关。“四个全面”月度评估和高质量季度考核持续位居南通前列。名列全国综合实力百强县市第 13 位，江苏省第 7 位，苏中苏北第 1 位。

海门素有尊师重教的优良传统，历届市党委、政府高度重视教育，优先发展教育，企业家及社会各界也关心支持教育。一直以来，海门教育健康稳步发展。截至 2019 年 9 月，全市共有各级各类学校 145 所，其中，幼儿园 67 所，小学 41 所，初中 28 所，普通高中 6 所，中等职业学校 1 所，特殊教育学校 1 所，其他学校 1 所。

共有班级 2 845 个，在校生 113 953 人，教职工 10 237 人。学前三年毛入园率、义务教育巩固率、高中阶段毛入学率均达保持在 99%以上。高等教育毛入学率 65.8%，新增劳动力人均受教育年限 13.38 年，主要劳动年龄人口平均受教育年限 11.34 年。

以上是海门市及教育的基本情况，而海门教育近些年的快速发展与加入新教育实验是息息相关的。海门与新教育实验结缘于 2003 年 4 月 2 日，时任苏州市副市长的新教育实验发起人朱永新教授应邀来海门做“新教育实验”学术报告。这是海门教育团队第一次现场聆听新教育报告。这场报告为正在启动新课程改革、探索素质教育新路径的海门教育人打开了视野，海门教育人为新教育理想所吸引和鼓舞。2005 年 9 月，我追随朱永新教授攻读博士学位，同时调入海门市教育局任副局长。在我的推动下，海门市以区域方式加入了新教育实验，深度实践新教育实验，汇聚到了实现新教育理想的洪流之中。新教育实验是教育综合改革实验，它以营造书香校园、师生共写随笔、聆听窗外声音、培养卓越口才、构筑理想课堂、建设数码社区、推进每月一事、缔造完美教室、研发卓越课程、家校合作共育等十大行动为途径，倡导行动的项目化，项目的深根化、课程化，根植校园、教室，根植师生的日常教育生活。海门新教育人寻找和携手越来越多“相同信念的人”，坚守每一间教室，用自己的创造性实践丰富着新教育实验的内涵，改造着自己的教育生活。新教育实验逐步成为海门教育快速发展的行动密码与亮丽名片。

自 2012 年我主政海门教育之日始，便不断地追问自己，如何使教育创新力度更大、发展质态更好、教育质量更高、师生获得感更强、社会影响力更广。八年来，面对时代发展的新变化、经济建设的新常态、人民群众的新期盼和教育变革的新形势，我和我的团队带领全体海门教育人坚守“立德树人，优质提升”的总原则和“办好人民满意的教育”的总目标，确立并基于“强毅力行，追求卓越”的海门教育精神，以深化改革、创新发展为动力，以平台聚力、项目攻坚为手段，以完善体系、转型发展为路径，立足于卓越课程的研发，从“每月一事，习惯养成”入手，回归教育源点，观照师生生命，积极追寻“美丽生命、美好生活”的价值，在构筑理想课堂的过程中思考并践行聚焦素养、重构学习的新理念、新思想、新行动，以新教育行者的信念和承诺，一日不歇地行走在区域教育变革的大地上，致力于教育改革与创新，努力创造着海门教育全新的样貌。

以“强毅力行，追求卓越”的精神为海门教育立魂，深化改革，创新发展，以使海门教育事业发展质态由规模化向品质化迈进，布局调整更加优化，资源整合效益显著。顺应行政区划调整，城市集聚化发展和农村城镇化建设要求，稳步实施了教育布局优化调整，教育结构更趋合理，教育功能更趋完善，优质资源更加放大，教育发展更趋均衡。各类创建齐头并进，办学品质全面提升。海门市成功创建全国义务教育发展基本均衡市、省学前教育改革发展示范区、省职业教育创新发展实验区、省社区教育示范区，并成为全国首批青少年校园足球试点县（市、区）、江苏省首批青少年校园足球试点县（市、区）。海门中学获评江苏省首批高品质示范高中，海门中专入选省中等职业学校领航计划建设单位，海门被省委省政府评为促进义务教育均衡发展先进集体。海门教育创新集团管理机制，发展活力不断迸发：组建成立了 12 个义务教育管理集团和 5 个幼儿教育共同体，将全市所有小学、初中、幼儿园全纳入，实现了优质资源全覆盖；同时，建立完善了义务教育管理集团法人治理体系，制订了集团章程，成立了理事会、监事会；建立高中跨校联盟、职教校企联盟机制，成立了海门开放大学，构建了较为完备的终身教育发展体系。

以“立德树人，优质提升”为工作总原则，通过“每月一事，习惯养成”“完美教室”等项目，大力开展社会主义核心价值观和“八礼四仪”教育实践活动。聚焦素养，重构学习，通过研发卓越课程，构筑理想课堂，教育质量由高位走强向全面丰收飞跃，高考成绩持续攀升。深入实施教育质量提升工程，我市 2019 年本一上线率 62.16%，比省平均上线率高出 34 个百分点；职业教育对口单招本科上线率达 65.73%，列全省第二。此外，我市义务教育全样本省学业水平监测显示，各项指标均全省领先。课堂改革提质增效，课程研发追求卓越。

以新教育实验为载体深度推动课堂变革与课程研发。我们积极打造幼儿园兴趣课堂、小学活力课堂、初中智慧课堂、高中高效课堂和职教技能课堂，切实转变教师教学方式与学生学习方式，积极探索“选课走班”教学模式，深入推进“卓越课程三年行动计划”，研发推广了以“五大精品地方课程”“百部影视、百首名曲、百幅名画、百个儿童剧”为代表的一批独具特色、高品位的课程成果。由海门市教育局主体参与的新教育实验成功获评国家教学成果奖一等奖，我在人民大会堂受到习近平总书记等党和国家领导人的接见。海门市另有高中、初中、小学各一个项目获评二等奖，这在兄弟县（市、区）是不多见的。

素质教育深入实施，各类竞赛捷报频传。大力实施素质教育提升工程、学生体质健康促进工程、中小学教育质量督导监测和校园足球改革三年行动计划。深入实施“作业革命”和体育百分百工程。成功举办了八届“珂缔缘”杯校园足球国际邀请赛，邀请巴西、西班牙、澳大利亚、韩国、朝鲜、泰国、中国等多个国家的球队来海门参加比赛。通过每年举办新教育艺术节、金钥匙科技节、球类俱乐部联赛、花样运动体育节，广泛开展学校社团活动，初步形成了“人人有项目、班班有团队、校校有特色”的生动发展局面。全市学校素质教育成果丰硕，体艺科技各类竞赛捷报频传。

（2016 年 4 月 28 日，在 2016RoboCup 机器人世界杯中国赛上，海门代表江苏省参加青少组 Mini 救援项目，获得冠军奖杯。图片由海门市东洲小学供稿）

国际机器人大赛世界冠军、世界珠心算比赛个人全能冠军、国际“最强大脑”争霸赛冠军、全国中学物理竞赛金牌获得者、全国青少年科技创新大赛金奖得主、全国读书达人，校园课本剧、校园京剧等多次走进央视频道。业余体校输送的运动员走上了亚运会的冠亚军领奖台，海门市中小学校园足球队多次夺得江苏省“省长杯”冠亚军。据不完全统计，八年来，海门市学生在国际、全国、省举办的各类比赛中获奖 2 万余人次。《人民日报》、中央电视台、《新华日报》、《中国教育报》、《校园足球》杂志等全国、省 30 多家官方主流媒体宣传推介了我市教育改革创新经验。海门教育名市品牌不断打响，教育影响力全面彰显。

以“平台聚力，项目攻坚”为海门教育变革的手段，办学条件由标准化向现代化跨越。民生工程大力推进，办学条件整体改善。海门市委市政府始终把教育摆在优先发展战略地位，出台了《关于进一步加快教育名市建设的意见》等政策文件，每年市委市政府的 1 号文件都将教育重点项目纳入全市民生实事工程予以实施。全市学校办学条件得到持续改善。基础装备提档升级，现代化水平不断提升。实施三年行动计划，信息化步伐不断加快。按照南通市 2019 年

"教育信息化 2.0 行动计划"，累计投入 1 亿多元，大力推进"三通两平台"建设，实施了千兆到校、百兆到班工程，实现了全市中小学"班班通"触摸式电子屏或交互式电子白板全覆盖。创建南通市智慧校园 41 所，完成了海门教育信息化云平台、城域网和校园网升级改造工程。

以"美丽生命、美好生活"的愿景唤醒教师的专业成长自觉，师资队伍由优秀向卓越腾飞。我们实施队伍提升工程，放大优质师资群体。加大教师继续教育培训力度，通过岗位设置、职称评聘、绩效工资、考核奖励等激励措施，为城乡教师学历提升、专业成长积极搭建平台。教师学历层次进一步提高。在职幼儿教师专科以上学历比例 88.2%，本科以上学历比例 44%；小学教师专科以上学历比例 99.9%，本科以上学历比例 84.9%；初中教师本科以上学历比例 97.4%，研究生学历比例 4.3%；普通高中教师研究生学历比例 16.6%；中等职业学校教师研究生学历比例 18.0%，"双师型"教师比例 74.6%。骨干教师群体进一步壮大。到 2020 年，我市教育系统有享受国务院特殊津贴教师 1 人、国家"万人计划"领军人才 1 人、省人民教育家培养对象 5 人、在职省特级教师 24 人、任期内省 333 高层次人才 4 人、南通市 226 高层次人才 12 人，南通市杰出人才 2 人、海门市级以上骨干教师 685 人。南通市中青年名师工作室 5 个。我市有正高级教师 12 人，高级教师 1406 人，占比由 2011 年的 9.3%提升到 12.4%，一级教师 3712 人，占比由 2011 年的 40.8%提升到 45.01%。我们搭建教师成长平台，发挥名师辐射效应。创建了名师和名品项目工作室。教师专业成长进一步提升。海门市级以上名师（名品项目）工作室由 2011 年的 10 个发展到 38 个（其中南通市名师工作室 5 个），并建立了学科与集团工作室，各工作室已经成为优秀青年教师的集聚地和未来名师的孵化地。我们还成立了中小学教师研修中心和新教育培训中心。教师研修中心成功创建为省示范性县级教师发展中心，开展教师全员培训，为全市教师搭建了丰富的成长平台。新教育培训中心的活动也风生水起，享誉全国。每年为来自全国各省市自治区的万余名新教育实验区代表举办各类培训班；每年举办两次全国新教育实验海门开放周活动。仅 2019 年，新教育培训中心就为全国各地举办各类新教育实验培训 1.6 万人次。

海门教育在省内外的影响力与美誉度得到全新提升，成为对外开放的亮丽名片。我们建立教师交流机制，还建立完善了校长轮岗交流、骨干挂职支教和顶岗学习等制度。既锤炼了师资队伍，又促进了城乡教育均衡发展。另外，教育科研取得了丰硕成果。"十三五"期间共立项全国教育科学规划课题 1 个，省教育科学规划课题 62 个。获国家教学成果奖 4 个，省教学成果奖 5 个，省教育

（朱永新教授和时任南通市市长张国华为全国新教育培训中心揭牌。图片由海门市教育局供稿）

科学优秀成果奖 5 个，省教育研究成果奖 1 个。先后有 4 项省教育科学规划立项课题获评省精品课题，5 项入选省精品课题培育对象。教师在省级以上报刊发表文章的数量和质量可圈可点。

以“完善体系，转型发展”克己内省，教育管理机制由管理向治理转变。表现在，加强党风廉政建设，作风行风成效显著，我们深入开展群众路线教育实践活动和“三严三实”“两学一做”专题教育活动，以及“不忘初心、牢记使命”主题教育，严格落实中央“八项规定”、省市“十项规定”，出台了《教育行风准则》《教育行风准则实施问责办法》《教育行风提升工程实施方案》，借人大评议外力，发主动治理内力，取得了很好的治理效果。教育局连续八年获全市目标管理考核市级机关先进部门和海门市集体三等功。立德树人榜样示范，生命志业价值引领。坚持以新教育榜样教师来引领广大教师的精神成长，每年开展教书育人楷模、师德标兵、最美乡村教师等评比表彰活动，举行“师德师风讲师团”巡回报告会，通过价值引领广大教师追求幸福完整的教育生活，积极推动教师由“生存职业”向“生命志业”转型。全面贯彻教育部“六条红线”“十项禁令”，出台《关于治理学校在职教师从事有偿家教的实施意见》等文件，实施师德师风建设负面清单制度，动真碰硬，惩防并举，取得成效。我们还完善教育治理体系，平安法治综合治理，健全了中小学幼儿园素质教育百分考核机制，建立了校长和教育管理集团年度考核、教师绩效奖励年度考核等制度。进一步健全了教育督导考核机制，实施了中小学督学责任区挂牌督导制度。全面加强了平安法治综合治理，积极开展平安法治学校创建，全市98%以上的学校成为海门市平安学校。另外全面规范教育系统编外用工制度，对全系统1 700多名编外用工全部实施劳务派遣方式，保障了编外人员的合法权益，也为学校未来发展解除后顾之忧。

反观这些年的海门教育发展，我们始终坚持立德树人、提高质量的任务目标，始终坚持勇于破局、善于创新的改革精神，始终坚持勇于担当、主动作为的过硬作风，始终坚持即知即改、立说立行的良好品质，始终坚持公平惠民、人民满意的理想追求。我可以自豪地说，这八年是我们在创新创业中破障奋行的八年，是我们在勇毅笃行中创造辉煌的八年，是我们在奋楫争先中收获幸福的八年。在这个变革的时代中，荣誉永远属于勇立潮头、敢于变革的人。

目　录

第一章 区域教育精神的自我解读

一、区域教育精神的内涵解读

二、区域教育精神贯彻的着力点

三、区域教育精神落实的文化路径

四、区域教育精神的行动实证案例

毛泽东曾说过，人是要有一点精神的。这句话放在当下，也仍然有着强烈的现实意义。任何时候，任何领域，都是需要一点精神的。城市要有城市精神，企业要有企业精神，教育也要有教育精神。

前几年，海门曾结合当时开展的教育质量上台阶工程，对海门教育精神做过提炼，那就是“四个特别”——特别能吃苦、特别讲奉献、特别善合作、特别会战斗。有了精神引领，只用了短短六年的时间，一年上一个台阶，一年一大进步，一举扭转了海门教育小富即安、徘徊不前的局面，教育质量跃居全省前列。2012 年 8 月，组织上安排我主持海门市教育局工作。我思考的首要问题就是如何通过传承海门教育历史，弘扬海门教育文化，提炼海门教育的精髓，判断海门教育的价值，在新的发展平台上重新建构海门教育的精神，即为海门教育立魂。经过集思广益，在原有四句话十六个字的基础上，最终将新的海门教育精神确定为“强毅力行，追求卓越”。

（2012 年 8 月，海门市教育工作会议首次提出“强毅力行，追求卓越”的海门教育精神，对其思想内涵和精神实质做了系统阐述，作为全面指导全市教育工作思想的引领。图片由海门市教育局供稿）

一、区域教育精神的内涵解读

“强毅力行”是海门精神“海纳百川，强毅力行”中的重要内容，最早出现在海门籍清末状元张謇先生的一段话中：“人患无志，患不能以强毅之力行其志向耳！”传承海门精神，特别是只属于海门的东西，那就是张謇先生所提倡的“强毅力行”。“强毅”是一种态度，是积极进取的精神状态；“力行”是一种行动，是身体力行的积极动作。“强毅力行”之内核是极具力量与韧性的坚持。海门教育人之所以特别倡导“强毅力行”，可以从教育的特点特征来分析和考量。

“强毅力行”的海门教育需要鞠躬尽瘁、为民造福。教育的真谛在于获得“解放”与“幸福”。这一方面需要海门教育人为了孩子心甘情愿“奉献”与“牺牲”，坚定“捧着一颗心来，不带半根草去”的人生信条，全身心投入；另一方面，需要有在成长孩子的同时成就自我的信念，在为孩子造福、为民造福的同时，让自己也活得神采飞扬与志得意满，过上一种幸福完整的教育生活。

“强毅力行”的海门教育需要坚忍自克、聚沙成塔。教育需要坚忍自持，教育人需要抱团自克，冷静反省，彼此鞭策，共同前行。因为教育并没有可以依循的不变准则与样板，它是灵活多变、富有生命的多元体。古波斯诗人迪萨说：“事业成于坚忍，毁于急躁。”如果教育浮躁不定，就会滋生不成器的毛坯、青涩的酸果。教育需要全体教育人耐心打磨、悉心关爱，不放过一点瑕疵，不错过一点亮色。教育管理者们要善于聆听师生们的心声，去扶持他们走心里真正想走的路，并且坚持自我的修炼，保持内心的宁静，紧盯远方的目标，带着光荣的理想和使命，出发、前行、跋涉、不息。

“强毅力行”的海门教育需要坚守思变、传承创新。教育担负着传承中国传统文化的重任。纵观中国几千年的教育史，“仁义礼智信”的重心始终未曾迁移，人们都受到传统文化潜移默化的滋养。尤其是当下一部分人道德底线缺失，文化信仰多元，使得重新审视与传承中国传统文化成了历史的选择。在这种时候，迫切需要一些民族性的东西成为情感和道德的支撑。然而除了坚守与传承，教育也在思变与创新，如何更好地关注“90后”“00后”的思想与心灵，找寻契合他们的本土教育之路，海门新教育已经在深度思索与探究这个问题，试图为其编织完整的人格教育体系。

“强毅力行”的海门教育需要同声共气、能“入”能“出”。教育来源于实践，是在实践中反复跌打滚爬之后才获取的某种可行性经验。“因材施教”理念之所以千百年来赞誉不断，正是因其源于教学的真实土壤。古代“师生从游”之境，就是教育的理想状态。“入”，即教育需亲力亲为，置身其中；“出”，即教育需运筹帷幄，全面掌控。唯有如此，教育管理者才能够在自己的领域里得心应手，游刃有余；对各种细节了如指掌，洞察于心；对未来的发展，洞若观火，高瞻远瞩。

真正让“强毅力行”精神植根全体教育人的内心，才是海门教育继往开来、续写辉煌的开始。

所谓“追求卓越”，是指将自身的优势、能力，以及所能使用的资源，发挥到极致的一种状态。卓越不是一个具体的标准，而是一种向往的境界。它不是抵达优秀就欣然止步，而是要优中求特，特中求品。它或许是一条可望而不可即的飘飘红线，也是照亮所有教育人的一盏明灯。

长久以来，海门人的心里始终盘桓着“小富即安”的想法，凡事差不多就行，不求有功，但求无过，得过且过，但少了一点拼劲，少了一点“宜将剩勇追穷寇”的霸气，躺在功劳簿上沾沾自喜，容易陷入“温水煮青蛙”的误区。这是教育的大忌，如果不能克服这种心理上的隐疾，那么海门教育将不进则退。“优秀是卓越的大敌，因为优秀，我们难以卓越。”优秀与卓越是两种不同的精神境界，优秀可以用具体的标准精确衡量，是过程细腻精致甚至达到极致的行动；而卓越是内在的朝向与愿景，是随着精神世界变化而不断超越的呈现，是内心渴望追寻的理想，是引爆个人激情和潜能的导火索。试想，一个人总认为自己不够优秀，不够卓越，就会有不满足于现状的冲动，生成很强的进取心和创造性张力，不断挑战自我、超越自我，在不断的拼搏中走向卓越。

提倡“追求卓越”，其实就是要舍弃“终点理论”。记得拿破仑·希尔说过：“人能设想和相信什么，人就能利用积极的心态去完成什么。”这样说来，只要理想不绝，奔跑就会永无止境。而所谓理想，其实是某一个时段的目标，它会不断变化和提升，犹如攀登阶梯。因此，教育的征途没有终点，只有不断的超越。每一段崭新的旅程都在提醒着教育者，不要一味留恋眼前的风景，下一段的景色会更美。

提倡“追求卓越”，其实就是要明了“粒沙理论”。伏尔泰说：“使人疲惫的不是远方的高山，而是鞋底里的一粒沙。”假若这粒沙能及早清除掉，那么巍巍高山便能腾跃自如。这粒沙或许是耐力不足、看问题偏激，或许信任不够、懈怠频发；或许是故步自封、不思进取，或许是其他种种容易忽视的小问题。然而如果在教育之路上，不能及时倒掉这粒微小却致命的沙，那么很容易导致教育计划的崩盘。

提倡“追求卓越”，其实就是要追求完美。卓越意味着尽善尽美。我们永远也达不到完美，这是教育人的卑微和渺小，然而我们又永远在渴望它和走向它，这是教育人的倔强和伟大。追求完美，不完美的我们不到最后就不停下；追求完美，不完美的我们愿意付出所有。完美是一种追求，是一种姿态，更是一种历练，它不在我们的眼前，而在我们的心里。它召唤我们，把教育的平常之事，做精细；把教育的平淡之事，做精彩。或许教育不会有百分百的圆满，然而却一定会有百分百的完美瞬间，那个瞬间，是由一个一个完美的细节组成。

提倡“追求卓越”，其实就是要不惧“输不起”。人生像跑马拉松，看到了方向，剩下的唯有坚持。成功最大的障碍，就在于“输不起”，将已有的辉煌看得过重，裹足不前，惧怕下一次的挑战会将已有的荣耀磨灭，于是迟迟不愿意参加下一场战役，惧怕那可能潜伏着的失败。在奥运会赛场上，更令人钦佩的是那些几度征战的老将，在竭尽全力的拼搏之后，追求卓越的瞬间已成为心中的永恒。

海门是新教育实验的重镇。“只要行动就有收获，只有坚持才有奇迹”是新教育的哲学思想，“追寻理想，超越自我”是新教育的目标追求，“相信种子，相信岁月”是新教育人的人生信条。“强毅力行，追求卓越”的海门教育精神与新教育理想高度契合。每一个海门教育人都应该有自己的梦，都应该给自己一种挑战自我的勇气、一种超越自我的精神。

从以上分析可以看出，“强毅力行，追求卓越”是海门教育这么多年来取得成功的核心价值观，也应是未来海门从教育强市迈向教育名市的精神支撑。海门教育的这种精神，孕育于海门精神和张謇的伟大思想，与新教育哲学一脉相承、融为一体。海门精神支持我们在行动与坚持、目标与超越中续写海门教育的精彩，在传承勇于奋进、踏实肯干的优秀传统中积淀精神财富，以开拓创新、勇于担当的信念创造美好未来。

二、区域教育精神贯彻的着力点

在“强毅力行，追求卓越”精神的引领下，海门教育人不仅要干正确的事，还要正确地干事，要有事在人为、事由人兴、事随人成的责任感，进取为先、创新争先、素质领先的使命感，路径多元、举措多样、结果多赢的成就感。光喊口号还不行，必须将海门精神落实在行动中，应在日常教育教学工作中就以下五个方面夯实着力点：

课堂变革的教研力。教研力就是教师的“教学力”、校长的“办学力”、学校的“发展力”、区域的“教育生长力”。基础教育已进入由全面普及提高，转向以强化内涵发展和提升教育教学质量为重点的新阶段，教学改革已成为课程改革的重心，而教学改革的一个重要的抓手就是课堂变革。海门教育致力于“高效课堂”“智慧课堂”“活力课堂”“兴趣课堂”“技能课堂”研究，既可以解决教学中不少的实际问题，也可以促进教师的专业发展，形成特色鲜明的教研力。我们只有以前瞻的创新思路，才能始终走在教学改革的最前沿，引领课堂变革，把新的理念和行动融入教学过程。

学校发展的文化力。文化是有力量的。一所学校，即便是拥有良好的文化元素，也并不等于它就一定拥有了良好的文化力。学校文化建设的关键并不在于文化形式本身，而在于努力提升学校文化力，真正使文化成为展示学校独特形象、凝聚学校成员信心、推动学校创造性发展的巨大能量。海门市各学段学校以缔造完美教室为抓手，深度推进学校文化建设，努力让文化为每一所学校注入发展的活力。各校都从完美教室价值系统的建构、班级课程的研发、课堂文化的打造、共同生活的营建、节日庆典与社团活动的组织、班级博客的建设等方面推进完美教室建设，让教室成为学校文化的核心地带，成为学生健康成长的精神家园。朱永新教授曾在微博上专门表扬了海门的完美教室。

科学研究的生产力。干事创业既要“善谋”，也要“敏行”。“善谋”是“敏行”的前提和条件，若要“善谋”，必须“眼界宽、思路宽、胸襟宽”。只有眼界宽，才能把握大势、把握全局、把握规律；只有思路宽，才能站得高、看得远、想得深；只有胸襟宽，才能凝心聚力、风清气顺、和谐奋进。事实上“善谋”“敏行”都源于科学规划与战略思考，都发力于科研的含金量。基于这样的思考，我们进一步改进教育科研的方式方法，树立“问题即课题、行动即研究、成长即成果”的科研理念，坚持教育科研贴近课堂、贴近实际、贴近生活的“三贴近”原则，做到“课题、课程、课堂”融合共进，实实在在地增加教育科研对提高教师队伍整体水平和教育质量的统领作用。

团队行动的执行力。一个团队的执行力决定着一个组织转变发展方式的成败。没有执行力，就没有竞争力。执行力不是简单地完成任务，而是在解决困难的行动中提高自己，在创造性的工作中实现自我。教育是过程的艺术，需要精细管理，需要关注细节，最根本的在于校长与教师的执行力。在我们的教育教学常规管理中，有时候并不缺乏战略，而缺少的是精益求精的执行；不缺乏制度，而缺少的是对规章条款的不折不扣的执行。学校的执行力应落脚在教育教学管理上，特别是教学常规管理制度的落实上，这是保证教学工作高效有序运行的基本保证。海门教育成功的重要秘诀是团队行动，以及一个个团队坚定的执行力与创新的行动力。无论是高中学科教学工作室每周研制出来的一体化讲义、双休日任务驱动型自主学习单，还是各名师工作室、名品项目工作室开展的一个个扎实有效的项目研究，以及各所学校各种形态的共同体组织的高效运作，都充分证明了团队执行力的巨大效应。

辐射引领的影响力。随着区域教育品牌的逐步打响，来海门考察学习、挂职锻炼、专题培训的省内外教育同行络绎不绝。我们分别与南京栖霞、苏州昆山、徐州经济技术开发区共同开办“海门班”，由我市选派优秀教师执教，并由专业教育团队定期前往指导。合作办学新模式，为我市教育的深层发展开通了新的渠道，对促进省际范围内的教育均衡发展提供了有益的尝试与经验。

三、区域教育精神落实的文化路径

区域教育精神要落实到学校的日常教育行为中，融为教师和学生的内驱力，通过学校文化加以传递是最好的路径。文化体现在一个人如何对待他人、对待自己，是品质、知识、道德等的总和，是累积沉淀的习惯和信念。人所表现出来的信念和行为就是文化。海门的学校就此做了深入的思考和提炼，例如，海门中学的“敦品、力学、大气、卓越”、海门港新区实验学校的“追江赶海立潮头，踏浪而歌扬帆竞”、长春初中的“志存高远，强学力行”、实验小学“能追无限景”、育才小学的“日进不已，追求卓越”等都是在区域教育精神的指引下，在学校精神诠释和文化建设方面做出的回应。

让学校文化在传承中生长，在生长中传承。

学校文化主要有两种表现形态：一种是传承型的，一种是生长型的。传承型和生长型都需要一种自觉。新教育讨论学校文化，首先就是要让学校具备自觉的文化意识，让学校文化处于一种自我觉醒的状态中，而不能让它处于不自觉的沉睡状态。这种觉醒的状态，就是要倡导一种使学校整体和其中每一个个体的生命都处于舒展、成长状态的文化，而改变那种使学校整体和其中每一个个体生命都处于压抑、黯淡状态的文化。说到底，是要努力让师生过一种幸福完整的教育生活。

一种成熟的学校文化，总是有一个明确的理念浸润着学校生活的一切。这个明确的理念就像一轮太阳，照射到学校的每一个角落；无论是学校管理、班级文化，还是教研风气、学校活动，都是这个理念的体现与实现。没有统一的学校文化之魂的引领，再丰富多彩的学校生活都容易化为华丽、凌乱的碎片。对于新教育学校来说，应该对“我是谁”“我要抵达何处”等使命、愿景、价值观的问题有一种明晰的意识，而不应让自己处于一种文化的沉睡状态。只有这样的文化自觉，才能使学校共同体和其中每一个个体的生命都处于舒展的状态，趋向明亮与辉煌。

一所学校的使命、愿景和价值观，严格意义上讲是属于学校文化的精神层面的内容，但由于它们是学校长期追寻、苦苦思索，经由充分的酝酿讨论，然后由文本固定下来的，我们姑且把它们作为制度层面加以考虑，并且作为指导全校师生行为的文件。包含了使命、愿景、价值观的文件，应该是一个学校的“基本法”。这个“基本法”是一所学校不可以轻易更动的。从某种意义上讲，如更换了一个学校的使命、愿景、价值观，纵然地点还在、建筑还在、名字还在，但是我们所看到的却不再是文化意义上的那所学校了。

“学校文化力”不等同于“学校文化”。学校文化是指以师生价值观为核心以及承载这些价值观的流动形式和物质形态，主要表现为学校群体所共同具有的思想观念、价值取向、行为方式。学校文化力则是学校文化所产生的“能量”，表现为学校文化对学校群体所有成员所产生的认知力、导向力、凝聚力、整合力、推动力、约束力，以及对社会公众所产生的识别力、辐射力、感染力，甚至征服力。一所学校，即便是拥有良好的文化元素，也并不等于就一定拥有良好的文化力。学校成员只有创造性地、有效地运用学校的文化元素，使学校形成了良好的文化力，才能够促进学校文化品位的提升和战略目标的达成。

建设学校文化，要让教室成为核心地带。

海门教育倡导的“教室文化”实际上是“理想课堂”的一个延伸。一位教师，只要进了教室，身处师生共同组成的班级共同体中，那么他的角色就起了变化。他就是那个教室文化——班级共同体中的使命、愿景、价值观的倡导者和守护者；他就成了那个意志坚定、矢志不移的“唐僧”，带着一群年轻的孩子，克服重重困难，达到那个理想之境的灵山，并让每个孩子“成才”。然而，这一切的达成，除了需要共同的使命以外，还需要共同的“语言”和“密码”，否则他们将只是一位“监工”和一群疲惫厌倦的“工人”，坐在一个叫教室的地方，生产一种叫分数的产品而已。如果仅仅是这样，就不是我们想要倡导的学校文化中的教室文化。生活于同一个教室中的人，应该是一群有着共同梦想，遵守能够实现那个共同梦想的卓越标准的同志。他们彼此为对方的生命祝福，彼此为生命中偶然的相遇而珍惜珍重，彼此做出承诺，共同创造一个完善的教室，共同书写一段生命的传奇。

建设学校文化，要让节日成为“节气”。

学校的每一个节日，都是其教育理念的一个侧面的呈现。而一代代师生把这些重要的理念转化为行动，行动积淀为传统，再一次次地用节日、庆典的仪式来加以传承。基于新教育的理念，开学日、师生生日、毕业日、阅读节，以及学校自己的节日，才是教育生活中最重大的日子。郑重地对待这些日子，“擦亮”它们，“装点”它们，将使得教育生活不再平淡、充满神奇。

建设学校文化，要让故事书写学校的生命传奇。

文化是以两种方式保存下来的：文化中的英雄叙事和神圣性的建筑。故事和建筑往往成为文化超越时间的见证。没有自己的英雄叙事，没有自己值得流传的故事，没有走出来的英雄，这说明一所学校还没有自己成熟的文化。一所学校中，谁是大家心目中的英雄？也就是说，所有曾经在本校生活过的人之中，谁是教师、学生心目中的英雄？换句话说，一所学校应树立怎样的英雄和榜样？

建设学校文化，就要让那些与社会文化高尚面、积极面息息相通的师生个体成为学校的英雄与榜样，成为最有力的教育力量，成为学校叙事中的绝对主角。那些如老黄牛般忠诚踏实的人，确实曾是我们的英雄；那些冲破重重难关获得比赛荣誉的，也确实是学校的精英人物。但是，一所学校还应该有更伟大也更朴素的教育传奇，像雷夫的第 56 号教室，像爱林·格鲁威尔的“街头日记”，甚至像基丁老师那样“失败”而同样令人尊敬的教育改革。是的，我们很多学校可能什么都有，但就是没有真正的英雄、榜样、故事。这也是我想追问所有实验学校的问题：你的学校有自己的英雄吗？你的学校有自己的榜样吗？你的学校有属于自己的故事吗？从某种意义上来说，这是所有学校在学校文化建设中最应该努力的方向。因为，学校文化能否真正形成，取决于教师能否书写自己的生命传奇，能否拥有真正属于自己的故事。

总之，通过学校文化的建设，要改变学生的行为方式、学习方式、精神成长方式，促进以学生为主体的学生文化共同体的建立和学生文化人格的形成。从这个朝气勃勃的文化共同体里走出的，将是一批又一批“理想的学生”：他们品行端正，善解人意，热爱生活，富有理想，朝气蓬勃；他们积极进取，敢于创新，富有个性，具有自己的独特见解和思想；他们自信自强，永不放弃，在困难和挫折面前永不低头，充满旺盛斗志和乐观精神；他们具有丰富的精神生活、广泛的兴趣爱好和一定特长；他们善于与人相处，善于与人合作，有着和谐的人际关系，受人欢迎；他们具有扎实的知识基础，善于学习，勤于思考，有着丰富的想象力，掌握了科学的学习方法，善于赢得学习效率。

区域教育精神在促进学生改变自我的行为方式、滋养文化气质的同时，也在改变教师的行为方式，涵育其文化的品格。我们认为，教师应当担当起文化人的角色与使命，努力将自己塑造成具有不为名缰利锁的超越性精神气质、高尚的道德人格、卓越的学术品质和高雅的审美趣味的文化型教师，并一起打造教师文化共同体。理想的学校教师文化，就是这样一种氛围，它弥漫在整个校园，仿佛身居其中的每一个人都渴望去了解宇宙和人心的奥秘，去了解社会运行的规律，去探索道德和梦想在其中的价值。这种氛围应该浓郁到这样的程度：学校会为一个新知识的发现、一个课程的突破、一次教研的突破而欢庆鼓舞，似乎洋溢着一种节日的快乐。

一所学校的教研活动方式，以及有无教师文化共同体的专业学习，是决定身居其中的教师能不能成为终身学习者的关键。而除非身为教师的教育者自身成为真正的终身学习者，否则想要让学生成为终身学习者就很难成为事实。那种满足于按机械的程式把课上好，按考试标准把知识传授完，按社会流行的方式进行教研活动，每个人心不在焉地总结三个优点、两处不足的做法，将让教师丧失研究的兴趣，进而丧失终身求知、终身学习的原动力。所以，在理想的学校教师文化中，教研活动应当被视为教学活力的真正源泉而被高度重视，日常的教研生活应当就像是教师们的节日一样被热情地对待，而全校教师在每个学期中，将共同研读优秀的文学、教育学、心理学、管理学等方面的著作。不同的学科共同体，还将共同研读相关本体性知识方面的专著，每一个学科始终能够追踪着本学科的研究前沿……除了少数滥竽充数的南郭先生，身居其中的每一个人都致力于成为终身学习者，整个团队呈现出卓越的学习型组织的面貌。

当然，学生文化共同体和教师文化共同体在很多时候并非各自独立，而是彼此交叉、相互渗透、不可分割的。它们在事实上结成一个充满生命活力和张力的师生文化共同体。“教学相长”的古老信条在学校的文化共同体中获得了新的含义。在这里，学生永远是自我发展的主体，而且是“成人之父”“教师之师”。教师不单单是学生成长的引领者、指导者，也是永怀童心的学习者、探索者。是学生对自我发展的渴望，让教师充满创造的欲望；是学生的学习过程，让教师不断审视内心，提升自我；是学生的热情参与，让教师对课程研发充满信心和期待；是学生的巨大进步让教师看到了创造的喜乐和教育的意义，使其坚定了执着前行的勇气和信念。所以，这个过程是师生共同体验和相互扶持的过程，是师生对知识共同探索、质疑和分享的过程，是师生生命共同完美的过程，更是师生对教育真实诠释的过程。

至此，海门教育精神便已融入海门教育各个元素的细胞中，成为内化的营养和不竭的动力，成为自觉的行动和美好的憧憬。至于最终结果是否卓越，倒不必过分计较，那只是执着行动的过程中必然会遇到的额外奖赏罢了。

四、区域教育精神的行动实证案例

在应试教育盛行的今天，当我们提出区域教育精神时，也有人抱有类似的怀疑。这里择取海门推进校园足球运动这一行动作为典型案例，展示海门教育一个丰富多彩的侧面。借此说明，只要真心办教育，哪怕是饱受诟病的中国足球运动也会焕发出迷人的光彩。这一行动使人坚信习近平总书记提出的振兴国家足球的愿景一定会实现，也会使人从中发现海门校园足球的超前规划、踏实工作、坚韧毅力和善于把握机遇的意识才是获得优异成绩的保障，也是“强毅力行，追求卓越”的海门教育精神的直观体现。

（2014 年 7 月，海门市足球队获得全国校园足球冠军杯总决赛亚军；2014 年 10 月，战胜山东鲁能、广州恒大、河南建业等职业俱乐部的 U－12 梯队，夺取全国青少年校园足球赛 U－12组冠军。图片由海门市青少年足球学校供稿）

海门教育经过多年努力，一校一队、教育管理集团联赛、校园足球总决赛、校园足球集团挑战赛、校园足球冬训夏训、足球教练员培训、国际足球邀请赛等正逐渐成为海门校园足球发展的常态。2015 年，海门市被确定为“江苏省首批青少年校园足球试点县（市、区）”，2016 年被确定为“全国青少年校园足球试点县（区）”，2016—2017 年 33 所中小学被确定为“全国青少年校园足球特色学校”。2015 年 5 月，中国足协为备战 2017 年亚洲男子足球少年锦标赛，在官网上公布了 2019 届 U－16 国家队首期训练营名单，包括 50 名正式人员和 20 名替补人员。江苏省入选了 8 名小国脚，全部来自海门市珂缔缘足球俱乐部。他们是 6 名正选队员胡杰、张禹、丁一坚、金航、凌杰、张佳杰和 2 名替补队员王博文、张驰。

一个县级市走到这一步并不容易。为了切实保障校园足球快速发展，首先要做的就是建章立制，海门市出台了《海门市足球改革发展试点工作三年行动计划》，对专项经费的投入、足球后备人才培养、足球训练基地建设等方面做出了明确规定；在开发区征用建设用地 250 亩，一期投资 7 200 万元建设六片标准比赛场地和一个足球主题公园；成立了海门市足球发展基金会，市财政每年确保投入不少于 500 万元，并积极鼓励引导社会资金参与，在校园足球训练、比赛、服装、伙食等方面予以全方位保障。

2011 年，海门市教育局和舒利珀鞋业有限公司正式签署“珂缔缘”青少年足球俱乐部合作协议。俱乐部先后聘请了 21 名韩国、巴西及国内的高水平教练对球员进行专业训练。经过多年的磨砺，“珂缔缘”足球队不负众望，在各级各类比赛中取得了骄人业绩，先后获得 2014 年全国青少年校园足球冠军杯赛总决赛亚军、2014 年全国 U－12 足球锦标赛冠军、2015 年全国青少年男子足球 U－13 秋季锦标赛总决赛亚军等荣誉。2016 年，“珂缔缘”足球队征战国际、全国各级各类足球比赛，获中国海门第五届“朗姿·珂缔缘”杯校园足球国际邀请赛 U－10 组冠军、U－12 组亚军、U－14 组第四，全国青少年足球 U－14 联赛第四阶段亚军，全国青少年 U－14 锦标赛四强，江苏省青少年男子足球锦标赛甲组冠军、乙组亚军。青少年足球学校女子足球队在南通市少儿足球比赛中获得了女子甲乙丙三个组别的亚军，2017 年、2020 年获“省长杯”江苏省青少年校园足球联赛总决赛冠军，2019 年亚军。

2015 年，海门市青少年足球学校成立，学校以“做好人、读好书、踢好球”为办学愿景，以“读训并重，文体双赢”为办学方向，努力办成全省乃至全国的足球精英学校。这所学校与“珂缔缘”青少年足球俱乐部合作互补，在全面发展的基础上倾力打造高水平的校园女子足球队，时间不长就在南通市各类足球比赛中崭露头角。小女足队员因在全国青少年校园足球工作领导小组办公室主办的海埂冬令营上表现突出，入选青少年校园足球欧洲训练营，奔赴国外受训，其中陈怡婷、顾嘉琦两名队员还受到习近平总书记和德国总理默克尔的亲自接见。

（海门市青少年足球全面发展，小女足也取得了优异的成绩。图片由海门市青少年足球学校供稿）

海门在打造校园足球专业队伍和高端精英足球人才梯队的同时，也在全市中小学中大力推进校园足球普及活动。自 2012 年起，全市各学校都陆续组建了校园足球队。目前全市 12 个义务教育管理集团已经成立了 126 支校园足球队，多所学校与社会企业合作，为学校足球队的发展赢得了更大的空间，也让海门走出了一条“政府主导、政企共建、社会参与、专业发展”的青少年校园足球发展探索之路。

海门市积极打造高端校园足球赛事，每年举办中国海门“珂缔缘”校园足球杯国际邀请赛，至今已举办八届，邀请了巴西、西班牙、澳大利亚、朝鲜、韩国、泰国、日本、哈萨克斯坦等多个国家的校园足球队参赛。通过举办校园足球国际邀请赛，有效促进了海门校园足球与国际的交流，有力推动了校园足球运动的普及和提高。市校园足球队在比赛中展示了自己的形象，锻炼了队伍，在交流中技术得到了提高。在此基础上，海门不断完善校园足球联赛制度，为其提供展示自我的平台和交流学习的机会。全市各中小学每学期至少组织一次校内足球班级联赛、年级挑战赛。各教育管理集团定期开展足球联赛。教育局和体育局每年举办一次集团校园足球挑战赛、一次市级校园足球总决赛，形成了“周周有比赛、月月有联赛、年年有总决赛”的良好氛围。2015 年，海门市启动了小学女子校园足球联赛，这是海门教育史上第一次专门为小学生女足举行的赛事，为她们提供了展示自己足球天赋的场所，充分体现了海门校园足球的全面普及。自 2016 年起，海门市举行校园足球总决赛与嘉年华活动，为各校加强校园足球交流与发展打造了良好的平台，对完善足球精英人才选拔的长效机制进行了有效的探索。一系列各层次的比赛真正达到了以赛促练、以赛选才、以赛普及的目的。

（海门市多层次的足球比赛为孩子们提供了锻炼的机会。图片由海门市青少年足球学校供稿）

优异的比赛成绩，得益于系统高效的训练。为了调动和激发校园足球队的训练热情，不断提高校园足球训练水平，促进交流，从 2015 年起建立健全校园足球冬训、夏训长效管理机制，每年举办两次校园足球训练营活动。各教育管理集团经过层层选拔，组织了优秀足球运动苗子参加此次活动。通过系统集训，学员们的足球基本功、技战术水平、足球理论知识都得到了很大的提高。同时，我们邀请了国内外专业教练为全体教练员、跟岗培训教练、小学员上了多堂高水平的足球训练示范课。为检验学生的学习成果，加强集团之间的足球交流，还举办了“龙信杯”校园足球集团挑战赛。小队员们在场上拼抢积极、努力拼搏，展现了良好的足球素养，展示了校园足球冬训、夏训成果。通过中小学校园足球冬训、夏训活动，切实提升了学生足球运动水平、实战能力和教练员的训练水平，增进了队员之间、球队之间的交流与合作，团结与友谊。

（德中青少年足球交流与促进协会专家团来海门为师生做现场技术指导。图片由海门市青少年足球学校供稿）

海门市校园足球积极谋求高水平发展，在上级领导的关心支持下，与多个国外足球传统强国交流合作。意大利足球教练协会、西班牙国际足球技术学院智慧足球江苏公益行专家团、德中青少年足球交流与促进协会专家团、韩国的国际足联 A 级讲师郑宇镇、李钟云和前国脚吴承瑛团队等先后来海门进行交流和指导，理论报告结合实践指导训练，为我市带来全新的足球理念，积极引领和指导我市校园足球的发展。同时，依托“珂缔缘”青少年足球俱乐部现有的 21 名巴西、韩国及国内高水平教练，邀请他们作为全市校园足球的指导员，定期组织开展足球训练示范培训活动，组织全市学校专、兼职教练员观摩轮训。

2015 年举行了教育行政管理人员足球与体质健康专题研修班，邀请了国内专家做校园足球普及与推广专题报告。举办多期校园足球教练员培训班，邀请了东南大学、南京师大、南通大学等知名教授为学员授课。同时，每年选派优秀人员参加国家级或省级校园足球培训，这些举措切实提升了基层教练员的业务素质，为校园足球发展注入新鲜力量。

海门承办了江苏省青少年校园足球工作座谈会，总结了海门市校园足球的发展成果，阐述了开展校园足球活动的积极意义，明确了校园足球发展的新目标，推动了海门校园足球的进一步发展，“足球运动不是最终目的，而是培养孩子健康生活理念的手段”的想法和做法得到了大家的认可。其中，海门市校园足球改革发展推进会举办的推广活动与海门市青少年足球学校和“珂缔缘”青少年足球俱乐部每学期举行的选才活动的做法被认为最切实可行。例如，2016 年、2017 年先后五次校园足球推进活动扩大了推进范围，除中小学外，还邀请了全市 50 多所幼儿园分管副园长、负责校园足球游戏开发的教师代表参加，共同探讨幼儿园足球游戏课程的研发和实施，努力做好校园足球的各学段衔接工作，构建幼儿园至高中一体化的校园足球课程体系，真正将校园足球延伸到全市各个学段中。校园足球改革发展推进会在分享校园足球成果的同时还担负着另外一项功能，那就是在全市各校大力推广校园足球文化。全市各校把开展竞赛、游戏等形式多样的足球活动作为校园文化建设的重要内容，定期组织开展摄影、绘画、征文、演讲、知识竞赛等以足球为主题的校园文化活动，营造生动活泼的校园足球文化氛围。

（足球运动周边游戏让孩子接触足球的同时锻炼了身体。图片由海门市东洲小学供稿）

选才活动则是喜爱足球的孩子最盛大的节日，这样做的目的是让所有的孩子不管是否踢足球，都能了解足球、喜爱足球，过上喜爱运动的健康生活。我们与国际通用赛事配套，为不同年龄段的孩子提供机会，让他们从小就有一个大目标，为海门市校园男足、女足均衡发展储备了优秀人才。

海门市校园足球的蓬勃发展得到了国家、省、市领导的一致肯定和高度评价，多次来海门督察、调研，同时也得到了各类媒体的广泛关注，《中国学校体育》《校园足球》等杂志多次以大幅版面专题报道，江苏省体卫艺网、学校体育网也跟踪报道海门市校园足球的开展情况。

第二章
区域教育变革的根本任务

一、区域教育对“立德树人”的理解和追求

二、区域教育“优质提升”的目标定位

三、区域教育“立德树人，优质提升”的坚守与措施

四、区域教育“立德树人，优质提升”改革案例

随着区域教育精神的落地生根，教育就是教书育人，即思想道德建设和教育质量管理协同并进的理念在海门教育人中达成共识，海门将教育发展变革的根本任务定位在了“立德树人，优质提升”上。

一、区域教育对“立德树人”的理解和追求

党的十九大报告明确指出：“要全面贯彻党的教育方针，落实立德树人根本任务，发展素质教育，推进教育公平，培养德智体美全面发展的社会主义建设者和接班人。”这是从全局和战略高度对教育工作提出的明确要求。“立德树人”落实到基层一线教育工作者身上，说到底是培养什么人、怎样培养人的问题。

“立德树人”指明了教育的方向为“树人”，即通过合适的教育来发展人、改造人、塑造人。因此，我们要坚持正确的人才观，以树人为已任，努力营造全员工、全方位、全过程育人的工作机制与良好氛围，努力做到课程育人、文化育人、实践育人、礼仪育人、网络育人、制度育人、环境育人、管理育人、服务育人、合力育人。“立德树人”指出了教育的途径就是“立德”，即通过正面的教育来引导人、感化人、激励人。德与才作为人才要素的两个基本方面，不是平行的、并列的，德更具有统率和支配作用。因而学生成长的首要前提是成人，是人的思想道德素质的不断提高。海门在“立德”的实践探索中，形成了“每月一事”“完美教室”“学校文化”等区域特色和元素。十八大报告强调：“要深入开展社会主义核心价值体系学习教育，用社会主义核心价值体系引领社会思潮、凝聚社会共识。”社会主义核心价值体系“倡导富强、民主、文明、和谐，倡导自由、平等、公正、法治，倡导爱国、敬业、诚信、友善”。因此，必须做好教育引导，把社会主义核心价值体系中的这些要点、要素贯穿在学生日常思想工作、思想品德培养（思想政治课）、各科教学以及校园文化与常态管理中，从而指导学生树立正确的价值观、是非观、感恩观、劳动观、法制观，热爱真善美，痛恨假丑恶，以培养学生健全、完美的人格。

“立德树人”契合了区域教育精神的核心内涵和海门教育人的价值追求。以此观照区域教育，将理性的精神引领转化为具体的文化建设，更容易操作，也更深入人心。

“立德树人”的教育应该是“实力教育”。教育的实力，不仅仅是漂亮的建筑、新颖的设施，也不仅仅是考试的分数、录取的比例，教育的实力主要体现在培养的人真正是德智体美全面发展的人，主要体现在人民的满意度上。海门要由教育强市迈向教育名市，就要减少教育的负面议论，增加和放大教育的特

色亮点；就要减少薄弱学校，增加强校名校的数量，并提升其品位；就要减少低水平教师，增加名师优师的比例。说到底，实力教育就是优质学校、优质教师、优质教育，就是高质量的教育。但当前一些学校的教育质量弱化为教学质量，教学质量蜕变为考试成绩；考试名次成为评价一些学校的重要依据，考试成绩成为衡量学生的神圣砝码，这种现象是不正常的。在重视教学质量的同时，更重要的是要以学生为本，着眼学生全面发展、终身发展，让学生学会做人、学会学习、学会生存、学会创造，达到这样的教育目标才是真正的实力教育。

立德树人的教育应该是“活力教育”。“活”的反义词是“死”，活力就是旺盛的生命力。当前教育的一个重要弊端就是“死”——死读书、读死书、读书死。教育工作者的一个重要使命就是要让师生活在当下、活出精彩、活出教育的滋味。要使教育充满生气和活力，遵循规律是最重要的：一是要遵循人的成长规律，实施素质教育，奠基学生未来。要坚持把遵循人的成长规律贯穿在教育全过程，紧紧围绕培养德智体美全面发展的社会主义建设者和接班人这一目标，面向全体学生，注重社会责任感、创新精神和实践能力的培养，为每个孩子都能成为“合格公民、有用人才、幸福个人”打下扎实基础。二是遵循教育发展规律，反对死揪蛮干，提高教育质量，致力学有所教，学有优教。三是遵循社会进步规律，完善惠民政策，增进民生幸福。海门市通过一系列措施支持和扶植民办幼儿园发展，使广大群众享受到了学前教育的普惠，得到了广泛的好评，《中国教育报》曾对此做专题报道。这说明把海门教育做“活”是完全可能和可行的。

立德树人的教育应该是“魅力教育”。教育本是一场马拉松，要让教育充满魅力，充满吸引力和感染力，就要让教育处处有惊喜，让百姓时时受感动。这不仅要求我们对教育充满敬畏敬意，而且要求我们对教育充满大爱情怀和理想追求。新教育理想课堂倡导挖掘知识的伟大魅力，在我们的精心经营下，要让校园、让教室，成为每个孩子来了不想走、走了还时时怀念牵挂的地方。如此，教育就充满了无限的魅力。人是教育的主体，只有以人为依归，教育的魅力才能迸发。因此，我们一定要有生命关怀的理念和意识。这种关怀，既是对学生自然生命的关怀，也是对学生精神生命的关怀；既是对学生未来生命的关怀，也是对学生当下生命的关怀；既是对学生群体生命的关怀，也是对学生个体生命的关怀。

立德树人的教育应该是“美丽教育”。习近平总书记在十九大报告中指出：“加快生态文明体制改革，建设美丽中国”。这句话让人倍感亲切、心情振奋。美丽中国需要美丽教育，美丽教育成就美丽人生。首先，美丽教育应当是惠民的教育。义务教育的全免费，中职教育的免学费，都不该成为终点，我们应再接再厉，在每个学段都进行更进一步的惠民改革，对家庭经济困难学生、特殊学生给予最大限度的帮助，废止择校赞助等不合理收费。其次，美丽教育应当是公平的教育。我们应当有一种大视野和大教育观，让城乡之间、区域之间、学校之间保持公平发展，让每一位学生都享受均衡、优质的教育资源。最后，美丽教育应当是创新的教育。全面实施素质教育，培养学生社会责任感、创新精神和实践能力，教给学生一生有用的东西，让学生不仅乐学，更善敏行创造。当然，美丽教育需要卓越的校长、最美教师来成就。

（全面实施素质教育已经成为海门所有学校的共识，图为学生在参加创意拓展课程。图片由海门市东洲国际学校提供）

立德树人的教育应该是“幸福教育”。新教育的一个基本理念和理想是“过一种幸福完整的教育生活”。幸福是一种体验。通过教育，学生体验的是快乐、愉悦，还是疲惫、苦恼？这是判断幸福教育的基本要求。没有比确保孩子的体质健康更重要的教育质量目标了，一切的情感、态度、价值观，一切的知识、能力、方法等，如果失去身体这一基本载体，就变得毫无意义。我们要认真分析影响学生体质健康的因素，进而全方位渗透改革措施，改变教育方法，这是促进学生健康幸福的系统工程。生活在优美、和谐的学校氛围里，会使师生体验到人生乐趣，保持健康心态，营建美好生活。同时，还能减轻师生压力，使他们心情放松，淡化、摆脱心理困境，从而促使其潜能、创造力和个性得到充分施展。

实力教育、活力教育、魅力教育、美丽教育、幸福教育，是教育名市建设的题中应有之义，这目标也要求我们重新认识当前社会对教育的要求，树立

“立德树人”的理念，进一步理解教育的本质和意义，努力使学生全面发展，满足新时期社会对教育的新要求。

二、区域教育“优质提升”的目标定位

卓越教育质量依靠的是卓越校长、卓越教师、卓越课程、卓越管理等因素来支撑，最终目的是要培养出一批批卓越学生。

卓越教育质量出自高质量课堂。如何创建高质量的课堂，这是目前许多学校正在努力追求与实践的课程改革核心目标。我们创建高质量课堂的主要策略有如下几点：（1）观念转变。撬动课堂教学改革的支点——教师观念应从“形转”到“心转”，观念转变促行为自觉。微型课题研究，是转化教师观念的有效抓手。（2）备课改革。从单打独斗走向合作分享——从教师搭台到师生搭台，团队备课促进课堂深度转型，靠集体力量提升教师专业能力。（3）问题导学。让学生体会思维飞翔的乐趣——变知识学习为问题导学，魅力课堂“问题”做主，留给学生终生“有用”的东西。（4）学生先学。带着理解与问题走入课堂——预习是学习能力培养的基础，用“问题知会簿”实现高质量预习，抓好结构化预习提升课堂品质，让每一个学生拥有课堂参与能力。（5）学习小组。合作探究学习的可靠依托——学习小组改变课堂“基因”，它是高效课堂的灵魂；评价是小组保持活力的关键。

我们对不同的学段应该设置不同的定位。

学前教育的目标定位为优质普惠发展。主要是抓四项关键指标：确保学前三年毛入园率达到99.8%，每个乡镇（园区、街道）至少办一所达省优质标准的公办幼儿园，保教质量和公益普惠共同发展。完成这四项指标又要有四个重要抓手：第一，抓小班幼儿园入园问题，对部分班级配置不合理的乡镇幼儿园进行重点督查、专项调研和有效指导。第二，抓新办公办幼儿园的建设发展。第三，认真组织学习落实教育部颁发的《3－6岁儿童学习与发展指南》为幼儿成长设定的“阶梯”状的标准，贯彻五种幼儿教育理念：一是尊重幼儿的学习方式与学习特点；二是幼儿是积极主动的学习者；三是珍惜童年生活的独特价值；四是尊重幼儿发展的个体差异；五是重视家园共育。要最大限度满足和支持幼儿通过直接感知、实际操作和亲身体验获取经验的需要，严禁“揠苗助长”或超前教育和强化训练。加强对幼儿园保教工作的管理、指导与监督，加大幼儿园教师的培训力度，推进区域共同体建设，大力帮扶乡镇幼儿园提高保教质量。在“一月一研”的基础上，推行“主题＋特色”的双月一题教研活动，使

“天天有游戏、周周有节日、月月有集会”得以拓展与丰富。通过完美教室、亲子阅读项目、绘本剧等展示海门特色幼教的优秀成果。第四，经费投入、设施设备建设向薄弱地区和农村倾斜。提升公办幼儿园和公办教师比例，提高幼儿教师和保育员的福利待遇，稳定师资队伍。加强安全保卫，规范校车管理，规范收费行为。对流动人口子女、经济困难家庭儿童、孤儿和残疾儿童等弱势群体给予特殊照顾。突出民办幼儿园的公益性和普惠性，实现民办幼儿园教育水平与公办一个样、服务群众能力一个样、教育收费一个样，为民办幼儿园配置优秀的支教业务园长与教师，让每一个幼儿都享受到优质普惠的教育。

义务教育的目标定位为优质均衡发展。以市区义务教育阶段直属学校为龙头，把乡镇（园区、街道）的学校纳入相应教育集团。用义务教育管理集团的业务管理取代片区辅导组的行政管理，用专业引领取代行政干预。教师“县有校用”，由“学校人”变为“系统人”。集团内实行统一师资配置、统一教学管理、统一考核奖惩等。教师不再属于“一校所有”，以每年不少于15%的比例，进行集团内师资交流。促进所有义务教育阶段学校均衡、优质发展，不断放大城区优质教育资源的优势，实现优质教育平民化、普及化，提升海门教育的均衡化水平。义务教育的均衡不是对原有的优质教育进行稀释，而是要在均衡的基础上共同发展，达到全覆盖的高位优质。为此，我们必须全面落实省政府《关于深入推进义务教育优质均衡发展的意见》，重点促进办学条件、教师资源、管理水平等三方面的优质均衡。推进义务教育学校标准化建设，逐步实现所有学校软硬件配置基本无差异；改善教师的初次配置，培育每所乡镇初中和小学的特级教师，加强教师研修和培训，提升其专业能力。让城乡的每一所学校都拥有自己的发展跑道，每一间教室都可以无限长大，每一位教师拥有专业成长的优秀平台，每一个孩子拥有一生有用的好习惯，每一个孩子拥有相同的阅读背景，每一个孩子参加一项球类俱乐部活动，每一个孩子参加两个以上社团组织。切实缩小校际差距、城乡差距和区域差距，真正实现起点公平、过程公平和结果公平，促进每一个学生健康成长。

高中教育的目标定位为优质特色发展。普通高中面临着千校一面的同质化倾向。高中教育作为高等教育的预备阶段，只关注分数是一种短视行为。高中阶段是学生创造力最旺盛、身心发展变化最剧烈、可塑性最强的时期，也是学生科学世界观和思维方法形成的关键时期。在狠抓教学质量的同时，要进一步转变普通高中教育的发展方式。“文化立校”“特色创新”“多样发展”是普通高中发展的基本方向。多样化主要涵盖办学模式、课程建设与办学目标等方面，而推进多样化发展对每一所学校而言，就是推进特色办学。在特色创新和学校文化建设方面，每一所普通高中都要遵循教育教学规律，充分发挥学校自身的办学优势，适时挖掘多方面的潜力，有效扩大优质资源，走个性化、多样化的特色发展道路，从而使各高中学校形成自己的风格，凸显个性与水平。普高特色发展不是孤立地突出一点，不是片面地标新立异，不是浮华的外在装饰，而是以重点带动特色，以全面支撑特色，以优质强化特色，以个性彰显特色。文化是看不见的魂，是核心发展力，是一所学校发展牵引力最强的超级引擎。每一所学校都必须高度重视文化的打造，努力建设富有文化底蕴、内涵美感的学校环境，开展体现学生天赋、潜能和特长的社团文化活动，创新开发课程文化，引导塑造行为文化，树立独特的管理文化，打造校园文化精品。

值得指出的是，学校文化的打造应该由浅入深，从物质文化、制度文化，最终走向深沉厚重的精神文化。让学校文化成为全体师生一致认同、积极践行的价值追求和共同朝向，成为支撑学校跨越发展的精气神。只有这样，普通高中才不会千校一面，而是各具特色，走适合自己的差异化发展道路。这里还要特别指出的，学校特色的形成取决于校长的献身精神、独立人格、策略思想、执行能力等，校长应集中时间与精力用于思考，特别是要思考办学的大政方针、思考办学的方向与定位，以进行科学合理的顶层设计。要让特色成为学校最显性的标志与符号，成为支撑学校发展的强大动力。“特色”的内涵是丰富多样的，办学模式、课程体系、培养目标、师资建设、名品项目、学校文化等都可凝练为特色。学校要根据自己的实际情况与优势所在，打磨自己独有的亮色。以重点带动特色，以全面支撑特色，以优质强化特色，以个性彰显特色，使“特色”真正成为学校的“底色”。

职业教育的目标定位为优质创新发展。职业教育要以教育改革、教育创新为主要动力，以培养高素质劳动者和创新人才为根本任务，以职成教富民、服务地方为重要使命，围绕“综合实力显著提升、培养模式构建成形、专业建设水平领先、队伍建设卓有成效、实训基地功能完备、课程建设再上台阶、评价机制日趋健全、经费保障纳入体系”等八大目标，全面实施“职教发展方式、职教办学体制、人才培养模式、队伍建设机制、考试招生制度、质量评价制度”等六方面的创新，大力彰显职业教育服务地方经济、推进社会公平、构建和谐社会的能力，努力形成“育人为先、技能为重、全面发展”的办学新格局，全力打造人民群众高度满意的海门职业教育。主动服务地方经济社会发展，通过规模化建设，实现职业教育更加贴近海门市经济发展的需要，通过优秀劳动者的集聚效应吸引更多的企业来海门市投资、发展，实现“四个对接”：专业与产业对接、课程内容与职业标准对接、教学过程与生产过程对接、学历证书与职业资格证书对接。加快“双师型”队伍建设，吸引社会高技能人才到学校兼职。以职业能力为核心，改革教学方法和管理机制，强化学生技能训练，培养大批高素质的技能型人才，为区域现代化建设提供强有力的人才支撑。

社会教育的目标定位为优质多样发展。海门市开放大学的成立，一批优秀的成教校长经过竞聘面试上岗，预示成人教育者“由外而内”完成整合重组，形成“从点到面”的优质多样发展。将原各成教学校的办学优势整合优化，强化了教育资源的统筹协调和综合利用，注重基础能力建设，努力拓展教育功能，不断丰富管理内涵，并着重在组织协调、业务指导、资源开发和教育培训等方面发挥优势、彰显特色；积极推进城乡、区域合作，开展进城务工人员、农村劳动力转移培训，增强服务“三农”的能力，培养有文化、懂技术、会经营的新型农民；同时，积极加强统筹兼顾，逐步形成城乡一体的社区教育网络。积极拓展培训思路，重点在新增劳动人口人均受教育年限和全市劳动力人口平均受教育年限上有新贡献。对照“江苏省社区教育实验区标准”，以服务为宗旨，以富民惠民为己任，有效整合利用区域内教育资源，广泛开展内容丰富、形式多样的社区教育活动，满足居民多样化的学习需求。着重从专业化的师资队伍建设、各类社区教育资源整合、保障体系健全、劳动力转移培训以及省级课题研究等方面，努力提高社区教育工作的创造力、凝聚力，促进各社区学校优质多样发展。

三、区域教育“立德树人，优质提升”的坚守与措施

高考是全社会关注的焦点，但不是我们育人的终点；高考成绩是教育教学质量最直接的反映，但不是唯一的反映。“立德树人，优质提升”途径要有新突破，绝不能走加班加点、题海战术等高耗低效的老路，必须要革新途径与模式，必须坚守住素质教育的底线。

一是要守住道德底线。德之不立，才将焉附？学校在育人过程中，要坚持把德育放在首位，让学生真正明白“德”乃立身之本。要把社会主义核心价值观体系融入教育的全过程，把中国传统文化的精华和世界优秀文化作为宝贵精神资源，进行卓越德育课程的研发。创新德育载体，开展“日行一善，日习一德”等丰富多彩的德育主题活动，以学生喜闻乐见的方式实施德育，提高学生道德素养，培养理想远大、懂得奋斗、品德高尚、敢于担当的建设者与接班人。

二是要守住体质底线。体质不强，谈何栋梁？教育部曾下发《关于进一步加强学校体育工作的若干意见》，要求各地积极探索在高中学业水平考试中增加

体育科目。海门市为此配套实施了“师生体质提升工程”，重点关注学生体质健康，努力提高学校体育工作实效性。开足、上好体育课，确保学生每天锻炼100分钟是刚性要求，不得以任何借口取消、改变。同时，辅之以开展各类体育活动，完善球类俱乐部活动机制，双休日向学生开放学校操场，确保每个学生掌握两项体育技能。建立健全学生体质健康与视力状况公告制度，每季度向学生和家长公布一次。切实加强监督评估，对学生体质健康水平持续下降的学校，在评优评先中实行“一票否决”。

三是要守住审美底线。不会审美，岂会生活？十九大报告中提出的“美丽中国”理念，涵盖美丽人生、美丽社会、美丽环境等内容，既指生态文明带来的美丽，更指人的全面发展的美丽。人的全面发展是离不开美育的，因此，我们的教育必须引导学生去感知美丽祖国、美丽社会、美丽家乡、美丽人生等，学校必须用诗意的美育润泽学生心灵，教师必须重视美育的特殊作用，通过对审美对象的感知来培养学生对真善美的认同、欣赏、向往，培育学生高雅的审美情趣，从而塑造学生的健全人格和对美好生活的向往。

四是要守住活动底线。活动不行，怎强素质？要以培养学生综合素质为出发点和落脚点，高规格组织开展全市阅读节、科技节、艺术节、劳动节等节日活动，在幼儿园积极推广亲子活动，在中小学大力推广校园艺术节、体育节、学生社团、志愿服务、社会实践等各类活动。让每一位学生每学期至少参加一次大型活动，至少培养一项艺术特长。

要想达到理想境界，重点得从课程改革和课堂变革入手。可以集中研发并实施一大批理念新、质量优、特色明的校本课程和班本课程，建立卓越课程资源库。课堂教学要从理念、方法、评价三个方面进行变革，系统总结、反思提升“兴趣课堂”“活力课堂”“智慧课堂”“高效课堂”“技能课堂”等理想课堂的核心要素、操作要领、评价要求等，深入研究“一体化讲义”与“个性化备课”的有机融合，完善观课、研课、磨课机制，着力提高常态课质量。要以学生为中心，强调以学定教；全面推行“学程导航”教学范式，让学生积极主动、愉悦幸福地学习成长；打破唯分数论的评价观，注重发展学生多方面的才能与素质。过于繁重的作业负担是应试教育的一把大锁，这把锁打不开，素质教育的大门就永远打不开。当下很多教师心目中有四大“作业哲学”：一是作业占领哲学，学生的课外时间，你不去占领就会被别人占领；二是作业主打哲学，不布置作业，想提高成绩没门；三是作业数量哲学，要提高成绩，作业当然越多越好；四是作业自慰哲学，多布置点作业，晚上睡觉踏实。如果教师秉持这样的“作业哲学”的话，他们偏爱暴力作业也就不足为怪了。因此，我们一定要从切实减轻学生过重负担、关爱学生生命成长的高度，进行一场卓有成效的“作业革命”。在义务教育阶段，一二年级取消书面家庭作业与统一考试，三四年级与五六年级作业量分别控制在 40 分钟与 1 小时以内，七至九年级课外书面作业量不得超过 1.5 小时。在高中阶段，课外书面作业不得超过 2 小时。实施作业革命不是不要质量，而是要更高效、绿色、健康的质量。全市教育工作者必须深刻认识、积极行动，把着力点放在作业质量与效率的提升上，通过建立作业资源库和作业布置签发制度等有效措施，实现“减负”工作常态化。说起来容易做起来难，我认为关键还在于监管，教育督导和教育质量监控中心正承担着这项工作。可组织在管理、教学一线的专家、退二线机关事业单位干部和校长，对作业效能、体质提升、食堂伙食等进行常态化督查，同时，对所有学校的教育教学质量进行全面监控与把关，将质量监控常态化、科学化、规范化。质量监控的数据要及时、定期公布，并纳入学校年终考核指标。

同时，需要为教育质量设置强有力的依托。提升名校内涵、扩大名校影响力的同时，壮大名校群体。在办学品质方面，我们将以学校文化建设为突破口，从浅表的环境文化、行为文化，走向深层的制度文化和精神文化，力争使每一所名校都有自己鲜明独特的文化特质。通过创造条件支持学校创星创优、内涵发展、特色立校等，提高名校长、名师、“名品”的辐射力和关注度，促进它们从“优校”向名校华丽升级。提升名师队伍的“三力”，即实力、活力、魅力。提升实力，就是要让“名师更有名”。鼓励名师走适合自己的发展道路，在其擅长的领域亮出“绝活”，形成更大的辐射力。提升活力，就是要让“名师更年轻”。年轻名师的培养关系到海门教育的未来和可持续发展，我们必须关注优秀青年教师，为其搭建平台，助推成长，使他们早日跨入名师行列。提升魅力，就是要让“名师更幸福”。名师成就感大，压力也大，要切实提高名师待遇，形成尊重名师、重用名师的良好氛围，让名师也活得自在畅意、魅力飞扬。同时，充分发挥教师研修中心、新教育培训中心、名师工作室和校本研修在教师培养、培训中的主导作用，高质量落实五年一周期、不少于 360 学时的教师全员培训制度，帮助每一个教师成为最优秀的自己。深度建构和发展名品项目，例如丰富海门教育特色的完美教室、学程导航、机器人、儿童诗、珠心算等名品项目。利用新教育全国开放周活动，高水平举办单个名品项目的全国开放周活动，将海门教育最成熟的名品项目推向全国，进一步提升知名度和美誉度。积极培育“书香校园”“阶梯阅读”“亲子阅读”“每月一事”“家校共育”“校园京剧”等海门独创品牌，研发卓越课程，形成市级、校级的课程群，提供给学生多样化、个性化的选择。

四、区域教育“立德树人，优质提升”改革案例

实现“立德树人，优质提升”的海门教育发展目标，就是用行动回答“我们需要什么样的教育”这个问题。其实古希腊先哲柏拉图早就已经做了很好的回答，“教育就是用体操训练身体，用音乐陶冶心灵，教育要先教音乐后教体操，将故事包含在音乐里。”柏拉图的意思，教育要解决两个问题，一个是心灵问题，一个是身体问题，让孩子从童年起就和理智、健康、优美融为一体。以此反观我们的教育，文化学科学习时间偏长，运动时间被挤压；体质健康水平偏低，运动技能被忽视；体育课程意识淡薄，运动乐趣被剥夺；健康生活理念缺失，运动方式被简化；学生人数多，活动空间少，生均活动面积小；近视率持高不下，体重超标，自我保护能力差；惧怕挑战，运动强度、耐力、速度、技巧不够……这些都成了我们教育的隐痛。

朱永新教授早就说过：“没有比健康知识更重要的知识，没有它就不能成功实现人生中的任何目标。”梁启超在 1900 年就写下气宇轩昂的《少年中国说》，“故今日之责任，不在他人，而全在我少年。少年智则国智，少年富则国富，少年强则国强”。教育家张伯苓一再主张：强国必先强种，强种必先强身，强我种族，体育为先。今天再读智者名言，仍让我们深思。强身健体是每一个伟大生命的基础，它对人格的完善、民族精神的塑造、和谐社会的构建、国家核心竞争力的提升有很高的价值。体育运动是伟大的，它在新生命教育中具有重要的地位。近年来，我们一直在思考，通过改革让伟大的体育运动给儿童创造一个又一个伟大的机会，让儿童获得伟大的生命力量。

改革一：体育是关于身体的运动——20 分钟大课间活动。

十多年前，我从澳大利亚访学回校后，在东洲小学率先更新的是体育的理念和行动：让学生运动起来，把原先第二节课间休息的 10 分钟改为 20 分钟，我们称为大课间活动。伴随着轻松明快的音乐，老师和孩子们来到操场，彩绳飞舞、毽子飞扬、拍球滚珠……这时的操场是孩子们的，天空是孩子们的。到处跃动着矫健的身姿，每一个细胞都在跳动，每一个毛孔都在绽放。尽情运动，无拘无束，甚至是肆无忌惮。孩子们的创造力比我们想象的厉害得多。发展至今，学生每天要花 60 分钟时间在运动场上。学校运动队员每天还要再花 90 分钟进行训练，参加校内外的各种赛事。

现在大家对阳光体育行动已经非常熟悉，但十多年前的这项改革，让孩子们从教室里走出来，走出的是一种关于新体育的新理念、新行动。

改革二：体育是关于精神的教育——像运动员那样。

斯巴达教育的精神，就是强调体育训练，加强身心磨炼，让学生心智“苦”，筋骨“劳”，养成坚韧不拔的意志和信念，这样才能承担得起“天降大任”。体育运动，带给孩子们的不仅是身体上的教育，也是精神上的磨炼。

像运动员那样去健体。海门市体育学科带头人丁卫森老师当年随我去澳大利亚学习，回来后立即组织体育老师研读《国家体育课程标准》和《国家学生体质健康标准》。他说，我们在掌握各年段学生需要达到的项目标准的基础上，努力在力量、速度、耐力、协调性、柔韧性等方面提高学生身体素质，像运动员那样去健体。他们至少要学会一种体育技能。孩子们天生喜欢玩球，应该学会一样球类运动技能。我非常喜欢孩子们给东洲小学吉祥物东东设计的爱运动的形态，孩子们给东东起别名叫“壮壮”，壮实的壮。在提倡足球进校园的今天，我们的足球运动很早就进入了学校的运动项目。

像运动员那样去比赛。东洲小学改革后的运动会，前后需要一周时间。人人都是运动员，全校学生分成红、黄、蓝、绿四队，竞争就在四个队之间展开。

（所有的学生都成了运动员，分成不同的小组开展比赛。图片由海门市东洲小学供稿）

打破年级组队。六年级4班的王一帆是红队队长，他给自己团队起的口号是“红队红队，勇者无敌”。比赛前，他组织全体队员做体现团队精气神的运动操，然后分成8个小组分别参加8个集体项目的比赛。他们和其他3个队的比赛，总能实现一个或几个小冠军梦想。2008年，我们组建了5大跨年级球类俱乐部，每学期4次球类联赛，分布在四到六年级。篮球、足球、乒乓球、羽毛球联赛，并组队参加校外的各级各类比赛。乒乓球队和羽毛球队已经实现海门八连冠。啦啦队的孩子们涨红小脸，拼命喊着加油加油的情景常常让我感动。

像运动员那样去超越。周航同学是“东洲小学吉尼斯”擂台赛穿溜冰鞋双手拍球的冠军，他和同伴们走进了中央电视台《成长在线》栏目，这是他第一次去北京。他的妈妈激动地说：“东洲小学吉尼斯成就了我孩子的体育梦，让我的孩子更阳光。”这项传统体育赛事，一般在“六一”儿童节举行。同学们自主申报运动项目。比赛那天，大操场上、体育馆里，热闹非凡。转呼啦圈的、跳绳的、花样拍球的、倒立行走的……各种各样的挑战活动全面展开。第一年小静会转 200 个呼啦圈，第二年挑战 300 个，挑战纪录不断在刷新，有自我挑战，也有和同伴的挑战，追求的是卓越，获得的是“更高、更快、更强”的奥林匹克精神。

（比赛项目因学生的兴趣而定，只要符合强身健体的要求，都可以设立。图片由海门市东洲小学供稿）

改革三：体育是一种文化积淀——构建校本游戏课程。

校园体育游戏是体育运动的一道独特风景线。席勒说过，只有当人是完整意义上的人时，他才游戏；只有当人在游戏时，他才是完整意义上的人。

大家一定熟悉这些祖辈们玩过的游戏：踩高跷、滚铁环、转陀螺、造房子……这些游戏历史源远流长，不受场地限制，简单易懂，易组织、可操作。东洲小学构建的乡土游戏课程，经过几年来不断完善，已经有了完整的课程目标和课程内容。

1. 课程目标

（1）让学生掌握乡土游戏运动技能，并在锻炼身体的同时体验到游戏的乐趣，逐步养成终身运动的习惯。

（2）培养学生爱家乡、爱生活、团结同伴，增强合作和竞争意识，提高组织和交往能力，体验创造的喜悦和成功的快乐。

（3）提高教师的课程建设能力，让每一个教师都成为课程的领导者；不断丰富校本课程体系，让师生的运动生活变得多姿多彩。

2. 课程内容

(1) 根据乡土游戏类别分类。

A类：原味乡土游戏，就是原汁原味的传统游戏，如：跳皮筋、踢毽子、造房子等，简单易学。

B类：现代版乡土游戏，玩具进行了改良，玩法也已经发生变化，如：新型陀螺、滚铁环、抖空竹等。

C类：升级版乡土游戏，一般由几个游戏叠加而成，难度系数加大，以集体项目居多，如：赛旱舟、花样跳绳、穿滑轮鞋拍球接力等。

D类：挑战型乡土游戏，每年“六一”儿童节举行“东东”吉尼斯擂台赛，赛出乡土游戏的擂主，如：一分钟踢毽子、三分钟双摇跳、穿滑轮鞋双手拍球等都有最好成绩纪录。

(2) 为了使校本课程和国家课程整合，我们做了如下水平分类：

水平一：跳绳、踢毽子、老鹰捉小鸡、跑竹马、踩高跷、跳格子、占圈、传球等。

水平二：打连厢、跳竹竿、花样跳绳、打陀螺、跳皮筋、抬轿子、袋鼠跳等。

水平三：赛旱舟、舞龙灯、放风筝、踢毽子、推铁环、背人、手推车、抖空竹等。

(3) 根据活动场地不同，又分成了室内和室外两类。

室内：照镜子、玩花绳、扔骨牌、官兵捉贼、挑花棒、击鼓传花等。

室外：踢毽子、滚钢圈、造房子、跳人羊、斗鸡、打牌堡等。

(孩子们自己创造的双人划旱船游戏。图片由海门市东洲小学供稿)

在这样的课程建设中，孩子们的创造力是惊人的。有的学生支撑着身体进行位移，体育老师顾雷好奇地问：“你在干吗?”他说：“单人赛旱舟，身体是小舟，手是桨。”老师更好奇，孩子们究竟能创造出多少花样。结果，除了单人、双人、多人向前向后的位移外，还有集体小矮人走、集体蹲跳、连续双脚跳、单脚跳……更让老师意外的是孩子们把原来的双人旱舟当成龙头，单人旱舟组成龙尾，男生一组、女生一组比赛哪组快。

向爷爷奶奶、爸爸妈妈学游戏，自己创造游戏，感受传统文化和智慧。我们还设想把游戏和田间劳动结合起来，比如掰玉米比赛、摘花生比赛，模拟行军、露营。再把游戏活动向空中拓展，如放风筝、纸飞机，科技含量比较高的航模；向水中迈进，开发水中游戏等。我们希望体育课程是开放的，既有必修的体育运动，包括跑、跳、投、体操、律动、游戏、体育常识，也有选修的体育运动，包括民间体育课程和球类课程。

改革四：体育是一种生活方式——运动即生活的美。

顾拜旦说，"运动即生活的美"。我们从古希腊、古罗马雕像中，都能发现身体美、精神美的完美结合。"健康"与"美"，是来自肉体与心灵的审美力量。这是一辈子受益的。我们不希望儿童成人后，工作之余只是做打电脑、玩电子游戏的宅男宅女。

如何让体育运动从运动场、从校园走向日常生活，让运动真正成为生活方式，东洲小学在师生的运动作息时间上做足了文章。

6：30　起床操

7：30　扭秧歌、打太极拳、跳小苹果舞

10：00—10：20　大课间体育活动

10：20—11：00　体育课

15：30—16：00　大课间体育活动

16：50—17：50　球类、田径俱乐部活动

19：00　跑步、打球

20：00　睡前操

东洲小学师生美好的一天从起床操开始。听着优美的旋律、踩着动感的节拍走进校园。教师们扭秧歌、打太极拳、跳小苹果舞。大课间活动，学生们跳毽子操、玩各种游戏。冬季跑操气势恢宏，这是"跑动的队伍，流动的美学"。每天一节体育课，练习运动技能。雨天，做室内操、学习健康知识，了解怎样预防运动伤害，欣赏经典球赛。语文课上有写字操，低年级有课中操。下午大课间活动，做完眼保健操后，集中在操场玩乡土游戏……一个班级一个项目，每月轮换。放晚学后，还有球类俱乐部活动。傍晚，能看到东洲小学师生骑山地车、跑步的身影。一天的运动生活在睡前操中画上圆满的句号。双休日，学校运动场继续开放，学生们轮滑、练跆拳道和武术，运动的身影给休息日的校园增添了无限生机。观赏体育赛事，天天户外运动，这些良好的运动习惯带来了家庭休闲方式的变化。尤其是减负以后，每天家庭运动 30 分钟，成了必修功课。

古希腊对合格国民做过如下定义：身体健康、动作协调、举止优雅、谈吐

得体、目光中闪烁着仁慈和智慧的光芒，具有整体与雕塑感。现在读来不无借鉴意义。在新教育学校里，实行新体育教育，我们的责任就在于通过伟大的体育教育，成就身体健康、心态阳光、拥有智慧的人。

《奥林匹克宪章》宣示，奥林匹克主义是增强体质、意志和精神并使之全面发展的一种人生哲学。世界上还有什么比追求健康更为重要的呢？让我们共同为儿童的身体运动创造一个又一个的机会，为灵动的生命注入一股又一股清新的活力，为师生创造一种幸福而完整的生活。

第三章
区域教育的行动支点

新教育实验的核心追求是“过一种幸福完整的教育生活”。朱永新教授认为幸福完整的教育生活有四层意思：一是教育就是生活；二是教育同时是一种特殊的生活；三是教育生活应该是幸福的；四是教育生活应该是幸福完整的。这是新教育人共同追求的理想境界。可是，现实的教育生活对大多数师生来说，也许并不尽如人意。教育者常感到无奈、迷茫、困惑，并不断追问，“教育是什么?”“教育为了什么?”“怎样进行教育?”所以，从教育哲学的视角思考这一系列基本问题就显得尤为必要。“过一种幸福完整的教育生活”这一命题，从本体论来说，教育是一种特殊的生活，即所谓的教育生活。从价值论来说，我们所追求的教育生活，它应该是幸福而完整的。从方法论来说，“新教育实验”是主张通过营造书香校园等十大行动，以及一些具体的项目，来实现过一种幸福完整的教育生活的目标。基于此组织开展的学校教育才是为了人的教育，是培养真正意义上的人的教育。

一、新教育实验是师生朝向幸福完整的支点

教育生活是生活的重要组成部分，因而教育生活是否幸福，将影响整个人的生活质量和幸福指数。人总是追求有价值的、幸福美好的生活。生活本意在于创造幸福感。教育生活也是如此，幸福的教育生活是人生幸福现实化的重要体现。教育不仅给人幸福，它本身也充满了乐趣。只有在愉悦快乐的情境中，教育才能取得良好的效果。追求幸福，永远是人的天性或本能。所以，新教育实验强调过一种幸福完整的教育生活，不仅有对教育终极意义的思考与追求，也有对当下某些教育问题的担忧与不满。应试教育是单向度的，是片面的，是唯分数的教育，其中最大的问题是缺乏作为人的教育，缺乏德行的教育。人应该是完整的，让个体的“人”成为“自己”，一个完整的自己，这才是哲学意义上的“人”的“个体”，才是教育的最高境界。

教育生活的主体是儿童，儿童是“发展中”的人，在其不同的年龄阶段，有多种需要：生存、享受和发展的需要，而且还会不断产生新的需要，只有通过教育才能不断满足儿童的各种需要。“把一个人在体力、智力、情绪、伦理各方面的因素综合起来，使他成为一个完善的人，这就是对教育基本目的的一个广义的界说。”儿童作为完整的人，理应过完整的生活。“儿童的生活是一个整体、一个总体……”教育不仅要满足人的需要，还要引导人的需要，促进受教育者“身、心、灵”的完整。新教育实验试图通过自己的努力，实现人的“全面和谐的成长”。著名儿童教育家、中国教育学会原副会长李吉林老师说：“朱

永新先生在‘新教育’中从教育的终极目标提出的让老师和学生享受‘幸福完整的教育’，引起我极大的共鸣，唤起我对教育更多的美好的憧憬，深感‘完整幸福的教育’是顺应人性的，是对教育本质的一种高度概括……因此从这个意义上讲‘新教育’鲜明地提出的‘完整幸福’切中当代教育的时弊。教育的不完整，已成为国家一直想推行的素质教育的极大障碍。因此，我禁不住要鼓呼、赞美‘新教育’，它是解放学生、解放老师的教育，是真正的‘新教育’。”

在这么多年的实验中，我们逐步形成了四个鲜明的新教育主张。

（一）共读、共写、共同生活

“营造书香校园”是新教育实验最重要的行动，阅读推广成了全体新教育人共同的使命，“儿童阶梯阅读”是其中的一个研究项目。它的主要任务是为每一个儿童寻找到此时此刻最适当的阅读书籍，为每一位教师探求到此时此刻最适合的指导方式，为每一所学校营建起此时此地最适宜的阅读情境。新教育认为：共读、共写、共同生活，是过一种幸福完整的教育生活的必由之路。共读，是一个班级、一个家庭、一所学校、一个社区、一个国家乃至整个人类通过阅读继承共同的文化遗产，拥有共同的语言和密码，从而能够共同生活的最重要的途径之一。共写，是指同学之间、师生之间、亲子之间乃至整个社会通过反复交互的书写，彼此理解，并在不断的自我反思中加深认同，体认存在的过程。共同生活，是指同学之间、师生之间、亲子之间、社区成员之间，乃至东西部之间以及所有公民之间，通过共读、共写、共做（行动）等途径彼此沟通，相互认同，在保持差异性的同时不断消除隔阂，并逐渐拥有共同的愿景和未来。

书是我们共同的语言、共同的密码，通过共读、共写，师生、亲子拥有共同的语言，共同编织幸福完整的教育生活。朱永新教授认为：共读、共写、共同生活，意味着这样一种文化上的努力，即恢复书香传统以及书写传统，在现代生活背景下，通过对传统文明以及人类文明的反思继承，逐渐形成新的价值观，将班级、学校、家庭、社区、国家重新凝聚起来，冲破个人主义屏障，打破人与人之间相互隔离的状态，恢复生活的整体性和人与人之间的联系，从而不断地创造新的更加美好的未来。

站在更高的哲学与人类学的层面，新教育提倡“共读、共写、共同生活”有着更为深远的意义。正如杜威所说：“共同生活过程本身也具有教育作用。”“人们因为有共同的东西而生活在一个共同体内……为了形成一个共同体或社会，他们必须共同具备的是目的、信仰、期望、知识……”只要一个社会不想通过仅仅培养个体残酷的竞争力而使社会充满着冷酷和暴力，而想在竞争和合作之间形成一种平衡，形成一个拥有共同愿景与语言的有机共同体，那么家庭与学校中的“共读、共写、共同生活”就值得大力提倡。

（二）知识、生活与生命共鸣

构筑理想课堂，是新教育实验“十大行动”之一。经过多年的实验探索，项目组认为，课堂可以从教学活动基本框架的落实、知识理解抵达的深度、主客体之间及主体间的对话质量这三个层次来考察其成败。新教育提出了理想课堂的三重境界。第一重境界：落实有效教学框架——为课堂奠定一个坚实的基础。第二重境界：发掘知识这一伟大事物内在的魅力。第三重境界：知识、社会生活与师生生命的深刻共鸣。

朱永新教授认为，理想的课堂就是要不断“发掘知识这一伟大事物内在的魅力”。他说：“课堂，是真理呈现之处；教学，是知识散发出魅力之时。在静态的教材下面，蕴藏着人类最伟大的奥秘：发现宇宙与人类，书写宇宙与人类的整个过程。课堂教学，是这一发现与书写的重温，是这一发现与书写的延续。”“发掘知识这一伟大事物的魅力，重新经历此过程的，不应该只是教师，而更应该是学生——全体学生。这样，课堂教学上的三个元素—知识、教师、学生三者的关系就不应该是教师隔在知识与学生之间，用某种手段，将现成的知识转交给学生。优质的教学应该是师生共同围绕在‘问题—知识’的周围，来进行一次艰苦的探索。”新教育所构建的课堂生活是师生围绕“问题—知识—文本”（由教材、考试所提出，与背后深广的学科，及更为深广的人类生活相联系），展开一段发现问题、理解问题、解决问题的旅程。这段旅程将充满着怀疑、困惑、挑战，但是，它的核心永远是智力挑战、思维训练，是以知识作为问题解决的工具时的惊奇与喜悦，是对复杂问题形成新的理解时的豁然与顿悟。

在此基础上，走向新教育理想课堂的第三重境界：知识、社会生活与师生生命的深刻共鸣。朱永新教授强调，如果我们错误地、片面地理解了上面的表述，忽略了“知识这一伟大事物”背后有个“共同体”的概念，忽略了从后结构主义的角度，用主体去重现、重写知识与真理的意义，而把教学的全部重心都放在认知这一维度，那么有可能我们会达不到预期的目标，而犯下另一种错误。对这种错误，早在多年之前，叶澜教授就进行过批判：“把课堂教学目标局限于发展学生认知能力，是当前教学论思维局限性的最突出表现。这一方面是近代以来理性主义哲学和主智主义教育主流思想的反映，同时也是习惯于把原本整体的事物分割为部分的思维方法的表现。具体地说，就是把生命的认知功能从生命整体中分割出来，突出其重要性，把完整的生命体当作认知体来看待。”“课堂教学蕴含巨大的生命活力，只有师生的生命活力在课堂教学中得到有效发挥，才能真正有助于新人的培养和教师的成长，课堂上才有真正的生活。”无疑，理想的课堂不会停留于人与知识的对话这一维度。依据建构主义教育学的观点，可以把学习视为一个同时展开的三重对话：人与知识（世界、文本）的对话、人与他者（教师、学生、其他读者）的对话、人与自己的对话（反思的、历史性的、生长性的）。也就是说理想的课堂生活，在实现人与知识、人与他者、人与内在的灵魂深刻共鸣的同时，还需要实现课堂与社会生活的息息相通，课堂与人类命运的息息相通。

当然，如果从教育思想发展的历史来看，对于知识、生活、生命的侧重，本身也可以视为整个教育观念的三重境界。以赫尔巴特为代表的传统教育学，相对重视知识传授的精致与效率；以杜威为代表的现代教育学，相对重视的是生活，认为学校只是社会生活的一种形式，不仅仅是一个传授知识、学习课业、养成习惯的地方；而以人本主义与后现代教育学为代表的当代教育学，则把知识、生活、生命的高度融合与深刻共鸣，作为教育的重要使命。毫无疑问，这是一种最高的境界。问题是，在教育现场，这样一种理想有多大的生存与发展空间？新教育人所要做的，就是在这样的教育现实中，去寻求空间，这需要勇气与智慧。

（三）书写教师自己的生命传奇

教师的幸福是教师在教育工作中实现职业理想的一种教育主体生存状态，教师的快乐感是教师幸福的应有之义，教师的创造力是教师幸福的最高境界。教师的生活在于以创造性的劳动实现自己的生命价值，享受教育生活本身而带来的幸福。教师生活的幸福与完整，并不表明只有快乐、没有痛苦，并不意味着完美无瑕，而是承认教师原本是一个真实的个体，教育生活是一种真实的生活。真正的教师生活源于教师的自身认同与自身完整。所以，新教育主张要不断探寻教师的内心，教师的生活应当是源自心灵的教育生活，源自对“我们自己是谁”的认识。当我们唤回了自身认同和自身完整时，才能把整个心灵献给孩子们，也才有机会获得学生发自内心的默契的回应、共鸣，才会把快乐与痛苦看作一种完整的教育生活。

朱永新教授希望新教育人从子贡倦于学“愿有所息”与仲尼“生无所息”的对话中，学会秉承儒家修身齐家，进而改良社会的传统，担起教师职业之天命；从洪堡的“每一种语言都包含着一种独特的世界观”的论述中，体悟如何能成为民族语言的转译与承载者，成为中华文化自觉的传承者；从雷锋、张海迪、孔繁森、袁隆平等人物的身上，理解生命应该是一首诗，不能失去崇高感，要永远超越与追求。如此，教师才能让学生，也让自己，在跨越重重困难以及怀疑之后，仍然能够建立起对于世界、对于人类、对于自我、对于存在的根本信任乃至信念。朱永新教授希望所有的教师能在困难前，选择挑战，选择坚持，自觉地将自己的生命与学生的生命编织在一起，摆脱种种虚无与倦怠，书写自己的职业传奇、生命传奇，过上一种幸福完整的教育生活。

（四）文化，为学校立魂

现代学校文化建设的问题主要表现为三个方面，即物表化、文本化和标语化。许多学校有豪华的建筑，但没有深刻的文化内涵与教育意蕴；有精美的制度手册和成堆台账资料，但没有成为师生的行动力量与生命记录；有满墙的标语口号，但没有成为师生的自觉追求。学校文化偏重了物的形态，导致千校一面，特色不鲜明。说到底，学校没有灵魂。

如何让学校真正拥有灵魂？新教育认为，一种成熟的学校文化，应有一个明确的理念统摄着学校生活的一切领域。这个理念就像一轮太阳，照射到学校生活的每一个角落，学校的各种生活总是这个理念的体现与实现，是朝向这个理念的一种努力。新教育强调，校风是学校已经形成的文化；校训，是学校想要拥有的文化，是学校借一句警言，把自己带往一个理想之境。新教育发现，仪式、节日、庆典是新教育学校的文化“节气”。基于新教育理念，开学日、师生生日、毕业日、阅读节，以及学校自己的节日，才是教育生活中最重大的日子，郑重地对待这些日子，“擦亮”它们，“装点”它们，将使得教育生活不再平淡，充满神奇。新教育希望，学校作为师生共同构筑、装点生活的世界，它的设计，它的绿化、美化，都应该由师生们来共同完成。真正美妙的教育场所，就是师生亲自创造的空间，植一棵树，粉刷一面墙壁，设计一个班级的标志，都是师生漫长生活的结果。新教育相信，学校文化，就是讲述和为了讲述一个关于我们自己的传奇故事。应该让那些优秀的师生个体，成为学校的英雄与榜样，成为学校叙事中的绝对主角，成为最有力的教育力量。

朱永新教授指出：“应当坚持学校文化建设的价值追求，以追求卓越之精神为动力，以富有最高价值指向的文化精神为引领，努力促进学校文化的国际性、现代性与民族性的高度协同，挖掘一切可以利用的文化资源，将它的精华融入学校文化中来，建构一种积淀厚重、情理交融、活力满满、风貌独特的学校文化，为学生、教师和学校的长久发展打下坚实的精神底蕴。”新教育实验所倡导的“过一种幸福完整的教育生活”，是新教育学校文化之魂，是要在学校生活的方方面面体现出来，换言之，应该努力把新教育之魂“活出来”。

二、新教育实验是区域教育提升的支点

2005 年 9 月，海门以区域方式加入了新教育实验，汇聚到了实现新教育理想的洪流之中。十多年来，海门新教育人追随新教育，寻找和携手越来越多“相同尺码的人”，守望每一个日子，坚守每一间教室，用自己的创造性实践，丰富着新教育实验内涵，同时也改造着自己的教育生活。海门教育又快又好地发展，催生着一个个区域新教育实验的典型。

（一）创新运行机制，以完整架构作为新教育实验的区域推进器

新教育实验从一开始就强调其草根特质，崇尚根植于一线校长与教师的行动自觉，其实验推进路径是自下而上的。而实验区推进模式恰恰是希望使基层行政的推动力与学校自觉的行动力实现更完美的结合。全国新教育实验区可以分为行政推动型和学校联盟型两种。海门属于行政推动型的实验区。教育局每年对全市中小学、幼儿园考核方案中，新教育实验权重的设置保障了新教育实验在各学校的实施底线，激励了基层学校推进新教育实验的积极性。同时，海门新教育人不断创新运作机制，架构起了比较完整的新教育实验运行体系，推动了新教育实验的深入实施。

海门新教育实验区域推进机制用一句话表述是愿景引领，教育行政、研修、培训、督导等部门整体联动，教育局、集团、学校三级全员参与。在新教育实验愿景的引领下，教育局基教科承担行政协调，中小学教师研修中心承担实验项目研究的推进，在“书香校园”“理想课堂”“卓越课程”“完美教室”等方面持续跟进研究，引领新教育实验项目向纵深发展，新教育教师培训中心承担实验教师和实验项目培训，促进新教育在区域层面广泛推进。通过实验推进机制的完整架构，确保了实验项目通过市局、集团、学校三级的逐层传递、层级互动，从而在区域的每一所实验学校得到有效实施。

（二）凸显项目行动，以根植本土作为新教育实验的区域驱动力

新教育实验是以营造书香校园、师生共写随笔、聆听窗外声音、培养卓越口才、构筑理想课堂、建设数码社区、推进每月一事、缔造完美教室、研发卓越课程、家校合作共育等行动为途径的教育改革实验。倡导行动的项目化，项目的深根化、课程化，根植校园、教室，根植师生的日常教育生活。

一是推进习惯养成，让每个学生具备良好的人格素养。新教育实验主张，要

教给学生一生有用的东西。到底哪些是学生一生最有用的东西？新教育的答案是良好的习惯。习惯如何养成？新教育的主张是从一件件小事开始做起。2006年起，海门围绕“新公民教育行动的研究”，以新教育“每月一事”项目为抓手，区域推进公民习惯养成教育。“每月一事”项目的特色主要体现在从小处、从身边和孩子的实际出发确定培养学生一生有用的12个好习惯，通过主题阅读、主题实践、主题展示、主题反思等操作流程开展活动，将公民教育、价值观教育贯穿其中。

二是营造书香校园，让每一个师生丰富精神的底色。营造书香校园旨在建构儿童阶梯阅读课程，为每一个学生寻找此时此刻最适当的阅读书籍，为每一位教师探求此时此刻最适合的指导方式，为每一所学校营建此时此地最适宜的阅读情境，主张“共读、共写、共同生活”与“晨诵、午读、暮省”的生活方式，让师生浸润于幸福而完整的阅读生活中。区域推进策略有：其一，建构完整的阅读体系，如“晨诵午读”“师生共读”“亲子共读”和“阅读挑战”机制等，形成从幼儿园到高中完整的阶梯性阅读课程及评价体系。其二，抬高阶梯阅读研究的标杆，各学段核心研究团队深度开展阅读与习惯养成、阅读与教学、阅读与学校文化建设等方面的路径研究，把阅读与学科课程、社团活动、特色发展等有机结合，不断整合阅读资源，丰富阅读内涵。其三，加强阅读活动的常态化建设，新教育阅读节成为区域各学校共同的节日，让热爱阅读成为学生的基本生活方式。

三是构筑理想课堂，让每一节课堂焕发生命的活力。新教育实验提出“构筑理想课堂”，是指通过创设一种平等、民主、和谐、愉悦的课堂氛围，将人类文化知识与学生的生活体验有机结合起来，追求高效课堂与个性课堂。新教育认为，充满活力、情趣与智慧的理想课堂应体现六维度，即参与度、亲和度、自由度、整合度、练习度、延展度，与三境界，即落实有效教学框架，发掘知识内在魅力，知识、社会生活与师生生命的深刻共鸣。2008年，海门围绕新教育理想课堂建设的构想，以区域推进“学程导航”教学范式为基本路径，加大了理想课堂的研究力度，致力于打造幼儿园的“兴趣课堂”、小学的“活力课堂”、初中的“智慧课堂”、高中的“高效课堂”和职中的“技能课堂”，在观课、研课中夯实了有效教学基本框架，形成了一批课堂教学改革成果，多次举办了全国新教育海门开放周暨构筑理想课堂研讨会。

四是探索共同体建设，让每一位教师获得成长的平台。与许多教育实验不同，新教育实验一开始就把教师的专业发展作为实验的出发点。朱永新教授提出了教师专业发展的三个观点：专业阅读——站在大师的肩膀上前行，专业写作——站在自己的肩膀上攀升，专业发展共同体——站在集体的肩膀上飞翔。海门就是以组建新教育共同体的方式启动区域新教育实验的，通过新教育共同体核心团队建设来支持帮助一线教师参与新教育实验，逐步形成了区域教育共同体的五种形态：市直学校协作发展共同体、城乡联动发展共同体、学科发展共同体、校长俱乐部、名师（名品项目）工作室，这样打破了校际壁垒，加强了区域研究的氛围，发挥了特级教师、骨干教师在区域层面上的引领作用。各校的研习共同体更是丰富多样，为教师的专业成长搭建了平台。名师工作室在领衔人带领下，有计划地组织经典共读、观课评课、主题沙龙、专题研修、课程研发等活动，逐渐发展成为全市优秀教师的发源地、教育成果的聚集地、教育智慧的辐射源和品牌项目的孵化器。

五是推动特色发展，让每一所学校拥有不同的跑道。新教育实验希望每一所学校都有特色，每一位教师都拥有自己的特长，每一名学生都能成长为最好的自己。特色教育的出发点是提高育人质量。为此，海门努力打破百校一面的格局，推动学校的特色化建设和学生的个性化发展。用四年时间推动了农村学校“达标创特”工程，培育了乒乓文化、绣品文化、海港文化、京剧教育、责任教育、童诗教育等一批高水平的特色项目，农村学校的管理水平、教科研水平、教师素养、学生素质等大幅提升，全面提高了区域的整体办学品质，促进了城乡教育的内涵发展、特色发展、优质发展和均衡发展。

六是践行文化立魂，让每一所学校怀有独特的气质。新教育实验把“过一种幸福完整的教育生活”作为核心价值追求，它犹如北极星引领着教师们前行的方向。新教育认为，一所学校的使命、愿景和价值观是新教育学校文化的核心，是指导学校师生行为的“基本法”。2008 年，海门区域践行新教育“月映千川”的文化建设理念，开始学校文化建设的探索，全市各中小学的特色创建渐渐演变成了文化再造的生动实践。文化再造背景下的特色创建，就不再局限于一个个具体的项目，而把着眼点投向学校的愿景、使命和核心价值观，指向学校的文化发展，让文化为学校立魂。通过新教育营造书香校园、研发卓越课程、构筑理想课堂、缔造完美教室等途径，重建师生幸福完整的教育生活。一所所学校的特色文化成就了海门教育万紫千红的新局面。

七是缔造完美教室，让每一间教室成为幸福的源泉。新教育实验探讨缔造完美教室的意蕴以及可能性，是希望有更多的教师能够清晰地认识教室的价值，理解生命的成长，让缔造完美教室项目成为师生成长的一个契机，能够让每一个生命在教室里开出一朵花来。2010 年，海门区域推进缔造完美教室项目，致力于让每一间教室成为师生幸福的源泉，从完美教室价值系统的建构、卓越课程的研发、课堂文化的打造、共同生活的营建、节日庆典与社团活动的组织、班级博客建设等方面做了大量的工作。海门新教育人认为，教室是图书馆，是阅览室；教室是实践场，是探究室；教室是操作间，是展览室；教室是信息资源库，是教师的办公室；教室是习惯养成地，是人格成长室；教室是共同生活所，是生命栖居室。其间，《完美教室——中国百合班的故事》和《一间可以长大的教室——新教育“完美教室”叙事》两本著作的出版，对此做了充分的诠释，也是区域推进缔造完美教室行动研究的重要成果之一。

八是研发卓越课程，让每一位学生享受适切的课程。2013 年，新教育实验在浙江萧山召开了以“研发卓越课程”为主题的年会，朱永新先生在主报告中完整架构了以生命课程为基础，公民课程（善）、艺术课程（美）、智识课程（真）为主干，“特色课程”（个性）为必要补充的新教育卓越课程体系。海门实验区积极响应并启动了《新教育卓越课程三年行动计划》，以教育集团为单位，区域推动研发卓越课程项目，充分挖掘地方与校本资源，丰富学校课程内容，为学生个性发展提供多元与可选的课程资源。同时，探索“选课走班”模式，让区域内每一所学校的每一个孩子都有机会选择自己感兴趣的特色课程，形成了促进学生个性成长的课程研发与实施机制。比如海门实验小学的“十个学会”课程、东洲小学的新生活课程、通源小学的新生命课程等都是影响较大的课程研发成果。

九是家校合作共育，让每一位父母掌握科学的家教之道。新教育认为，教育始于家庭，习惯始于家庭，美德始于家庭。家庭教育首先是对父母的教育，关键在于营建亲子共同生活。2007 年，海门新教育人在全国首创了家庭教育日活动，自此把元旦后的第一个周末确定为家庭教育日。第一个家庭教育日的主题是“构建和谐家庭，与孩子共同成长”。此后，新教育人在每个家庭教育日围绕一个主题，举办丰富多彩的活动，向全社会广泛宣传先进的家教理念。2012 年，新教育萤火虫亲子共读公益项目组海门分站成立，至今已组织了 100 多期亲子读书会，成为推动亲子共读、促进家校共建的有力推手。新父母学校已经成为每一位父母学习家教之道的重要阵地。区域家校共建共育的良好育人生态正在形成。

（三）开放研修，以榜样引领作为新教育实验的区域风向标

丰富多彩的开放研修活动是新教育实验的重要推手。各新教育学校师生在活动中展示实验成果，交流实验经验，分享成长智慧。海门区域新教育开放研修活动大致分四类：

一是常态化活动，新教育实验已融入了各所学校的日常教育教学研修活动中；二是专题性活动，每年全市层面、集团层面、学校层面、学科层面都要举行专题性的新教育实验研讨展示活动，如完美教室研讨、卓越课程展示、入学仪式、期末庆典等；三是课题研究活动，通过课题研究引领新教育实验向纵深发

展。海门区域“新教育实验研究”的课题成果获江苏省第三届教育科研成果一等奖；四是开放周活动，每年海门都要面向全国举行两次新教育海门开放周活动，围绕新教育年会的主题或项目重点开办展示性研讨活动，每次开放周活动都吸引千余名来自全国各实验区的校长教师参加，充分发挥了实验的辐射功能。

“一朵具体的花，远胜过一千种真理”，在开放研修活动中呈现榜样、言说榜样，让榜样引领大家向前走，是推进新教育事业发展的重要策略。历经十余年新教育改革，海门培育了一批新教育榜样学校、榜样校长、榜样教师。如海门中学、东洲国际学校、东洲小学等榜样学校，石鑫、滕玉英、祝禧、吴建英等榜样校长；陈铁梅、茅雅琳、高波、刘宇禹等榜样教师。这批学校、校长、教师是海门新教育的领路者，引领着海门新教育区域的发展。同时，海门特别重视培育农村新教育实验的典型，让那些校长教师都有机会在全市乃至全国的新教育活动中言说自己的故事。每一所学校也都建立了新教育生命叙事讲坛，月月都有教师甚至是学生的讲述，既培育榜样，更发挥榜样的引领与激励作用。

十多年来海门新教育人追寻理想、不懈探索、积极创造，形成了比较丰富的新教育实验研究与推广成果。海门因“新教育”，一所所学校改变了发展模式，一个个教师改变了行走方式，一批批学生改变了生存状态，师生实现了生命的拔节，获得了许多额外的奖赏。《中国教育报》《人民教育》、中央电视台、《新华日报》，以及中国网、人民网、光明网等媒体纷纷报道了海门区域新教育实验的成功经验。

（笔者的《守望新教育》入选《中国教育报》2015 年度教师喜爱的 100 本书，并获评江苏省教育厅 2016 年度教科研成果二等奖，《做新教育的行者》获评江苏省教育科学规划办教科研成果一等奖）

第四章
区域教育的“生长密码”

一、区域卓越课程的研发

二、基于区域卓越课程研发样本的思考

三、以海门市东洲小学为例，谈校本课程的目标设定与基本形态

四、以海门师范附属小学为例，谈校本课程的意义与系统架构

五、“梦想基金”班本课程实施的典型案例

寻找海门教育新的“生长点”，破解海门教育继续前进的“密码”，需要海门教育与新教育更深入地融合，以新教育理念来引领未来海门教育的持续发展，把新教育作为进一步提升海门教育品质的有力支撑。在此背景下，海门教育开始研发卓越课程，在这方面做了很多有益的探索和实践。

（2015 年 12 月 14 日，全国新教育实验海门开放周暨海门市新教育研发卓越课程推进会举行。来自 18 个省、自治区、直辖市的 700 多名新教育代表参加了活动。图片由海门市教育局供稿）

一、区域卓越课程的研发

从 20 世纪 80 年代开始，海门中学、东洲中学、东洲小学等学校先行探索课程研发，改造学生的教育生活，致力于让每一个学生享有适合的课程。全市层面自觉的课程研发缘于 2010 年的缔造完美教室行动。2013 年是海门全市中小学课程研发年，海门先后于当年 4 月和 11 月，在小学和幼儿园举办了两次全国新教育实验海门开放周暨“研发卓越课程”专题研讨会，海门市实验小学、海门师范附属小学、东洲小学等 13 所城乡小学和东洲幼儿园、海南幼儿园等 10 所幼儿园进行了新教育特色课程展示，受到来自全国各地新教育同人的广泛好评。自 2014 年始，海门每年组织全市卓越课程评选，并开始在义务教育学校组织卓越课程展示活动，推动卓越课程研发行动的深入开展。

海门的卓越课程研发行动是从区域和学校两个层面同时展开的。

1. 研发卓越课程的区域实践

(1) 区域运作，推动课程研发。

区域运作是指市教育局基于区域内儿童发展的需要，统筹力量，整合资源，共同研发在全市范围内实施的课程。如，海门研发了符合区域学情的中小学语文、英语阶梯性拓展阅读课程，进行小学、初中、高中十二年一贯制的整体设计，深度推进阅读教育。如，小学语文拓展阅读，列出了古文 60 篇、整本书阅读 80 本、古诗词诵读 100 首。所列篇目皆分解到各年级各学期，呈阶段状分布。如，三年级下学期，阅读内容安排有：神话传说类古文 4 篇：《盘古开天》《夸父逐日》《精卫填海》《大禹治水》；整本书阅读 8 本，其中文学阅读 6 本：《生气汤》《大林和小林》《安徒生童话》《宝葫芦的秘密》《戴小桥全传》《明天会有好运气》；人文阅读 1 本：《三字经・千字文・弟子规》之《千字文》节选；科学阅读 1 本：《鼹鼠博士的地震探险》。初高中的语文拓展阅读都在小学的基础上进行，所选篇目、书目不重复，在内容上逐步加深，在要求上阶梯性提高。

(2) 任务驱动，促进课程研发。

任务驱动是指根据区域新教育发展的需要，确定某一阶段的重点任务，聚合力量，重点攻关，研发课程，全力推动。如，2006 年起，海门以"每月一事"项目为抓手，启动新公民教育行动，把 2007 年定为习惯养成年。为了配合和支持项目的推进，海门整合全市德育骨干的力量进行研发，并于 2009 年出版了《一生有用的十二个好习惯——新教育实验"每月一事"项目操作手册》一书，2016 年又出了升级版《养成一生有用的好习惯——新教育实验"每月一事"项目操作手册》，梳理了海门"每月一事"项目探索的成果，总结了基本操作流程，即"主题阅读、主题实践、主题展示、主题反思"，对新教育"每月一事"项目的推进产生了积极的影响。

(3) 项目联动，推进课程研发。

项目联动是指根据师生发展和学校工作的实际，确定若干项目校际联动研发课程，推进新教育实验。例如，从 2014 年下半年开始，海门城区幼儿园、小学整体联动，分别探索了生命主题阅读课程、安全模拟体验课程、强健身体运动课程、综合艺术表演课程、生命主题电影课程、种植养殖劳动课程和职业生涯启蒙课程七类生命教育课程的架构和样态，研发成果在 2015 年 4 月全国新教育海门开放周进行了全面的展示。

(4) 集团协同，助推课程研发。

2005 年，海门启动了区域新教育共同体建设。2012 年，城乡联动发展共同体发展为教育管理集团。如今，全市共有 12 个以市区直属学校为核心的城乡一体化义务教育管理集团。集团之间、集团内成员校之间的协同努力，助推了课程研发的深入。如，2015 年 8 月始，海门各义务教育管理集团，共同研发新一轮的“每月一事”课程。以新教育“每月一事”项目的传统主题为基础，结合社会主义核心价值观教育专题，聚焦核心素养，重新确定了诚信、感恩、责任等 12 个课程主题，由 12 个义务教育管理集团分别负责一个项目的课程研发。各集团统筹各成员学校的骨干力量，组建了专门的团队，搜集、编写了以名言谚语、故事、美文为主的主题阅读材料，研究、设计了围绕主题的行为细节要求，分阶段提出了开展主题教育活动的建议。

（5）工作室攻坚，引领课程研发。

目前，海门共有 38 个名师（名品项目）工作室，这些工作室是卓越课程研发的攻坚力量。如，近年，陈铁梅“审美人生教育”名师工作室研发了地方美术课程“蓝印花布”（小学、初中）、“南通建筑”，成果已由江苏美术出版社出版发行；研发了百幅名画欣赏课程，2017 年正式出版。祝禧“文化语文”研究所研发了包括 72 个单元 432 篇内容的晨诵课程，“本真音乐”工作室研发了百首名曲欣赏课程，“儿童诗名品项目”工作室研发了儿童诗课程，“机器人名品项目”工作室研发了机器人竞赛辅导课程教材《走近机器人》，该课程教材被江苏省科技中心作为省普及机器人竞赛推荐教材，在全省推广使用。

2. 海门卓越课程的校本探索

（1）让文化在课程实践中生成。

2008 年，海门开始了学校文化建设的探索，全市各中小学的特色创建渐渐演变成了文化再造的生动实践。许多学校由特色项目推演出统领学校发展的核心思想，又围绕核心思想架构起了学校文化的理念，建设起各具特色的环境文化、制度文化和行为文化。如今，海门的学校文化建设已经迈入课程文化建设的新阶段——在课程实践中生成文化，以课程文化丰富和扩展学校文化的内涵，使学校文化建设进入课程与教学层面，与师生日常的教育生活融合，成为师生共同参与和创造的常态性的学校生活，真正实现新教育所追求的“把文化活出来”的目标。如，东洲小学以“新生活教育”为统领，以“让阅读成为我们的生活方式，让艺术成为我们的生活情趣，让运动成为我们的生活习惯，让实践成为我们的生活特质，让热爱生命成为我们的生活态度”为指导理念，架构了涵盖阅读、艺术、运动、实践和生命五个方面内容的课程系统，研发了包括“文化语文”课程、“智慧数学”课程、“文化英语”课程、“生态艺术”课程、“快乐体育”课程、“乡土游戏”课程、“综合实践”课程、“公民教育”课程等内容的丰富的课程群。又如，通源小学以朝向幸福完整的生命姿态为目标，系统架构立体、多元的新生命课程，研发了包括“有教养”生命礼仪课程、“多彩节日”课程、“彩丝带”公益课程等的人格课程群，包括生命主题阅读课程、“民族风·母语情”课程、“读写绘”课程、“数学游戏阶梯”课程、“迪士尼动漫英语”课程、“科学游戏”阶梯课程等的智识课程群，包括“海门山歌”阶梯课程、“唱唐诗”阶梯课程、“风筝”课程、“新生命剧”课程等的新生命艺术课程群，包括“我们跳起来”律动课程、“生命与安全”课程等的运动与安全课程，包括“绿意种植”课程、“舌尖上的传统美食”课程、“春日寻芳”课程、“科技嘉年华”课程、“美葫芦”课程等的实践课程，走出了一条真正致力于师生生命成长的课程之路。这些具有鲜明特色的学校课程对学校发展产生了内在的、长远的、整体的影响，以浸润和濡染的方式具体而深刻地影响着师生外在行为和内在气质，使学校具有一种独特的新生命教育的文化气场和气韵，更给学生们创造了成长的无限可能。

（2）让个性在课程穿越中培育。

课程改革成功的关键是解放每一所学校的主体性。每一所学校的主体性集中体现在通过选择并设置有关课程来创造和形成本校的学校文化特色。在海门，学校研发的课程可谓丰富多彩，各具个性。如，海门师范附属小学历经 20 余年，经过 7 任校长的接力传承，持续地研究、打造学校的童话特色，童话课程在新教育年会上被评为十大卓越课程之一。育才小学发挥教师的书法专长，研发了书法课程，打造书法特色，学校书法教育成绩斐然，被评为南通市首批规范汉字书写教育特色学校、中国书法特色学校。余东小学依托京剧票友活动这一余东古镇特色文化资源，开启了京剧艺术课程之旅，与学生、家长、票友一起编织着京剧的幸福梦，同时，他们还聘请南通市京剧团的专业演员担任学校的艺术指导和顾问，研发了《古镇京韵》校本课程，孩子们的京剧节目也唱到了中央电视台《戏曲采风》栏目。

（海门市余东小学孩子们的京剧表演已经成为百年古镇的一道风景。图片由海门市余东小学供稿）

（3）让团队在课程研发中成长。

卓越课程研发挑战的是学校教师团队的综合能力。我市各中小学主动探索新教育教师成长路径，积极挖掘本校教师的能力优势，组建了一个又一个项目攻坚的课程研发团队，让教师深度参与课程研发，接受挑战，经受磨砺，获得成长。如，实验小学以“能仁文化”为引领，以让孩子们拥有“带得走”的能力和智慧为目标，挖掘教师资源优势，组建项目团队，精心研发了“十个学会”课程，即学会整理房间、学会做五种菜、学会游泳、学会写一手好字、学会一项球类运动或健身项目、学会一个艺术项目、学会办手抄报或电子小报、学会表演、学会主持活动、学会一项小发明系列课程。海南小学在省科学特级教师徐杰的带领下，科学阅读课程的研发与实施成为学校的优势项目，还参与了江苏省《科学读本》教材的研发，承办了全国小学科学教育与科学阅读专题研讨会。

（4）让潜能在课程创造中引爆。

海门市的许多教师自主研发了富有个人文化特质的特色课程。如，实验附小高波老师研发了“君子兰书香”课程、“君子兰银行”课程、“君子兰个性展示”课程、“君子兰慈善”课程。这些丰富的课程滋养了孩子的生命。他所带的君子兰班被评为新教育实验 2015 年度完美教室。2015 年 1 月，他在全国新教育实验缔造完美教室叙事研讨会上进行了讲述。他还先后被邀请到浙江杭州、陕西安康等地做专题报告。东洲小学刘宇禹老师研发了“班本阅读”课程、“梦想基金环保”课程、“综合实践”课程、“家校合作”课程。卓越的课程带来了师生卓越的成长。她所带的浪花朵朵班孩子们走上了央视舞台。近五年，她先后为来自河南、新疆、湖北、浙江、广西等地的考察团队做讲座 30 余场，也奔赴全国各地做讲座，讲述浪花朵朵班的故事。

课程是学校教育的核心，是师生生命成长的关键。无论是学校的发展，还是教师的成长，都能够从课程的角度出发，引领儿童主动而又生动地学习与生活。研发卓越课程行动已经改变了教师行走方式，改变了学校发展模式，改变了学生生存状态。

3. 构建具有区域印记的十大卓越课程体系

海门教育在不断的探索和实践过程中，对近几年来的课程研发进行经验总结，指导和引领了区域地方课程、校本课程、班本课程的研发，逐渐形成了富有具有区域印记的卓越课程群。

一是深度推进以“晨诵、午读、暮省”为基础的书香课程。开发丰富的阅读资源，营造良好的读书氛围，开展多样的阅读活动，这才是学校应有的样子。以新教育必读与选读书目为基础，不断完善幼儿园、小学、初中、高中相衔接的阶梯阅读课程，开发小学初中高中相衔接的英语名篇名著阅读课程，拓展科学阅读、数学阅读、历史阅读等学科阅读或主题阅读领域，逐步形成比较成熟的适合学生需要的晨诵与午读课程。精心组织好每天的晨诵、午读活动，大力开展晨间诵诗、日常诵诗、生日赠诗和情境诵诗等活动。同时，将阅读与写作相结合，唤醒学生心中的美好与神奇，让“共读、共写、共同生活”真正成为海门师生的生活常态。让师生在日常坚守中丰盈精神底色，在与伟大的智慧对话中不断走向崇高。

二是践行以社会主义核心价值观为核心的公民课程。以立德树人为根本任务，践行社会主义核心价值观，以深入实施“每月一事”项目为抓手，积极倡导“日行一善，月习一德”，深度研发以“富强、民主、文明、和谐，自由、平等、公正、法治，爱国、敬业、诚信、友善”为主要内容的主题课程，从一个个日常生活的细节入手，把公民基本道德养成与主题课程实践活动有机融合，探索符合不同年龄段身心发展规律的道德人格成长机制，从而不断丰富“每月一事”的课程体系，把“交给学生一生有用的东西”新教育理念落到实处。

三是深化以社团活动为路径的艺体课程。根据学校实际、教师特长和学生特点，广泛开展科学类、艺术类、体育运动类、动手实践类社团活动，保证社团活动时间不被挤占与挪用，尽力为学生创造丰富多样的可供选择的活动项目。通过团队研发，逐步让每一个社团活动都能有校本化的课程来支撑。积极为学生搭建球类俱乐部联赛、艺术节、科技节等展示平台，让海门学生的体质状况得到全面的改善，艺术审美素养、动手实践能力、创新合作意识得到全面的提高。

四是构建以仪式庆典为形态的节日课程。认真挖掘节日课程的内涵，注重以中国六大传统节日为主题的课程开发，凸显民族文化，培育学生的文化认同感。尤其是对开学仪式、成人仪式、期末或毕业庆典、艺术节、科技节、体育节等教育生活中的重大日子，进行全方位设计，系统策划，生动演绎，使之成为学生生命成长的重要时刻，形成学校特有的节日文化。同时，积极鼓励教师以教室为阵地，与学生共同编织更加丰富的班级节日生活，让教室成为美好事物的集聚地，成为传播正能量的中心，成为朝向完美的生命场。

五是组织以名师讲坛为载体的聆听课程。充分利用校内外资源，与国内外知名高校广泛合作，组织教师、学生聆听名师、大家、教授的专题报告，参加社区实践，参与志愿者活动。帮助教师紧跟教育改革的时代脉搏，使教师既能“仰望星空”，又能“埋头走路”，助力教师专业成长；引导学生学会关心社会，放眼世界，树立远大理想信念，形成正确的价值观、人生观；开阔师生的生活视野，丰富师生的知识结构，提升持续发展的学习力。

六是开设以培养卓越口才为目标的演讲课程。自信的人生应当从演讲开始。为每一位学生提供表达的机会，搭建交流的平台，创设双语交际的情境，通过讲故事、演讲、辩论、书本剧表演等，让每一个学生愿说、敢说、会说，从而形成终身受益的自信心、沟通能力与表达能力。

七是提升以职业技能为指向的技能课程。技能课程的研发，密切联系现代生活与学生实际，融生涯教育于课程实践中，让中小学生及幼儿的生活智慧与智能培养得到锻炼与提高。职业学校以技能课程的研发为重点，使之成为创新实验区建设的亮点，成为学生走向社会的阶梯。

八是推动以家校协同为平台的共育课程。家校共育不仅仅是一种教育策略，更是在时代背景下生成的一种教育模式、一种教育文化、一种教育文明。有效整合学校、家庭、社区教育资源，通过家长开放日、新父母讲坛、亲子共读、家校书信、家长志愿者等多样的方式，丰富家校共育课程，家校密切协同，形成教育的合力。

九是开发以个性潜能发展为导向的游戏课程。游戏是儿童个性化发展的重要途径，创设具有开放性、操作性、多变性、实用性的游戏活动环境与资源，鼓励儿童充分探索、质疑，培养儿童的好奇心与浓厚的求知欲。通过开展幼儿游戏节，开发中小学体育游戏项目等，积极打造游戏课程，让学生在快乐、自主的游戏活动中发展潜能、健康成长。

十是培育以个人气质为指向的特色课程。特色课程的构建是实现学校办学特色的重要途径。为此，学校教育应以完善的课程体系为依托，在保证学生全面发展的基础上，关注学生个体特殊才能发展需求，充分挖掘学校的独特资源，开发校本特色课程，培育学生独特的个性气质，让学生能够获得全面而具个性的发展，把学校办得有品牌、有特色。

二、基于区域卓越课程研发样本的思考

目前，海门市的课程已经有了一大批样本，研究的价值与意义很大，但也存在着提高的空间。

思考一：卓越课程的本源定位。

卓越课程的研发不能随心所欲，必须回归本源。我把它定位为文化、儿童、生活、课标和自主。

第一，回归文化。全国新教育实验东胜年会的主题是“以人弘道，活出中国文化的根本精神”，提出了新教育的重要文化使命是对中国传统文化的传承与弘扬，强调了中国文化的根本精神应该通过教育让其活出来。海门市的卓越课程研发有着强烈的文化自觉。无论是通源小学海门山歌的地方文化，育才小学的中国传统书法文化，还是东洲小学的乡土游戏文化，都从文化的视角来研发

课程。其实，课程本身就是承载、传承文化的。所以，这样的一种回归是非常有价值的，也是很重要的。

第二，回归儿童。无论是写话课程、童话课程，还是数学阅读课程，都必须强调儿童立场，体现儿童立场。好的传统文化课程，都会充分呈现丰富生动的儿童生活。数学、写作等课程的二度研发，也要让我们感受到儿童生命在场的真实感。这种回归应该是我们课程研发的重要方向。

第三，回归生活。乡土课程往往会让我们回到童年生活的美好记忆中，会让人感到非常兴奋。例如，海门山歌课程就会让我们在特有的音乐中感受海门话这一乡音的美妙与亲切。再如泥塑课程，与儿童生活联系十分紧密，儿童就不陌生、乐于接受。这种生活恰恰就是属于儿童的，我们创造的就是儿童视野下的属于儿童自己的一种生活，是对生活本身的再次创造。

第四，回归课标。任何学校课程的研发，千万不能忘记课程标准。比如乡土体育游戏课程，就应该依据体育课程标准来研发。课标是课程研发的基本出发点和根本依据。我们开展课程研发，应在国家课程标准中找方向、找依据，否则课程就漫无目的、毫无方向。目标、方向不明，课程的意义与价值就不能很好地体现。

第五，回归自主。原来的校长、教师是没有课程研发自主权的，只是课程的执行者、教材的使用者。通过这么多年的课程改革，校长与教师们慢慢地发现自己的课程权利发生了很大的变化。新教育的卓越课程充分地展现了一线校长的课程领导力与教师们的课程研发能力。只要是在课程发生的地方，每一位校长、每一位教师都是课程的领导者、研发者、实施者。只有有课程自主性的学校才能称之为学校，真正拥有了办学的自主权。当一所学校拥有了自主研发课程的权利和自由发展的空间，学校教育的发展才能有更大的创造性，才能更好地培养富有创新精神与实践能力的学生。

另外，课程要有教师和学生的故事来支撑。课程的研发过程就是师生成长的过程，有着许许多多值得记录的成长故事。我们要用生命叙事的方式，解释课程研发对生命成长的意义，更生动地呈现与分享各自的课程研发成果。同时，应该以教育集团为单位合作研发共享课程，让课程成为集团里学校内分享的资源。团队协作的力量永远胜过个人或小集体的闭门造车。

思考二：卓越课程的基本要素。

海门的教育变革，特别是卓越课程研发的理解，是传承与展望相结合，是“洪钟大吕”与“春风细雨”相结合，绝不是颠覆性的改革。但是，我们对教、对学有着自己独特的、深刻的理解。教学相长，既不能把学放得过高，把教忘了，也不能只知道教，忘记了学，两者之间是相互协调的。在新教育的语境里，“卓越”是一种朝向。怎样的朝向才是朝向卓越的是值得我们去思考的。基于海门教育的变革，我个人理解的朝向卓越的课程应体现以下几个要素：

第一，卓越课程应该体现它的基础性。小学是打基础的阶段，是需要全面发展的。任何小学的课程，讲它的卓越性的时候，一定先注重基础性。朝向基础，就是指向儿童生命的宽度。

第二，卓越课程应该体现它的综合性。小学课程之间应体现相互之间的联系，因为人本来就是综合的，儿童更是需要综合全面发展的，只有综合性的课程才能对儿童的成长具有更丰富的意义。朝向综合，就是指向儿童生命的厚度。

第三，卓越课程应该体现它的开放性。开放是什么？开放是联系。跟谁开放，跟谁联系？跟生活，跟生命，跟我们这个社会，跟当下这个世界。我们的儿童，不仅是校园里的儿童，还是家庭里的儿童，是社会的儿童，是整个世界的儿童。所以，我们的课程必须要有开放度。朝向开放，就是指向儿童生命的广度。

第四，卓越的课程应该体现它的个体性。我想说课程要凸显人与人之间的差异性。之前讲述了那么多的教育故事，充分地反映出我们的课程必须面向儿童个体，不是简单地面向群体的儿童。真正卓越的课程，一定是面向个体的课程。实验小学有一个很好的资源，就是与海门市文明办合办的成长指导中心，每周末都有孩子来，一对一的心理辅导，这才有深度啊。朝向个体，就是指向儿童生命的深度。

第五，卓越的课程应该体现它的可能性。这个可能性包含着巨大的创造力，我们要无限地相信儿童。相信儿童的生命潜能，相信儿童发展的可能性，生命成长的可能性。可以说，人的内在可能性大到我们无法想象。所以我们要研究脑科学，研究儿童的大脑是如何学习的。可能性越大，生命就有高度。朝向可能，就是指向儿童生命的高度。

卓越课程的关键要素当然还有很多很多。但最核心的，应该是以上五点，它分别指向儿童生命的宽度、厚度、广度、深度和高度。只有具备了这五个要素的课程，才能真正称之为朝向卓越的课程；也只有用这五个要素来审视自己的课程，才会有更大的继续努力的空间。

思考三：卓越课程和卓越教师的关系。

没有卓越的教师，研发卓越的课程是无法实现的。习近平总书记从理想信念、道德情操、扎实学识和仁爱之心四个方面提出了好教师的四点要求。所以卓越教师的培养，应该体现以下几个特性：

第一，卓越教师要对教育有着崇高的使命感和责任感。实验小学这所百年名校，各个历史阶段都有着这样一批优秀的教师，她们身上表现出了一种使命感和责任感，特有气质。有强烈使命感和责任感的人，一定是一个卓越的人，这是卓越教师身上应表现出的最重要的气质、特性。

第二，卓越教师要有高尚的道德情操和仁爱之心。仁爱，不应仅是实验小学“能仁精神”的外显，而应该是我们所有教师的。我们全体老师都应该有着仁爱之心，没有仁爱之心的教师绝不可能成为一名好教师，更不可能成为一名卓越的教师。

第三，卓越教师要有扎实的学识，还要有终生学习的习惯。扎实的学识不仅指向过去，信息时代知识更新时时在发生，所以终生学习更重要，这一习惯更多地指向现在和未来。在信息时代，特别是这两年，微博、微信，资讯变化之快，会让我们觉得一天不学习，就会落后。作为教师更需要不断学习新知识、新技能，否则，无法在讲台上站稳。卓越的教师，一定要有天天学习的意识与习惯。

第四，卓越教师要有积极研发课程的意识和能力。如今的教师一定不再只是简单的课程执行者，还是课程的研发者。广义的课程，就是跟孩子生活的每一天所发生的一切，例如，见到孩子讲几个习惯的约定。约定也可以成为很好的一个微课程。卓越的教师必须具备这样的意识和能力。

第五，卓越教师应该有崇高的理想信念和执着追求的品质。教师作为培养一代新人的职业，必须带着文化的使命，追寻理想、实现自我、超越自我。从生存职业走向生命志业的教师才是卓越的教师。

以上五点揭示了我们朝向卓越教师最核心的、最本质的内涵，需要在研发卓越课程中再凝练，再发扬光大。其实，卓越课程对卓越教师的成长同样具有重要的意义。

第一，卓越课程是卓越教师成长的动力、路径、平台。当教师遇到职业困惑、倦怠、挑战的时候，如果他身处一个团队，有一个课程研发的平台，就会获得团队带给他的力量，研发课程也会带给他成长的动力。坚持把卓越课程研发作为推动教师专业成长的一种重要载体来搭建，把卓越课程研发作为打造卓越教师团队的核心路径，几年后就能看到教师飞速成长的奇迹。

第二，卓越课程对卓越教师的成长意义在于成长的自觉性和自主性。当教师真正融入课程研发中，这种成长的自觉和自主行为可能完全超乎你的想象。课程的规划一定有校长的重要功劳，但在这个过程中，教师的自觉、自主行为，一定超越了校长。如教师们都能自觉地去学习、自主地去探究、追寻教育的理想境界，教育就更加自由了，几乎达到理想的状态了。

第三，卓越课程能帮助教师实现自我，能够使卓越教师形成成长的智慧和现代素养。我们一直提倡要做智慧型教师，而智慧在哪里？智慧表现为教师在教育过程中的灵动性，这种灵动性最能通过课程的研发来激发。实践证明，课程研发能够帮助学校培养一批又一批智慧型教师。如今，现代信息素养已经成为卓越教师的基本素养。海门市每一所学校都装备了交互式电子白板，但是我们在听课中发现，教师运用的意识还不浓，能力还不强。这就需要加快培养教师信息技术运用能力与信息素养。这里的素养，还包含利用信息平台整合与运用课程资源的能力，这是需要在课程研发的过程中培养的。

第四，研发卓越课程是卓越教师人生的意义和价值所在。人生最核心的追求就在于对人生意义的追求。意义是幸福的最高境界。当教师们自觉地把教育当作使命，当作责任，那其人生的价值和意义就不一样了。如果每天让孩子来到学校都有不一样的收获，那么教师就在每天超越自己、实现自我。教师都是通过课程来让孩子们实现发展的最大可能性的，当通过研发卓越课程激发了孩子们的潜能，教师与课程都真正朝向了卓越。

思考四：卓越校长课程领导力的核心要素。

卓越课程是由卓越教师研发出来的，卓越教师是由卓越的校长引领出来的。陶行知说过，教师最大的幸福在于培养出自己值得崇拜的学生。校长最大的幸福就在于培养出值得自己崇拜的教师。校长卓越的课程领导力应该包括以下几个核心要素：

第一，校长卓越的课程领导力表现在要有卓越的课程规划能力。一个校长对课程的规划设计能力的高低，直接决定着这个学校课程的基本样态，也直接决定着这所学校孩子生命成长的姿态。课程的规划力是校长领导力的第一个表现，因为课程的结构决定着素质的结构，课程的生活决定着儿童的教育生活。校长的课程规划设计能力包含两方面，一是校长的课程视野，二是跨文化、跨学科的意识和能力。《校长》杂志曾介绍了几位美国教师一起上的一堂课《桥》。数学老师讲桥的几何图形，讲桥的圆周，讲桥的数量关系；物理老师讲桥的拱形力学结构；化学老师讲桥的材料成分组成；艺术老师讲桥的美学；语文老师带领学生欣赏文学大师写的关于桥的名篇；历史老师讲桥的起源、发展历史，讲中美“桥”的关系等。而海门实验附小“漫话西游”课程中就包含武术、歌曲、朗诵、美术创作、科学探究等，多种课程的整合学习都在《西游记》这一名著教学中体现了出来，这就是跨学科规划课程的能力。校长要有这种能力去规划学校课程。

第二，校长卓越的课程领导力表现在要有卓越的课程组织能力，即有能力组织发动起全校教师一起深度参与课程研发。让教师深度参与课程研发是促进教师综合素养提升的重要途径。通过这一途径，教师的专业能力、职业幸福、工作动力等都可大幅提升。现在很多校长困惑于教师的职业倦怠问题，不妨尝试组织起一个又一个的平台，列出一个又一个的项目，设计出一个又一个课程，鼓励教师慢慢参与其中。一旦组织起来，教师就开始了自主学习、解决问题与困难、研究学生的过程。在这个过程中，教师们一定会付出很多智慧与汗水，而当孩子们展现出成长的不同生命状态，教师们一定会体会到职业的幸福感。

第三，校长卓越的课程领导力表现在要有卓越的课程引领能力。同样的课程，不同的校长会引领到不同的高度，这就是校长引领能力的差异。校长的重要任务就是引领教师，而教育局局长的重要任务就是引领好校长。海门教育局管理团队一起参与到学校课程开发中去，学习、交流、碰撞、思考，就是希望发挥引领能力，希望给校长更多的思考。校长则要站在教师们的角度和课程的高处，静下心来好好学习、研究。农村学校的校长要向集团的总校学习，要到外校去学习，或通过各种媒体平台学习。

第四，校长卓越的课程领导力还表现在要有卓越的课程整合能力。这里主要是指卓越的课程资源整合能力，不仅是物的资源，更重要的是人的资源。例如学校内部的资源、家长的资源、专家以及教育行政的资源，还有媒体、网络、社会的资源等。各种资源要素的整合能力，也是评判校长能力高低的标准。

校长为学校的课程（包括国家课程、地方课程、校本课程）建设做好顶层设计后系统规划、深度研发、科学实施，在课程设计、研发、实施过程中一定能够成就卓越的自己，也能成就卓越的教师，最终成就卓越的学生。如，海门中学校长石鑫就是一位极具学校课程领导力的校长，他在自己的专著《学术性高中的使命》中明确地提出，课程建设是学术性高中建设的核心问题，学术性高中的建设必须以课程资源做保障。他认为，课程的结构代表着学生的智能结构，课程的实施水平代表着学生可能实现的智能水平。要认真权衡，确保校本课程的规范有序开设；鼓励创新，把隐形课程纳入学校卓越课程建设之中。只有这样，丰富的课程结构才可以使不同的学生在全面发展的基础上学有所长，从而获得个性发展。没有特色课程，就无以支撑学术性高中富有特色的教育，也直接影响着一个学校的办学品质。

三、以海门市东洲小学为例，谈校本课程的目标设定与基本形态

海门市东洲小学是由我创建的，办学伊始，便以课程研发来带动教育教学

的改革，并设定了以下目标：

第一，希望实现知识、生活与生命的共鸣。卓越的课程就可使学生知识的学习、儿童的生活、社会的生活，与儿童生命的成长之间产生深刻的共鸣。

第二，希望实现体验、感悟与心灵的共通。卓越的课程一定要能够让孩子去体验，让孩子去感悟，最终直达心灵，实现与心灵的融合。

第三，希望实现探究、实践与创造的升华。在小学的课程中，实践性、探究性、创造性的课程是最需要、最期待研发出来的。孩子只有在这样的课程中潜能秉性才能得到充分的激发，成长的丰富性、多样性与可能性才能得以实现。

朝向这三大目标的课程才算是卓越的。说来容易做来难，要想实现必须坚守日常、扎实行动并开展富有创造性的劳动。那么，东洲小学怎么做的呢？

第一，东洲小学研发并呈现了丰富的主题课程。这些主题课程，打通了与生活的联系，把学校生活与儿童生活进行了有机的融合。例如，文化语文课程系列，共有十个不同的主题，把儿童生命与当下的生活密切联系，且具备了较高的文化水准。比如，曹亚男老师的古诗课程，在内容上把中国传统文化跟现代文明进行了巧妙的融合，穿越了历史，是非常有价值的。它给我们的启示是，当学校在组织卓越课程的研发过程中，主题统领是一个很好的选择，要注意的是在主题选择的过程中，要试图通过主题去打通各种联系——与世界的联系、与生活的联系、与社会的联系、与学科的联系、与儿童的联系。东洲小学的新生活教育课程，给了我们很大的启示，值得大家借鉴。

第二，东洲小学研发并呈现了一个开放的领域课程。领域课程打破了学科之间的壁垒，实现了基础学科与学科拓展之间的融合，这种融合让我们感受到学科本身带给我们的课程研发的无尽资源。最具代表性的就是艺术课程，艺术是儿童成长当中最重要的领域之一，艺术领域浩大，小学的音乐课、美术课，教材内容并不多。当年我在东洲小学曾经说过一句比较极端的话，“可以把音乐和美术教材扔掉”，我这句话的目的是激发老师们开阔艺术课程的视野。今天，东洲小学的老师们不仅是“扔了教材”，更重要的是拓展了、延伸了艺术教材的内容——通过“三个一百”的课程，打通了整个艺术领域的课程。更重要的是，这个过程不仅是艺术学科之间的融合，同时也是与文学、历史等学科间的融通。这种融通是我们研发课程非常好的方式。当我们在国家课程二度研发的过程中，我们的学科教师要有一种强烈的课程意识，要对学科的相关领域做比较系统的研究，努力打通相关的学科之间丰富的联系，这种联系一旦打通，小学阶段课程的综合化就容易实现了，综合性的课程也就能够研发出来了。

第三，东洲小学研发并呈现了校本的特色课程。校本特色课程，应该说打造的是本土、本校的课程资源。它把学校资源与社会资源进行了高度的融合，这种融合给我们的启示是，每一所学校都拥有着丰富的课程资源，即便是农村学校，广阔田野恰恰是其最丰富的课程资源。东洲小学的校本课程也很适合农村学校去思考和借鉴。一是家校共育课程，东洲小学把义工妈妈作为资源来挖掘；二是乡土游戏课程，这些乡土游戏课程对农村的家长来说太熟悉不过了，只不过在东洲小学这些游戏课程已经是升级版了。试问，我们的校长们是不是可以带领老师去挖掘这些资源？我们有没有真正梳理过自己学校里成百上千个家长的资源。现在有的学校做得很好，家长们抢着要到学校做志愿者，学校还要排计划。乡村学校的家长能不能成为志愿者？我看完全可以啊！农民身上不仅拥有勤劳的品质，还有多样化的劳动本领和手工艺技能。如果有哪一所学校坚持让每一个学生从小学一年级开始学习，每年学习一样劳动本领，并坚持六年，这一课程一定会让他们一辈子受用，这所学校也就会永远留在学生的生命记忆里。从教育的另一个视角看，劳动是帮助孩子成长的极其重要的手段。我相信，我们这个年龄的校长老师们都是从比较艰苦的劳动中走出来的，我们现在身上所具有的一些良好习惯和品质，都是从劳动中培养出来的。现在大多数孩子都是独生子女，是父母与学校把他们与劳动割裂了。我以为，本土课程资源的挖掘，首先应该是劳动资源的挖掘，因为在家庭、在学校、在社区，到处都可以挖掘出劳动的资源，希望大家好好去推动这一课程的研发与实施。

第四，东洲小学研发并呈现了多样的个性课程。多样的个性课程打开了儿童心灵的窗户，实现了心灵世界和现实世界之间的融合。我们要走向儿童的生活，更重要的是要走向儿童心灵的生活，那是教育的最高目标。新教育在某种意义上说就是心灵的教育。希望通过我们的努力，让儿童的心灵在小学阶段慢慢地丰盈起来。东洲小学施健副校长能被评为特级教师，与她十多年来致力于心育课程的研发取得的一系列成果是分不开的。心育课程的成果不仅在全省领先，而且得到了大规模的推广。教师们正在为孩子开设专门的心灵通道。我以为这是对孩子心灵的一种关照，是个体化的、个别化的，是通过这样的一种努力打开儿童的心灵，走进儿童的心灵，认知儿童的心灵。在儿童心灵的田野里，我们把最美好的东西赋予他们，那是多美好的事情！

东洲小学的主题课程、领域课程、校本特色课程、面向个体课程等，让我们感受到研发课程的广阔空间——课程的形态原来可以这么丰富，这么多样化。在这个过程中，东洲小学课程研发团队的成长姿态让我感受到团队成员之间的支持、分享、合作，甚至是欣赏，这是非常重要的。校长们在组织教师课程研发的过程中，需要一个支持的、合作的、共享的系统，我特别强调还需要一种相互的欣赏，欣赏能让人更加愉快、更加幸福。

四、以海门师范附属小学为例，谈校本课程的意义与系统架构

海门师范附属小学与东洲小学的发展有所不同，它是一所老校，几十年如一日开展童话教育的课题研究。一路走来，从“八五”期间的《童话教育》到“十二五”时期《童话教育促进儿童多元智能发展的课题研究》，童话弥散到了该校的每个角落，为这里的孩子们创造了一个童话般的天地，童话已深深地注入孩子们的心田。童话教育一定不是海门师范附属小学独有的，它应该成为海门每一所学校共同实践的项目、共同研究的专题。每一次看《白雪公主》，都有这样的感受：每一个演过白雪公主的孩子，在她的一生中，肯定会烙下善良和爱的印迹，因为每一次的演出都是心灵的洗礼，都是善良与爱的体验。时至今日，海门师范附属小学又以童话教育与儿童成长为切入点，把童话课程的研发与儿童的成长进行深度融合，已经达到了一定的理论高度。

新教育认为，研发卓越课程最终指向的是儿童的成长，海师附小童话课程应该是最典型的案例。作为全国新教育实验的十大卓越课程之一，其对儿童的意义可以用以下几个关键词来概括：

第一个关键词是穿越。卓越课程，首先是对儿童具有穿越的意义，童话课程穿越的是经典，穿越经典就是穿越美好。对儿童来说，这个世界太丰富了，就需要通过校长和老师们的精心筛选，将最美好的东西让儿童去体验，穿越经典，让孩子体验世界的美好、生活的美好。经典童话剧《白雪公主》就向我们证明了孩子们在童话中通过对善良和爱的体验，把这种美好的品质注入心里了。

第二个关键词是编织。卓越课程就是要编织教育生活的美丽。当看到童话剧《白雪公主》中七个小矮人上台的时候，我们都笑了，因为我们看到了他们的美丽姿态。白雪公主、舞台情境、诵读表演，有着诗一般的美。舞台是儿童的生活，教室、校园也是儿童的生活，这样的生活太丰富了，需要师生来共同编织。我相信，在研发卓越课程的过程中，我们都在不断编织着儿童的美好生活。

第三个关键词是成长。卓越课程对儿童的意义在于成长、成全。童话剧课程里，美德是最核心的内容，孩子们通过体验，内心的美德获得了成长。美德包含了知识，知识是道德的最高境界。海师附小把道德的最高境界通过童话课程来实现。

海师附小在江苏省教育科学“十二五”规划重点资助课题结题的时候，正是从这三个关键词来做重点梳理、总结和思考的。这三个层面给孩子们所赋予

（童话剧《白雪公主》剧照。图片由海门师范附属小学供稿）

的意义有美好、美丽、美德，实现的是成人之美，卓越课程就是要实现成人之美。

当然，课程的功能是要不断地挖掘与丰富的，那么，童话教育在走向课程的基础上，如何更好地、系统地架构呢？个人认为可以研发童话教育的课程体系。一是童话德育课程。如果从价值观和德育的意义上做一些梳理的话，会发现童话里包含了许多人类最美的价值与道德判断。二是童话阅读课程。从诗歌到故事，从听故事到说故事、编故事、演故事，整个童话阅读这块有丰富的内容、形式和成果呈现方式。三是童话习作课程。从童话绘本到童话写绘课程，再到童话习作课程，可以系统架构。四是童话数学课程。海师附小在“十二五”期间开展课题研究时，就低年段数学教学融合童话教育做了比较系统的专题研究，形成了校本化的童话数学课程，这是非常有意义、有价值的。五是童话艺术课程。例如，大合唱以童话为背景，富有浓浓的童话意味，唱出最好、最美的童声。六是童话科学课程。虽然科学童话已经非常丰富了，但需要以课程的理念进行系统的研究梳理。七是童话体育课程。例如，传统武术课程如果在一个童话情境下来实施，那是一个怎样美好健康的画面啊！它肯定不同于其他任何一所学校，深深烙上了海师附小的印记。当然，体育课程里还可以有更丰富的童话元素去挖掘、去创造。童话游戏本身就是体育活动课程的一部分。八是童话社团课程。通过一个个不同的社团构成一个系列，可以创造的东西非常多，空间也非常大。

这“八大课程”都是大主题课程，海师附小做了很多有益的探索。“十三五”时期的相关研究课题继续深化、系统化，成果一定会丰富多样。不过既然研究童话课程，就应该按照课程的系统来架构，课程都应有总体目标、课程内容、课程实施、课程评价等，这些是必须在童话课程研究中明确的。另外，还有两大童话综合课程。那就是童话剧课程和童话节课程。童话剧课程可以融阅读、音乐、美术等于一体。从“十二五”时期开始设计的12个童话剧到目前已有的36个童话剧，后面还可以继续做深度挖掘，可以把英语的童话剧纳入进来，从必须演的到可选择演的、自由演的分类。当然，更多地需要去挖掘童话剧课程本身的丰富内涵。海师附小的孩子从入学到毕业，演12个经典童话剧，每个童话将深深地印在孩子的心田。童话节课程，即每年举行一届童话节，把各种各样的童话主题都汇聚到童话节里来呈现、来展演。童话节将成为孩子们，一次生命的盛宴，通过隆重的节日庆典来呈现童话的世界，展示其最美好的生命姿态。其实，课程要朝向卓越，无非往两个方向走，一个是往深处走，让你的课程越挖越有深度；一个是往宽处拓，让你的课程越做越有宽度。在人的成长过程当中，教育是一个复杂完整的系统，一定要通过联系的方式，把整个课程变得更丰富、更多样，这样才能发挥课程对孩子成长的最大价值。

（童话剧《小青虫》剧照。图片由海门师范附属小学供稿）

海师附小的童话课程研发资料无比丰富，建立课程资源包是应有的意识。以童话剧为例，它要有作品、原文、具体的童话剧剧本设计、包含设计的意图和表演反思的课程计划，还有对作品的再创作，以及资源的链接，包括音乐、图片、媒体、灯光、道具的具体要求，最后还要有非常清楚的说明等，这才叫课程资源包，让其他学校拿到后能直接使用这些资源。当然，作为一所学校的卓越课程成果，还要附有教师和学生展示性的成果，包含表演照片、获奖作品、体会文章。这是一个完整的资源包的基本架构，一旦完成就能放大这些优质资源，在教育集团内部或全市，乃至更广的范围发挥卓越课程的影响力。把一件事情做到极致就是卓越，同样，一个课程做到极致就是卓越课程，可以此帮助孩子实现其最大的发展可能性。

五、“梦想基金”班本课程实施的典型案例

2010 年的暑假，“世博会”使得这个夏天变得异常炎热。人们空前高涨的热情，预示人们渴望与世界亲近的强烈呼声。世博“环保”“低碳”“节能”的理念更是深入人心。但是，走出世博，回到我们居住的城市，周围人们对资源却恣意挥霍，这激起了孩子们守护地球的责任感。他们觉得有必要为保护地球资源做点什么，哪怕力量微小，但是只要持之以恒，从我做起，一定能影响周围人。东洲小学的老师刘宇禹，就有了倡导环保低碳生活的第一个点子：收集废纸和饮料罐，成立班级基金。

她带领班上的孩子们拟定了环保倡议书，先从班级和家庭做起，向父母宣传我们的“低碳”“环保”理念，并且发挥学生们的聪明才智，为环保活动征集标语。倡议书收回的时候，获得了家长们百分之百的支持。家长和孩子们都兴奋地为之取名字、想口号。在众多的基金名字中，孩子们经过投票商量决定了启用“梦想基金”。因为怀揣着梦想，才能实现自己的梦想不停地努力前行，将来还可以用基金去帮助别人成就梦想。

为管理基金和回收物品，孩子们选举出了总账会计王乐欣，调皮的许家豪和李奇洲成了饮料罐的管理员，内向的樊成玺和姜云辉成了废品整理员，热情的龚鑫磊成了收购的联络员，他们还把目光投向了尚未进行行动的学校其他班级，精明的季涛每次都会和收废品的叔叔讨价还价，价钱一分都不能让。除了这些，每个孩子都成了家里的废品管理员，因为他们都争相盘算着：这个月我能为基金贡献多少？争相积累基金的过程是全员参与的过程，从班级到校园到家庭、街道、社区，到处都有孩子们积极的身影，就像一场风暴，每个人都卷

（“梦想基金”宣传海报，宣传口号“我们爱喝饮料！更爱饮料罐！”在全校广为流传。图片由海门市东洲小学供稿）

入其中。家长们对此拍手称赞。

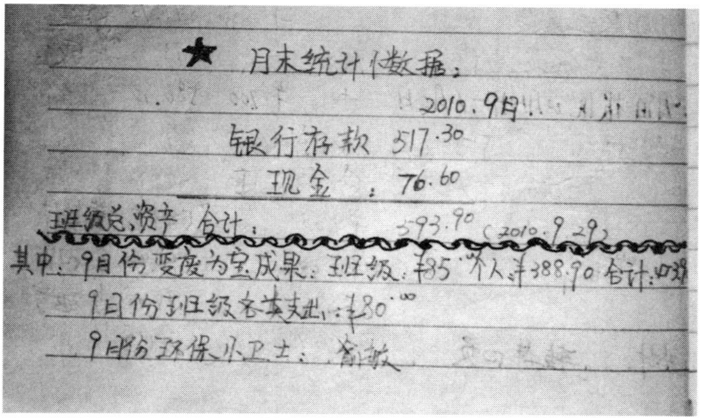

（“梦想基金”的账本和存折。图片由海门市东洲小学供稿）

总账会计王乐欣在第一次公布班级基金财务报告的博客中写道：

晨会是个激动人心的时刻，作为总账会计的我，公布昨天的收入和目前为止基金的运作情况。为此我做了充分的准备，重新换了账本，还请教了在银行工作的妈妈如何记账。教室里，44双眼睛此刻特别专注，大家都在期待这个数字的产生。当我报出388.90的数字的时候，大家都不由自主地鼓起了掌。接着，我报了基金的每一笔收入，班费 200 元，暑假前清理教室垃圾 48 元，开学至今 4 天时间饮料罐和废纸回收 15 元，扣除开学布置教室的费用，结余 593.90 元，这是个不小的数目。大家的心情都异常激动，下午就有好几个学生把前一天忘带的暑假基金通通带来了，并且急切想知道自己积攒的基金排名，因为每月前 5 名贡献大的同学都会有一个小小的奖励。

如果说前期基金积累、变卖饮料罐和废纸让每一个孩子在心中确立了环保意识，那么后期的学生行动，确实是出于一种自主的意识，他们的环保和节俭意识正在渐渐增强。

为更好地开展活动，孩子们还成立了基金管理委员会，选举产生了管理委员会主任一名、委员两名，形成了一个与原有的班级体制完全不同却又平行制约的基金运作模式。在体验创新与收获快乐的同时，“90 后”“00 后”的孩子们奢侈消费的观念在悄悄地改变，环保节约的习惯在渐渐地养成。有了基金，孩子们就好像有了底气和依靠，他们更多地投入班级活动中。班级收获节，孩子们用基金的钱买来了花生、菱角、柿子，进行各种比赛，体验收获的快乐。蛋糕节，大家一起动手，和面、打蛋，亲自动手做蛋糕、装饰蛋糕，体验劳动的快乐。

“环保大家做——水仙花行动”是孩子们把梦想由班级向校园延伸的一个活动。孩子们撰写倡议书，每人一个班级去宣读，号召每一个班级都来搜集废旧物品，积累可再生能源，坚持可持续发展理念，变废为宝。刘宇禹老师则为孩子们提供后勤保障工作，买来了水仙花种球。全班 44 人，全校 48 个班级，孩子们一个一个去宣传，积极的孩子一个人跑两个班。很多平日里极其腼腆的孩子大方地站到了低年级的讲台上侃侃而谈，发动宣传。此外，每个人都亲手用废旧瓶子制作花瓶，给每一个班级送上一棵象征绿色可循环的低碳环保植物水仙花。送出礼物的同时，孩子们播撒的是环保理念，锻炼的是自己的动手能力、实践能力、沟通能力，并且跨出了追寻梦想的坚实步伐。

活动虽然丰富了生活，但是在几个活动过后，孩子们困惑了，我们为什么活动？我们的梦想朝向哪里？刘宇禹和孩子们用了一节课的时间，对此在班会课上展开热烈的讨论。最后，孩子们觉得首先应该考量梦想的价值，让活动回归到梦想基金三步走上来，这样生活才更有意义。

反复思索之后，孩子们在班级博客中描绘了梦想基金的目标：浪花儿朵朵班级要以“梦想基金”为建设基础，以“完美教室”为核心基地，以“班级活动”为主要形式，以成为合格的“社会人”“文化人”为目标，在集体生活中培养自己的环保意识、公益精神、人文素养、社会实践能力以及田园精神，追寻一种“慢生活”的精神境界。让每一个孩子都能成为合格的社会小公民，我们要为此而执着前行，我们要做最优秀的集体。以此来反观前面的班级活动，相比较之下，“水仙花行动”的意义远在其他几个活动的意义之上了。于是在后续的活动中，孩子们都有意识地指向对社会的关注、对民生的关心、对爱与责任的理解。从一开始局限于校园内的“爱心助学活动”，到后来的走进福利院、特殊学校，在街头巷尾开展“手拉手心连心我们在一起”“红领巾牵手夕阳红”“让我们都来做圣诞老人”等活动，孩子们利用基金为孤寡老人们购买冬日温暖小礼物，为特殊学校的同龄人赠送书籍，圣诞夜不再向爸妈讨要礼物，而是自己扮作圣诞老人分发礼物。“让别人因为我们的存在而感到幸福”“让我们都来为别人开一朵花”“赠人玫瑰，手留余香”等成为孩子们口中的家常话。

（“梦想基金”课程让孩子们学会了团结、珍惜、帮助，共同成长为一棵“参天大树”。图片由海门市东洲小学供稿）

沉浸在活动中为梦想而努力的孩子们一个个都彰显着生命的活力，而我也坚信，孩子们不仅习得文化，也将收获一生受益的习惯，拥有信念，领悟更多的人生真谛，这正是体现区域教育最鲜活的故事。

第五章
一场触及利益与灵魂的动力革命

一、教师队伍是教育改革创新的第一执行者

二、机制建设是教育改革创新的保障条件

三、海门教育机制改革创新的典型案例

重新确立海门教育精神、目标定位和发展立足点，是针对本区域教育未来发展状态的期许和存在问题开展的研究，并无意否定过往的教育成绩和质疑当下教育呈现的种种现象。人力资源培育和机制建设改革是时代进步的必然要求，是教育自身发展的必然要求，是推动区域教育发展的核心动力，也是触及利益与灵魂的革命。

一、教师队伍是教育改革创新的第一执行者

思想统一才能推动改革创新，改革创新才能推动思想转变，一点不夸张地说“深化改革、创新发展”是一场触及利益、触及灵魂的动力革命，在改革过程中，各种“硬骨头”和“险滩”躲不开也绕不过。海门教育对全体教育工作者提出要具备“担当、质量、创新、问题、争先”五种意识，就是为了不断解放思想、创新思路、统筹协调、上下呼应，凝聚各方智慧和力量，使改革步伐更加稳健，冲破迷雾、化解阻力，确保改革的航船顺利行驶。

第一，要有担当意识。唯其艰难，才更显勇毅；唯其笃行，才弥足珍贵。担当是一种责任，是一种使命，是推动发展的原动力。当前，有些同志思想上出现了骄傲自满的想法；有些同志身上出现了改革“疲劳症”倾向，改革的锐气和勇气都有所下降；还有些同志对改革产生惧怕情绪，认为硬骨头太难啃，急流险滩太危险，弄不好会船毁人亡。我们必须科学预判海门教育所面临的形势，全体教育人要勇于担当、勇闯难关，不惧任何风险挑战，以无私无畏的决心和勇气推动改革，勇于承担社会责任，全力以赴破解改革发展中的难题。

第二，要有质量意识。“要想让一片空地不长荒草，唯一的办法是给它种满庄稼。”提升教育质量就如同种庄稼，它是教育工作者的永恒追求，是教育事业的生命线，也是衡量教育发展水平的硬指标。我们要始终把教育质量作为教师的立身之本、学校的立校之本，牢固树立质量第一意识，把提高质量作为教育工作的第一要务来抓，任何时候都不能迷失方向。在认真总结借鉴的基础上，抓住学校管理、师资队伍建设、教育教学研究、教育督导等关键环节，高起点谋划，以扎实的举措确保教育教学质量不断攀升。

第三，要有创新意识。“牢固树立改革创新意识，踊跃投身教育创新实践”，这是习近平总书记对教师队伍提出的要求。改革创新是时代精神的核心，是指引我们为实现中国梦奋勇前进的灯塔。“问渠哪得清如许，为有源头活水来”，教师的职业特点决定了我们是改革创新的源头活水，是传递改革创新的“火炬手”。思路决定出路，教育改革创新没有现成的套路，要以新思维破解百姓期待

的老问题，以新观念破除墨守成规的旧思想；要勇于探索、敢闯新路，敢于打破常规、创新思路、切实破解难题，以大气魄成就大事业，以大手笔推动大发展。

第四，要有问题意识。“好问则裕，自用则小。”问题意识就是对客观存在的矛盾的敏锐感知和认识。深化教育改革必须牢固树立问题意识，坚持以问题为导向，集聚推动发展的正能量。要敏于发现问题、敢于直面问题、善于解决问题，不能“骄傲自满”看不到问题、“讳疾忌医”不想找问题，也不能“眼神涣散”找不准问题、“光看别人”不找自身问题。要坚持开门办教育，要认真听取家长、师生的意见和建议，反躬自省，查漏补缺，仔细查找教育决策、教育管理以及教育教学等方面的问题，把问题找准、原因析透、措施定实，要有遇到问题向自身“开刀”的勇气，形成问题倒逼机制，在解决问题中推动教育事业不断向前发展。

第五，要有争先意识。“逆水行舟用力撑，一篙松劲退千寻。”要用强烈的进取心唤起教育改革责任、创造教育改革奇迹、成就教育改革事业。深化改革、创新发展不是一帆风顺、一蹴而就的事业，改革面临的矛盾越多、难度越大，越要坚定与时俱进、攻坚克难信心，越要有争先意识、争先精神、争先毅力，越要有“明知山有虎，偏向虎山行”的胆量。强化争先意识，归根结底就是要敢为人先、勇于超越，牢牢抓住深化教育领域综合改革这个契机，从更高层次上谋划教育事业发展，提升教育整体办学水平。

教师是教育改革创新的执行者，是教育改革创新发展的基础，是提高教育质量、办好人民满意教育的第一资源。要将先进的思想贯彻到实际的行动中，必须以更高的要求深化教师成长路径改革。遵循教育规律和教师成长发展规律，把促进教师专业成长作为队伍建设的出发点和落脚点，创新教师成长路径，提高师德素养和业务能力，引导教师努力成为真的追寻者、善的传播者、美的创造者、爱的践行者。

一是严守职业道德与专业操守的底线。职业道德是教师的底线，更是红线。要坚持德才兼备、以德为先，加强教师职业责任、职业纪律、职业道德和法制教育，增强广大教师的政治意识、法制意识和纪律意识。丰富师德教育活动、培育师德文化土壤，坚持“底线＋榜样”的管理铁律，认真贯彻教育部即将出台的《中小学教师违反职业道德行为处理办法》，严格执行师德失范“零容忍”，健全师德档案制度、优化师德考核评价机制，加强师德典型引领，弘扬高尚师德，增强教师教书育人的荣誉感。

二是提升职业精神与专业情怀的高度。职业精神是职业道德的一种升华，也是一种境界、一种信仰。要激励广大教师志存高远、严谨笃学、淡泊名利、甘于奉献，坚持以学生的健康成长为中心，全心全意投入教育事业。深入开展百名校长、千名教师访万名学生的“百千万”活动，促进教师主动联系和关心学生，进一步转变工作作风、优化育人方式，当好学生成长的指导者和引路人。

三是拓展职业素养与专业水平的途径。坚持科研引领，搭建学习研修共同体、集团学科工作室、教师发展中心等平台，不断提升教师专业素养，改变教师行走方式。坚持多管齐下，探索行政推动、平台带动、机制驱动、区域联动等路径，不断促进教师专业成长。搭建“四大讲坛”：新教育大讲坛、特级教师大讲坛、家庭教育大讲坛、名师名家大讲坛。形成长效管理机制，每个讲坛每月组织一场高水平的专题报告，对全市所有教师开放，让教师在聆听窗外的声音中，不断成长、提高。打造“五个一工程”，每学期每位教师至少读一本教育专著、完成一篇教育教学论文、参加一项教科研课题、聆听一场学术报告、完成一个微课程。促进教师自定目标、自我管理、自觉追求、自我超越。

另外，优秀教师培养的长效机制建立也为改革创新做好了人才储备。海门教育各学段都成立了名师工作室或教师发展中心，形成市级—集团（共同体）—学校三级教师研修网络，将工作室打造成名师的加油站、教师成长的孵化器和教师研修的结合体。职业学校的“双师型”教师队伍建设，开辟了从行业企业引进工程技术人才和能工巧匠的通道，选聘一批专业需要、素质优良、技艺精湛的专业教师和专业负责人到学校任教，改善教师队伍结构。职教教师赴企业实践制度，创新了教师企业实践的组织方式，变短期片段式实践为长期综合性实践。海门市中小学教师研修中心和全国新教育培训中心也在不断调整自身定位和工作机制，下移工作重心、转变工作方式，充分发挥了“培训、研究、指导、服务”的职能。义务教育学段研修员则到各集团挂职，下沉一线、定期轮岗，以师生为研究主体，切实从指挥者、评价者、管理者和检查者转变为参与者、合作者、研究者和引领者，形成“上下结合、融会贯通”的运行机制。

四是成就职业幸福与专业追求的价值。当前一些教师精神上出现了“高原反应”，表现为缺乏职业追求、职业倦怠感强烈，专业发展停滞不前，找不到前进的动力，职业幸福感低下。幸福是一种心态，是一种感受，对教师来说幸福其实一直都在身边。新教育倡导用生命叙事方式呈现教师坚守日常的教育生活与创造教育的生命奇迹，许多教师正是在年度叙事的过程中再次认识自己、认同从事的职业，激发起职业的自豪感与幸福感。要引导教师在教书育人中形成健康幸福的心态，即一种平常的心态、一种感恩的心态、一种对事业和学生热爱的心态、一种没有嫉妒和抱怨的心态，做到既要抬头看幸福，也要低头找幸福。

二、机制建设是教育改革创新的保障条件

围绕教育治理体系改革，形成高水平的治理能力，寻求教育改革的最大“公约数”，才能更好地促进教育持续发展、调整教育结构、提高教育质量。

以更新的思路深化管理机制改革。教育改革的核心之一在于机制体制创新，机制体制创新改革作为一项系统工程，是反映教育本真、体现教育职能和促进教育可持续发展的内生动力。要坚持以人为本、德育为先、能力为要、质量至上、全面发展的现代教育观，推动各类教育协调发展。

一是探索学前教育区域共同体和多元办园机制。基于幼教区域共同体建设，形成“城乡联动、资源共享、辐射带动、共同发展”的管理机制，可以构建以市区优质幼儿园为领头雁，乡镇幼儿园为群雁的学前教育“雁阵式”发展新体系，彻底打破“资源固化，一校独享”的传统观念。坚持学前教育的公益性和普惠性，是幼教工作“创新机制，激发活力，促进发展”的基础，通过政府购买管理、资金奖补、项目扶持、人才输出等多种方式，创新政府购买教育服务模式，探索并建立起“股份制”“民办公助”等学前教育的多元办园机制，从而健全“政府主导，社会参与，公民办并举”的办园体制。

二是探索义务教育法人治理和组织运行机制。制订义务教育管理集团章程，探索以集团理事会为最高决策和议事机构的新型法人治理结构管理模式，逐步建立“功能明确、治理完善、运行高效、监管有力”的集团管理体制和运行机制。进一步落实集团在办学模式、育人方式、资源配置、人事管理等方面的自主权。坚持完善校长、教师城乡交流机制，优化顶岗、跟岗学习方式，切实推动教师从“学校人”向“集团人”“系统人”转变。优化集团组织运行的基本架构，合理设置内部治理结构，设立学科与教师全覆盖的集团学科（名师或名品）工作室，建立健全决策、监督、执行、协商、调解等工作机制，完善工作程序和各项管理制度，形成“内部衔接、外部对接、多元立体”的体制机制。健全特殊教育体系，实施特殊教育发展工程，完善随班就读支持保障制度。

三是探索普通高中优秀人才培养机制。以优秀人才培养为核心，探索人才培养的规律，改革人才培养机制，创新人才培养模式。加大教育开放力度，坚持“引进来，走出去”“手牵手，一起走”，鼓励有条件的学校与省内外、国内外知名学校结成校际合作联盟，通过多种形式的师生互访、资源共享活动，开

（海门市获评全国义务教育发展基本均衡市，海门市教育局获评江苏省促进义务教育均衡发展先进单位。图片由海门市教育局供稿）

展全方位和深层次的交流与合作，引导普通高中校际合作交流向广度和深度发展，培养一批具有国际视野、优秀领导力和创新力的卓越学生。牢固树立“人人皆可成才，人人都为人才”的理念，积极推动普通高中与高职院校的合作与交流，为每一位学生“私人定制”适合自身发展的成才通道。完善普通高中学校管理制度，建立依法办学、自主管理、民主监督、社会参与的现代学校制度，健全教职工代表大会和家长委员会参与学校管理监督的制度。

四是探索职业学校治理结构和技术技能型人才培养机制。把加快建设现代职业教育体系作为创新发展职业教育的主攻方向。进一步深化学校管理机制改革，健全符合现代职教制度、与学校发展目标相吻合、与办学模式改革相适应的“院系制”治理结构。以职教教研室为依托，创新职业教育教科研工作新途径、新方式，提高职业教育教科研工作水平。坚持德艺双馨，推行工学结合、校企合作、定岗实习的人才培养模式，做好职业技能培训、完善就业服务体系，增强学生就业创业和职业转换能力。大力推进“国示范”和“职教创新发展实验区”建设，加强品牌专业和实训基地建设，努力形成鲜明的职业教育特色。构建校企合作长效机制，探索“校中厂、厂中校”“工学交替”等模式，推进校企之间深度融合，实行“2.5＋0.5”“4.5＋0.5”等学生培养模式，构建技术技能型人才培养立交桥。

五是探索社会教育联盟式发展机制。形成以开放大学为龙头，社区学院为骨干，乡镇社区教育中心为基础和村（居）民学校为延伸的四级社区教育网络。打破社区教育“单兵作战”“各自为政”的格局。以海门开放大学为依托，建立社区教育发展联盟，形成“整合资源、共享师资、抱团发展”的运行机制，充分激发社区教育的潜力与活力。积极实施社区教育基础能力建设工程，推动乡镇成人教育机构独立建制、转型发展、提升能力、优化服务。有效利用社区、家庭与学校教育的资源，加快发展老年教育、青少年校外教育，在学生社会实践、农村劳动力转移培训、在岗职工技能提升培训、从业人员学历培训等项目上取得新突破。积极支持社会力量举办各类非学历教育培训机构，鼓励开展以社会需求为导向的各类非学历教育培训。建立健全社会培训机构分级管理与星级评估制度，严格标准，强化监管，加强评估，规范办学行为，着力培育一批有社会影响的品牌培训机构。

以上各学段教育改革创新的落脚点仍然是深化课程改革。课程是教育改革创新的关键，抓住了课程就等于按住了教育发展的“点火器”。这其中的重要性在上一章已经充分阐释，不再赘述。在具体行动中，我们用课程来提升教育的品质，用课程来改变教育的生态。我们启动了“卓越课程三年行动计划”，在全市范围内高质量地研发和实施一百个卓越课程，预计用三年时间研发和实施三百个卓越课程，建构更加符合育人目标的课程与多元评价体系，满足学生对课程多样性、个性化的选择需求，让海门的孩子在一个个卓越课程的穿越里实现生命的拔节。普通高中要探索与大学相衔接的拓展型课程和研究型课程，推动有效衔接融通，继续推进主题阅读工程，积极承办新教育全国开放周活动；联合行业企业研发职业教育课程，突出职业道德、职业技能和就业创业能力的培养；义务教育要全面深化学科课程、综合实践课程、社团活动课程的研发，结合艺术教育的新教育年会主题，研发更加丰富的新艺术教育课程，提高学生审美和人文素养；学前教育要加强游戏课程、节日课程的研发与推广。建立卓越课程论坛与卓越课程展示平台，研讨与分享课程研发经验与成果。同时，进一步转变教学观念，变革教学方式，坚持以学生为中心，深入推动“理想课堂”建设。以“兴趣”“活力”“智慧”“高效”“技能”为课堂基本导向，深化“学程导航”教学范式的研究，把学习状态、自主学习、小组合作、展示交流、质疑反思、学习水平等作为课堂评价的主要内容，不断强化“以学定教”思想，倡导启发式教学、研究性学习，充分激发学生学习内驱力，让学生主动学习、学会学习并获得成功体验。要特别重视常态课建设，严格落实教学“六认真”，强化教育教学常规管理，切实改变评优课“轰轰烈烈”，常态课“涛声依旧”的现状。校长带头下沉课堂、聚焦课堂、研究课堂，科学运用好预约听课、随堂听课、行政抽课、课前说课等机制，落实好观课、议课、磨课诸环节，实现“常态课优质化、优质课常态化”。打通课堂与课程的联系、打通各学段课堂的内在联系、打通课堂研究与教师专业成长的联系，努力实现新教育理想课堂的第三重境界，实现知识、社会生活与师生生命的深刻共鸣。

三、海门教育机制改革创新的典型案例

义务教育学段特别是初中学段，一直是公认的教育工作难点。海门市以改革创新为动力，积极探索义务教育集团化管理新模式，实现义务教育优质均衡发展。

（一）海门市义务教育管理集团化建设的意义和措施

第一，集团机制可以促进管理水平更均衡。海门以机制创新为突破，不断深化教育领域综合改革，推动教育转型发展，走出了一条符合海门实际的优质教育均衡发展之路。

实现了优质资源全覆盖。2013 年，我市在多年区域学校共同体建设成功实践的基础上，以市区学校为龙头，组建了 12 个义务教育管理集团（7 个小学集团和 5 个初中集团），将城乡所有义务教育学校全部纳入集团管理，实现了优质资源全覆盖。每个集团都有着总校长、副总校长、集团办公室等完整的组织架构，海门市编办在编制非常紧张的情况下，下拨每个集团 5 个编制。海门市教育局每年给予集团一定的活动经费，从而实现了集团组织到位、人员到位、经费到位，为集团开展活动奠定了坚实的基础。

形成了抱团发展的集团管理机制。集团管理实施“六统一、三独立”制度，在集团内统一管理制度、统一干部任免、统一师资配备、统一教学计划、统一质量要求、统一考核奖惩，实行教师编制独立、学籍管理独立、财务记账独立，形成了管理统一、主体独立、抱团发展的集团管理机制。

激发依法治校活力。落实教育管理集团的办学自主权，提升集团运行活力。2014 年，海门市在实验小学教育管理集团开展义务教育法人治理试点，不断健全义务教育管理集团章程，逐步建立起以集团理事会为最高决策机构，监事会为监督机构的新型法人治理结构模式，努力形成以共同愿景、使命、价值观为灵魂，以集团章程为核心，以集团理事会、监事会为载体，以管理制度和规则程序为纽带的集团治理体系以及自我约束、自我规范的内部管理体制和监督制约机制。进一步落实集团在办学模式、育人方式、资源配置、人事管理等方面的自主权，提升集团运行活力。到 2015 年底，12 个集团已全部成立了集团理事会、监事会，走上了科学、规范、民主的现代化学校管理之路。

（2014年12月24日，海门市实验小学教育管理集团召开第一届理事会成立大会，标志着海门市教育系统法人治理结构试点工作进入实质性试运行阶段。图片由海门市实验小学供稿）

第二，集团机制可以促进师资队伍更均衡。充分发挥义务教育管理集团的平台优势，以集团机制破解职称评定、岗位设置、教师流动等难题。健全城乡教师交流机制。科学规划、设计区域教师流动制度，加强并完善了校长轮岗交流、市区骨干教师到农村挂职支教和农村教师到市区学校“顶岗”学习等制度，集团总校为流动教师设定工作目标，通过“底线要求＋任务驱动”对流动教师进行目标考核，使教师逐步由“学校人”向“集团人”转变。大力实施集团内骨干教师的定时定校双向交流的同时，探索实施了音体美教师“走教制”，组织“卓越教师讲师团”定期到农村学校巡回讲学，开展“公益助教助学”活动，有效解决了音体美教师不足的结构性矛盾。努力推动乡村教师专业成长。设立集团学科（名师或名品项目）工作室，有力地推动集团课堂课程改革与教师专业成长。实施“乡村教师支持计划”，统筹集团内名师资源，实施名师工作室与优秀教育人才“乡村公益助教行计划”，发挥名师的引领示范作用，助力乡村教师专业成长。实施新教育“乡村教师种子计划”，为每一所乡村学校培养1～2名新教育榜样教师。加强对教师核心素养的研究，推动教师转变课堂教学和学生培养的观念，以“训、考、研、赛、评”为载体，提高乡村教师信息化背景下课堂教学的能力和素养。通过创新教师流动机制，既能均衡城乡师资配备，又能促使区域教师的专业素养整体提升，有效促进了教育的优质均衡发展。

第三，集团机制可以促进学生素质更均衡。各义务教育管理集团牢牢坚持立德树人的根本任务，聚焦学生核心素养，努力推动学生全面发展。深入开展习惯养成教育。围绕“每月一事”“日行一善，月习一德”“八礼四仪”等主题活动，把习惯养成教育与社会主义核心价值观、中华优秀传统文化、革命传统教育、中国梦教育、学科课程等有机融合，形成教书育人、立德树人的强大合力。围绕学生核心素养和习惯养成教育实际，抓住不同学段学生行为习惯养成教育的侧重点，各集团积极研发习惯养成课程。推动学生全面发展。身心健美是未来社会的公民必不可少的核心素养，是“人”的现代化的基础。大力实施“素质教育提升工程”和“学生体质健康促进工程”，开展“作业革命”“体育百分百”等活动，建立了学生体质健康素质与视力状况季度测试和结果公示制度，有力促进了学生整体体质与健康水平的提升。大力开展学校阳光体育活动，确保每天早上一节晨练课、一节大课间活动课和一节体育课（或体育活动课）。以校园足球改革引领学校体育活动，完善“集团有联赛、校校有俱乐部、班班有球队、人人有项目、周周有比赛、天天有运动”的校园运动机制，让学生在提高身体素质的同时，养成健康的生活习惯，锤炼优秀的意志品质。深化实施体艺科技“1＋X”项目，鼓励学校实施运动、艺术、科技等项目化教学，提倡一校一品、一校多品，着力培养学生的体艺科技兴趣爱好。各集团通过开展集团艺术节、艺术展演、高雅艺术进校园等文艺活动，充分利用各种艺术资源，组织学生开展校外艺术实践活动，全面提升学生的艺术修养和审美情趣，让每名学生都有一两项终身受益的运动和艺术爱好。

第四，集团机制可以促进办学品质更均衡。各教育管理集团遵循教育规律，根据各成员校的实际情况，把推动教育管理集团发展与努力办好每一所学校相结合，注重学校特色文化的培植和发展，不断丰富各成员校的文化内涵，努力形成办学模式多样化。努力形成学校文化“一校一品”。基于义务教育管理集团机制，加快推动品质化学校建设，大力实施“农村小学特色文化品质提升计划”和“农村初中质量提升计划”，各集团学校初步形成了具有自己办学特色的学校文化，东洲小学管理集团有三和小学“和文化”、证大小学“‘擦星星’文化”，实验小学管理集团形成了海门港新区小学“海港文化”、包场小学“海盐文化”等。实验初中管理集团在放大各校原有优势特色项目的基础上，逐步整合和提炼出集团的“一让三和”文化，即实验初中的“让学”文化、三厂初中的“和谐”文化、悦来初中的“和悦”文化、万年初中的“和美”文化。全面深化课程和课堂改革。各集团积极构建具有集团特色和校本特色的课程体系，以新教育实验“卓越课程”和“理想课堂”建设为抓手，深度推动课程研发与课堂变革。深入推动“卓越课程三年行动计划”，积极构建新教育卓越课程体系，研发推广了以“五大精品地方课程”“百部影视、百首名曲、百幅名画、百个儿童剧”为代表的一批独具特色的、高品位的课程成果。区域整体推进新教育实验，全面实施新教育十大行动，着力推进书香校园、新公民行动、特色学校、学校文化和学生个性发展五大新教育项目，不断提升学校办学品位，丰富文化内涵，让师生过一种幸福完整的教育生活。

通过创新集团化管理，从根本上解决长期以来呼声高而收效微的公平教育、均衡教育、素质教育中存在的问题，如今十二个义务教育管理集团已成为推动海门市义务教育均衡发展的“十二朵金花”。在义务教育集团管理机制创新的基础上，海门市不断推动集团化管理向其他学段延伸，根据各学段特点，积极探索高中教育校际联盟、职业教育校企联盟、义务教育法人治理和幼儿教育共同体等新机制，以教育治理方式创新引领教育发展方式创新，不断推进教育治理体系和治理能力现代化。

集团管理机制从目前运行来看，对促进城乡教师交流、推动乡村学校品质化提升、促进区域教育均衡发展发挥了巨大的作用，但是也存在着一些需要不断完善的问题。例如，由于集团各成员校都是独立的法人，有独立的财权、人事权，各成员校校长素质参差不齐，对办学的理解也不尽相同，总校在管理的过程中一些好的措施、想法难以全面贯彻落实；一些乡村学校教师到市区顶岗一两年后，千方百计想留在市区学校，不愿再回农村学校，一定程度上造成了乡村学校优秀教师的流失；总校校长身兼数职，难以有足够的时间和精力来谋划集团的发展；乡村学校受生源流失等因素的影响，办学进取心不足、创新举措不多、办学品质不高。这些急需集团机制来破解。

（每学年根据义务教育管理集团建设考评方案开展的总校长素质活动，成为集团间相互学习、相互促进的有效手段。图片由海门市教育局供稿）

（二）海门市实验初中义务教育管理集团建设案例

万年初中是一所地处偏远乡镇、生源不足 400 人、优质师资流失严重的学校。但这又是一所连续 3 年蝉联海门市初中素质教育百分考核特等奖的学校，综合考核成绩列农村初中第一，学校有 14 门以上学科曾被评为市优秀学科，学校的文艺节目、跑操比赛多次荣获市特等奖，校男子足球队获得冠军……人们在啧啧称赞的同时，总会追问是什么原因使这所乡村学校书写了传奇？

5 年前，茅志丹曾任万年初中校长，工作的目标定为立足农村、赶超市区。也就在这时，教育管理集团学科工作室成立了。每月一次的集团教研活动，实验初中义务教育管理集团总校长成剑峰带领各学科工作室成员一起来到了万年初中，他们听课、交流、分析学情，加上同台竞技和优秀教师的示范，使得万年初中的教师在专业发展上豁然开朗。之后，大家通过集团工作室 QQ 群上传资料、交流心得，共享资源。就这样，一个月、一个学期、一个学年，学科教学质量逐渐攀升。在海门市“乡村种子教师计划”“乡村公益助教行计划”的引领下，管理集团开展的各类教研活动，不仅培养了乡村教师的核心素养，促进了工作室名师的成长，更提升了区域教育的品质。诚然，一所学校教育质量的提升一定有众多因素，但谁又能否认，教育管理集团的平台为乡村学校的发展、为集团所有成员校的发展、为区域优质均衡教育带来的强有力的支撑呢？

赵文娟是海门市实验初中集团一名普通的乡村教师，2013—2014 学年踏上了城乡交流的旅程。“虽然我是一名交流顶岗教师，但也要在交流中实现成长的梦想。”她是这么说的，也是这么践行的。这一学年，她到实验初中顶岗交流，承担了两个班的英语教学任务。她学习消化实验初中的“让学理念”，学习运用新技术激发课堂活力，参加市级教研活动，并且为远道而来的新教育代表团上公开课，不断地丰富着自己的教学素养。她还担任班主任，致力于完美教室建设，赢得了孩子们的喜欢和家长们的肯定。2014 年下半年返校后，她把市区学校的教学方法带给了乡村的孩子，使孩子们自主学习的能力得以显著提升。2015 年下半年，因集团教学工作需要，赵老师每天奔波于市区、乡镇两所学校，各带一个班。令人惊叹的是两个班级的教学都取得上佳的成绩。在英语阅读竞赛中，两个班都有孩子获得了特等奖。其实，每个教育管理集团都有这样的“赵老师”，可能是年轻教师、骨干力量，也可能是挂职行政，交流顶岗。“赵老师们”在交流顶岗中，为区域优质教育呕心沥血，也完成了自我的一次新生，海门教育的名师队伍就这样慢慢壮大。

王鑫是实验初中集团女子足球队员，刚被选拔到队里时，不爱说话的她觉得自己从乡下来，少见识，缺自信。在集团教练的鼓励帮助下，她的球技提高渐渐快了，参加比赛多了，脸上的笑容也明媚起来。她还参加了集团阅读节、艺术节，获得了独唱比赛特等奖。她的老师和妈妈都说，曾经羞涩、胆怯的孩子现在大不一样了，是集团的共享平台带来了她的蜕变。集团的舞台让具有潜力的孩子拥有了自信，圆梦的机会拓宽了孩子成长的空间。

义务教育管理集团机制下的教育，给了海门城里乡下的孩子、城市乡村的教师、市区乡镇的学校共享优质公平教育的机会。

第六章
聚力平台与项目的教育改革攻坚

一、构建和完善服务师生发展的平台

二、构设与实施区域未来教育项目

三、区域教育“平台聚力，项目攻坚”的典型案例

“强毅力行，追求卓越”这一海门教育精神通过这几年的浸润滋养放大，产生了巨大的作用。校长和教师发自内心地渴望得到专业成长，也发自内心地盼望能够有所借力，为教育、为孩子做出更大的贡献。基于这样的思考，海门教育在体制机制创新、教育教学管理、课堂课程改革、队伍作风建设等方面搭建平台、设计项目，做了有益的尝试。

一、构建和完善服务师生发展的平台

教育管理者只有以问题为导向，加强顶层设计，通过平台搭建、机制完善、项目攻坚等手段，才能为教师创造更多的专业发展的机会，为孩子架设健康快乐向上的成长通道。

（一）德育研究室

立德树人，德育为先。海门市中小学教师研修中心德育研究室的成立在县一级教育行政部门中应该是首创，这是源于坚持把立德树人作为教育根本任务，把培育和践行社会主义核心价值观作为中小学校德育的着力点，是把学生德育工作融入学校教育教学和管理服务各环节的重要抓手。

德育工作室的成立为整体规划全市中小学德育工作提供了可能。通过德育课程化、任务项目化、项目课题化等方式，使中小学德育与社会主义核心价值观和学生实际需求相适应、与社会经济发展和教育改革发展相协调、与社会教育和家庭教育相承接，培养学生良好的行为习惯、道德品质和健全人格。教育部修订并发布的新《中小学生守则》，从大处着眼、从小处入手，把“立德树人”落实到孩子们的日常言谈举止中，落实到文明有礼的习惯养成中，引导未成年人从自己做起、从身边做起、从日常点滴做起，提高能力、锻炼技能、培养习惯、养成品德。积极倡导“人人都是德育人”的德育观，建立校长负总责，政教主任、团队干部和班主任、思想品德课教师、心理健康教育教师为主体，全体教职员工共同参与的德育队伍，积极构建横向到边、纵向到底、较为完善的学校全员、全程、全方位育人的网络，培育、推出一批在省市内外有影响的学校、教书育人典型。

有了顶层的设计，还需要具体的实施。在德育机制平台上积极探索学生思想道德建设的有效机制和实施途径，挖掘学校、社会多种资源对学生进行思想道德、心理健康、行为规范等方面帮扶指导，满足学生个性发展的需求。“人生导师制”“家校合作机制”“督导评价机制”三大德育工作机制的建立应运而生。

"人生导师制"旨在为学生在认识自我、完善自我、成全自我等方面提供全方位、个性化的指导和帮助，着重解决学生成长中的烦恼与问题；"家校合作机制"就是要加强学校与家庭、社会的沟通，以新教育缔造完美教室、新父母学校、亲子共读萤火虫项目等为抓手，构建家校合作共育的网络平台；"督导评价机制"是将社会主义核心价值观教育纳入中小学校教育教学督导、发展性评估指标体系之中，与学生综合素质评价制度有机融合，并深化对价值观教育规律以及成效评价的研究。同时"德育沙龙""德育论坛"等德育研讨平台的搭建，也为交流思想、分享智慧，进一步提升德育的针对性、主动性、科学性和实效性提供了保障。

德育机制平台离不开以德育"主题课程"建设为载体，建立德育课程资源库。将社会主义核心价值观基本内容融入中小学德育课程体系之中，大力研发融合优秀传统文化、传统美德、民族精神等内容的德育校本课程。我们结合新教育"每月一事"项目，努力挖掘"富强、民主、文明、和谐，自由、平等、公正、法治，爱国、敬业、诚信、友善"24 字内涵，研发德育精品课程，组织未成年人道德实践"微行动"，践行"日行一善，月习一德"。落实省文明委《关于在全省开展未成年人文明礼仪养成教育的意见》，以"八礼四仪"为重点，以"爱、善、诚、勤、俭、美"六种理念和价值取向为导向，全面开展文明礼仪养成教育。同时，大力开展德育主题活动，细化"做一个有道德的人"、"我的中国梦"与"三爱教育"（爱学习、爱劳动、爱祖国）、"六大传统节日"等主题教育活动内容，不断提升中小学生的公民素养。

（二）协作发展共同体

第一种协作发展形式是打破学校界限以项目合作研究为基本任务，以特级教师和南通市学科带头人为核心，由相关骨干教师组成基于海门市级层面的某一个具体项目的研究共同体，针对如新教育实验的十大行动以及儿童课程、教师专业发展课程、"每月一事"课程等项目开展研究。这些来自不同学校的成员组成了一个多元主体，由各个人的禀赋、知识和个性形成了一种多元结构。他们围绕一个或多个合作项目，探索多种可行的实践方式，获得最佳的实践路径，从而为全市学校共同分享教育资源。

第二种是由城区和乡村学校组成城乡联动发展共同体，开展了互助型项目、联校研修、双项挂职、资源共享等方面的工作。通过"联校研修"有计划地组织市区优秀教师、教育能手到共同体学校开展集体备课、现场课堂研修、专题讲座与互动研讨等活动。通过"双项挂职"，让各共同体学校尽可能多地派出教学业务骨干与区域内的教师建立师徒关系，积极开展备课、上课、教学反思及教研协作活动，努力构建起专业阅读、专业实践、专业写作等形式的专业发展共同体。在此基础上，开展下乡支教和进城跟班学习的双项挂职活动。市区学校骨干教师、学科带头人定期到农村兼职授课，乡镇学校选配教师跟班学习。同时，建立“资源共享”平台，通过海门教师研修网，推动共同体的教师就计划、备课、上课、教研活动、专业阅读书籍、教学随笔、作业设计、试卷编制、课题研究、案例反思等进行广泛交流，从而全面提升区域教育发展水平。

第三种是学科研修共同体，即以各学科教研员为核心，围绕全市中小学各学科建设的规划，组织全市某学科的所有教师围绕学科建设的具体内容，以课堂为主阵地，以课题引领、专题研究、主题活动、项目合作等方式，在推动全市学科建设水平的基础上，促进本学科教师专业水平的不断提高。各学科共同体的工作核心是围绕课堂效率的提高，探索理想课堂实施的路径，构建各学科的基本教学范式，以区域学科共同体的研修方式深度推进，强化区域化、校本化的落实，用有效的学科共同体管理机制确保课堂研究水平与教学质量的全面提升。

第四种是校长俱乐部，即以小学、初中、高中等学段为单位，建立校长俱乐部，校长俱乐部以自由、开放、分享、合作为共同的价值取向，每月活动一次，旨在让俱乐部里的每一位校长都拥有自己独特的办学理念与风格，从经验型、管理型走向智慧型、文化型。主题沙龙、论坛、专题研修、学习考察是校长俱乐部活动的主要方式，思想碰撞是每次俱乐部活动的共同特点。校长俱乐部在分享经验的基础上，组织校长开展有关项目的合作研究。俱乐部选择校长们最迫切需要解决的问题作为合作研究项目，组织校长进行协同攻关。例如，共同构建学生学业多元评价体系，一起研究探讨即时性评价、展示性评价、竞技性评价、累积性评价、目标性评价、成果性评价、奖励性评价等各种评价类型，为学生建立综合素质成长档案。这样，在全市上下可以迅速形成各校整体联动的良好氛围。

（三）名师（名品项目）工作室

名师工作室是以名师为品牌，以网络为载体，由名师联合一批有共同教育理想和追求的优秀教师组织起来的、开展创新型教育教学研究的学术活动组织。工作室带头人为工作室其他成员的导师，负责制订培养方案，使工作室成员在工作周期内达到培养目标。基础培养目标是工作室成员经过一段时间的努力，在教坛新秀、骨干教师、学科带头人、省特级教师、名师等级别中，提升一级或成为在某一方面学有专长、术业有专攻的知名教师。每个工作室每年都要组织市级以上专题研讨活动或举办教育论坛等，引领课改实验，指导一线教学，为课堂教学改革提供成功典型；还要主持一个市级以上研究课题，把网站办成一个动态工作站、成果辐射源和资源生成站。组建名师工作室，是为了建立起全市中小学优秀教师间合作互动培养人才的新机制，充分发挥全市高水平教师专业引领作用，使其成为培养全市优秀教师重要的发源地、优秀青年教师的集聚地和未来名师的孵化地，促进全市教育事业更好更快地发展。

名品项目工作室，即以教育项目为品牌，由项目负责人联合一批对某个项目有着共同研究兴趣与能力的优秀教师开展项目研究。工作室以名品项目负责人领衔，从全市各层次的学校挑选同一项目优秀骨干教师为成员，旨在培育领军人物，推动相关学校的教育名品建设，在全市发挥示范、带头和辐射作用，形成名品教育群体效应。工作室领衔人负责制订研究方案，使工作室成员在工作周期内清楚研究目标和教育名品发展方向。工作室以名品项目攻坚突破为主要任务，不断打造名品教育的层次，提升名品教育的影响力。组建名品教育项目工作室，旨在整合全市名品教育项目资源，为名品教育项目建设出谋划策、搭建平台，发挥其研究、示范、指导、引领、服务、辐射的作用，从而彰显海门名品教育的魅力，为更多的海门学子提供高品质的个性发展平台，同时提升海门教育在全省、全国乃至国际上的影响力和美誉度。

“审美人生教育”名师工作室是首批成立的海门市名师工作室之一。领衔人陈铁梅从一名普通的初中美术教师成长为海门市东洲国际学校副校长、正高级教师、江苏省特级教师和人民教育家培养对象，有着许多值得学习和发扬光大的地方。为了带好工作室，陈铁梅做年度规划、读书漂流、课题研究、专题研讨、年度考核。作为领衔人，她用清晰的目标追求为工作室成员立下了行动标杆，也在思想成长、教学成长、专业素养、科研成长等方面确立了具体目标。在工作室的努力下，小学科有了大作为，海门美术教育从幼儿园到高中都发生了翻天覆地的变化。在新教育实验发起人朱永新教授来海门调研“新艺术教育”时，陈铁梅工作室成员一起参加，发表的见解得到了朱教授的充分肯定。可他们并不满足，就是在这次会议上，他们找到了美术课程整合和为全市的孩子提供一样的美术教育的路径——研发百幅名画课程。他们根据孩子心智规律做了10 个主题，从数以万计的名画中一遍遍地过滤筛选。花了整整两年的课余时间，一本精美的《百幅名画》正式出版，110 节配套专题课拍摄成功。在这个为孩子成长铺路的过程中，工作室的成员也快速成长，黄凯等多名教师被评为南通市学科带头人、骨干教师，获得南通市美术教师基本功比赛第一名的好成绩。陈铁梅名师工作室被评为南通市优秀教师群体、南通市优秀学科基地。陈铁梅名师工作室也引起了《江苏教育》等媒体的广泛关注，成为海门教育的一张亮丽名片。

（陈铁梅名师工作室的活动遍布城乡幼儿园到高中的各个学段，教师和学生都得到学习的机会。图片由陈铁梅名师工作室供稿）

二、构设与实施区域未来教育项目

将未来教育项目作为一个重大的课题开展研究和攻坚。那么，未来教育是什么样的呢？卡塔尔教育科学与社会发展基金会对此面向全世界 600 位教育专家进行了调查，了解他们对未来教育的看法，获得了许多值得关注的结论。比如未来最受重视的将是个人能力，未来教师的最大任务将是对学生的自主学习进行指导。在线内容将成为人们未来获取知识的第一来源。基于大数据的个性化课程将会替代标准课程的绝大部分市场。大数据将成为构建教育社区的得力工具等。由此，课堂的时空越来越大，知识的渠道越来越多元，课堂的个性越来越强，对教师的要求越来越高。美国教育部已经把未来教育提升到国家战略的层面来推动，发布了 2016 年国家教育技术规划和支持个性化专业学习的新承诺，提出要启动未来准备联盟（Future Ready Coalition）、未来准备合作伙伴项目，发起未来准备倡议，签署未来准备学区保证等。可以预见，未来教育模式也必将对中国教育改革与发展产生深刻的影响，我们应该而且必须主动前瞻思考，迎接未来挑战。

2015 年 12 月 16 日，习近平总书记在第二届世界互联网大会开幕式上发表主旨演讲时谈道："纵观世界文明史，人类先后经历了农业革命、工业革命、信息革命。每一次产业技术革命，都给人类生产生活带来巨大而深刻的影响。现在，以互联网为代表的信息技术日新月异，引领了社会生产新变革，创造了人类生活新空间，拓展了国家治理新领域，极大提高了人类认识世界、改造世界的能力。”习近平总书记展示了中国对网络空间人类未来发展的前瞻性思考，提出“十三五”期间，中国将大力实施网络强国战略、国家大数据战略、“互联网＋”行动计划，倡导“世界因互联网而更多彩，生活因互联网而更丰富”。

“互联网＋”时代，我们究竟需要培养孩子的哪些能力，孩子才能适应未来社会呢?《中国教育报》指出：独特的思想和眼光，变革创新的勇气，热爱学习的兴趣，终身学习的能力，开放合作的理念，不拘一格的勇气和品质，才是未来需要重点培养孩子的 6 种能力。

（一）未来的学校是学习中心（learning center）

现在的学校大多数还是传统教育下的模式，有一系列的建设规范与装备标准，便于实施大规模的班级授课制，基本都是固定化的样式。即使一些学校实现了网络等现代教育技术进校园、进教室，但其基本形态仍然没有被改变。未来的学校不是教师“教”书的地方，而是为学生学习服务的，是学生的“学习中心”。首先，未来的学习中心应该是资源中心。中心拥有丰富的学习资源，无论是网络学习资源，还是实物学习资源，都可以提供给学生多样化、个性化的选择。其次，未来的学习中心应该是体验中心。中心提供给学生各种体验学习的项目与活动，以帮助学生获得丰富的学习经验，体现其实践性、探究性、创造性的特质。最后，未来的学习中心应该是交流中心、共同成长中心。无论技术如何先进，学习中心应是为学生的生命成长服务的，人与人之间的互动交流是学习成长的核心要素，所以，学习共同体建设显得尤为重要。

顺应“E 时代”背景下的未来教育潮流，建设“智慧校园”已经成为共识。教育装备如何引领未来教育面临新挑战，如根据“学习中心”理念对实验室、图书馆、计算机房等功能室配套设施更新换代，建设未来创客空间，实现校园内各种资源之间网络感知，建立人人参与、家校互动并向外拓展的在线学习平台，形成互联互通的云服务体系。学生可以根据学习需要“选课走班、走网”。另外，可以对学校教育教学、生活服务、安防环境等信息进行即时采集处理，实现学校管理与服务的智能化。这些都需要用前瞻的教育装备思想来建设未来的学校。

（二）未来的教室是学习室（learning room）

传统的教室基本元素是课桌椅＋黑板＋粉笔，是基于教师的“教”而存在的，现在的教室已经多了很多新元素，比如图书、计算机、投影仪，甚至是电子白板。未来的学习室是基于学生的“学”而建设的，拥有更丰富的元素，既可以是多屏互动技术下的虚拟学习室，也可以是真实情境中的实物学习室。未来学校作为学习中心，就是由一个个不同的学习室组成。未来学习室是图书馆，是阅览室；是实践场，是探究室；是操作间，是展览室；是信息站，是资源库；是习惯养成地，人格成长室；是共同生活所，是生命栖居室。我曾经参观过台湾一所小学的英语学习中心，那里有水果店、面包房、咖啡屋、飞机舱等许多实物模拟情境学习室，给我留下了深刻而美好的印象。未来的学校就应该创设这样的情境学习空间，创设多种真实自然状态下的学习新空间，有可视化的学习资源，有满足多学科的实物情境资源，有实物图书馆，有体验创意的创客空间等。这样的教育装备才能更好地指向学生丰富而个性化的“学”。

当然，未来学习室将广泛应用移动互联、物联网、云计算、大数据、智能终端等科技发展成果，从而引领一场真正的学习革命。“互联网＋”背景下智慧课堂、未来学习室将成为未来学习的主要方式和场所，教与学不再受时间、空间和地点条件的限制，这是未来学习与信息技术高度融合的重要标志之一。教师角色将由课堂“领导者、支配者”向“引导者、辅导者”转变。课堂以问题发生及问题解决为主线，通过自主学习、合作学习、探究学习，让学生真正成为课堂的主人。未来教育应该是“学生人人有学习空间、教师个个有资源平台、校校能互联互通”。学生可以根据自己的需要“在线”选择课程、教师，“选课走班、走网”下每个学生的课表都是由自己定制的。移动学习携带个人的学习环境和社交网络将成为未来学校的重要形态，这也必将成为未来学校装备的方向。

（三）未来的学习是个性化定制的学习

2015 年 12 月 2—4 日，由蒲公英教育智库（新校长杂志社）主办的第二届中国教育创新年会的主题是重构学习，与会专家奉献了许多精彩的观点。他们认为，从经济全球化到“互联网＋”，从大规模标准化制造到工业 4.0 定制化生产，世界发展主题的深刻变化对学校教育提出了更高的要求。因此，我们亟须从单向度、工具化、标准化的培养范式中走出来，适应日益多样性、体验性、深度探究的个性化、多样化学习需求，走向“未来的学习”。未来的学习应该是“无处不在的资源，随时随地的学习”。所以，未来教育需要基于学生的核心素养，重构学校课程，让课程资源更丰富、结构更合理、实施更高效、评价更科学。未来的学习将真正做到以生为本、以学为中心，彻底改变以升学为主的培养目标、以知识为主的教育内容、以经验传授为主的学习方式和以分数为主的评价标准，而是构建以脑科学、大数据、专业深耕、科学积累、学习流程、内容情境、资源平台为支撑的课堂学习生态，通过课程与课堂重构、技术与评价运用、学程与流程再造来“重构学习”，为每一个孩子提供更适切的教育方式与资源，采取体验式学习、合作式学习、混合式学习等多样化的方式，帮助学生找到学习潜力的方向和成长的动力，真正做到个性化定制。

随着宽带网络“校校通”、优质资源“班班通”、网络学习空间“人人通”，以及提供远程、数字图书阅读、虚拟实验和教育资源搜索等全方位的信息网络服务，“慕课”“微课”“翻转课堂”“空中课堂”“在线课堂”等新型教学模式的广泛应用，未来的学生将从被动接受、考试升学中真正解放出来，在学习过程中主动建构、自主学习，选择适合自己的学习方式与资源。互联互通的智慧校园网络则通过收集大量数据，全面跟踪和掌握学生特点、学习行为、学习过程，进行有针对性的诊断分析，更准确地评价学习效果，帮助学生提高学习质量和效率，实现真正的“因材施教”。在未来学校，教育大数据将会给教师的教、学生的学、学校的管理等创造更多的应用价值。

三、区域教育“平台聚力，项目攻坚”的典型案例

课堂是学校进行教育活动不可或缺的重要场所，是学校教育活动的主要形式，是一切教育理念的出发点和归宿，构筑理想课堂是区域教育“平台聚力，项目攻坚”的一个综合性改革措施，是教育变革的一个重要抓手，也是提高教学质量的有效手段。构筑理想课堂，是指通过创设一种平等、民主、和谐、愉悦的课堂氛围，将人类文化知识与学生的生活体验有机结合起来，追求高效课堂与个性课堂。

海门市的“构筑理想课堂”工程始于2009年，抓住各学段的重点进行突破，幼儿教育突出幼儿的兴趣，小学教育着重激发学生的活力和想象力，初中教育侧重于培养和发掘学生的智慧，高中教育从“有效”的基点上实现“高效”，职业教育旨在让广大的职高学生拥有扎实的职业技能。每年海门市都举行“理想课堂”建设示范引领活动，围绕学生的“学”，落实“限时讲授、合作学习、踊跃展示”理想课堂的十二字方针。通过几年的行政推动、试点研究、专家解读、市级培训、榜样引领等多种形式的推进，“以学定教”“先学后教”“学教互动”“以练促教”等理念得到了基本落实，课堂生态得到了较大的改观，学生的主体性地位得到了基本确认。

（海门市“构筑理想课堂”现场活动。图片由海门市教育局供稿）

但是，我们发现很多的常态课堂离朱永新教授提出的新教育理想课堂的三重境界（第一重境界是落实有效教学框架，为课堂奠定一个坚实的基础；第二重境界是发掘知识这一伟大事物内在的魅力；第三重境界是知识、社会生活与师生生命的深刻共鸣）还有很大的距离。毋庸置疑，为了真正实现知识、生活与师生生命的深刻共鸣，我们的课堂还有进一步打造和提升的空间。

为此，海门市开展了“学程导航”课堂教学范式的专项研究，并逐步推行实施，希望能够打通课堂各个环节的关系，实现教学的真正使命。

一是打通课堂与课程的联系。以前，我们重点关注课堂，对课程的关注远远不够。课堂是没有天花板的舞台，一头连着课程，一头连着生命，要让学生的思维在课堂这个舞台上尽情驰骋和无限放飞，要让学生的生命得到润泽和生长，就必须有卓越的课程来支撑，有了这样的课程观，我们的课堂才能站得高、走得远。课程的内容和结构直接决定课堂的内容和结构，因此，构筑理想课堂一定要同研发卓越课程结合起来通盘考虑。之前我们谈到了具有海门区域特色卓越课程的建设，各学段各校应根据自己的特点，结合对国家课程的二度开发、地方课程的协作研发，建构起丰富的校本课程体系，让我们的课堂因此变得更加丰富多彩，让知识更加充满魅力，让师生生命的成长更加丰盈。

二是打通各学段课堂的内在联系。前几年，根据海门市教育局的统一部署，各学段在五类课堂的打造上做出了积极的探索，取得了阶段性成果。但是，我们总感到这五类课堂还没有成为一个和谐的整体，学段与学段之间有着明显的断层，缺少一个统领理想课堂的灵魂。现在，我们就用新教育理想课堂的三重境界作为灵魂，让五类课堂形成一个相互联系的成长阶梯。让我们的课堂尽管形式上各具其态，但本质上都有有效框架的支撑，挖掘知识这一伟大事物的内在魅力，从而让人感受到课堂上不时演绎着知识、生活与生命的共鸣。义务教育管理集团的组建为打通城乡学校之间的课堂提供了便捷，我们还要进一步打通幼小、小初、初高课堂的衔接使其形成完整的体系。

三是打通课堂研究与教师专业成长的联系。有专家把良好的课堂教学比作把学生带到了高速公路的入口处，把学生在课堂里的学习视为一种行走。而教师正是学生寻找和发现入口处的引路人，应当把课堂创造成一个又一个高速公路的入口处。这个创造的过程是艰辛的，需要全体教师共同努力。我们需要建立起很好的观课、议课、磨课机制。这样的机制，是一种动态的生成过程，要求观课前了解课程，了解学情，明确教学目标；观课中有侧重，有思考，有评价；磨课中有评价，有反省，有提升。做到未观先想，边观边想，观后磨想，让观课教师、上课教师共同成长，让课堂在观课、议课、磨课中不断走向精致，真正彰显知识的魅力和生命在场。各学校应该形成明确的观课、议课、磨课常态机制，以及管理机制。名师工作室、学科工作室应先行研究，示范放样，确保这一机制的实施质量。组建研课共同体，吸引共同体学校的每位教师深度参与，让每一位参与的教师都收获专业成长的惊喜。培育榜样学校、榜样教师，用榜样学校去匡正视听、消除杂音、达成共振；借榜样教师去言说、影响周围的同伴，让更多的教师做到“卓越于心，精致于形”，让更多的课堂呈现知识、生活与师生生命共鸣的动人景象。

海门市在理想课堂建设中，给自己确定了三大使命：一是学生会学习。这里的“会”内涵丰富，不仅体现在学生能始终保持亢奋的情绪和高速的思维运转，保持强烈的求知渴望和对事物的好奇心，还体现在会主动、合理地选择学习内容和学习方法，敢于提出问题、大胆探究，主动融入集体，积极参与讨论，乐于分享成果，勇于表达、评价自我，快速自我反馈等。二是教师能更好地把握课堂规律，自觉成长。课堂上既要让学生享有主动学习、合作探究的乐趣，也要体现教师巧妙引导的情趣，更要体现教师专业成长的理趣。以学定教，先学后教，以教导学，以学促教，“学”“导”相得益彰。教师在理想课堂的实践与反思中，自觉成长，自我实现，体会到职业的幸福感。三是实现整体育人。新教育的理想课堂不能满足于知识的传播，而要站在培育生命的高度来理解课堂、实施教学。在课堂里，课程构筑起了学生成长的文化高地和精神高地。这样的课堂，不会再是知识碎片的拼接，而是在合奏着师生道德、审美、情感、态度与价值观等共鸣的生命和音，最终会导向以文化育人的高度。

（海门市成立了市级名师（名品项目）工作室和集团层面的学科工作室，借助榜样教师的力量推动教育改革的前行。图片由海门市教育局供稿）

（海门市以“学程导航”教学范式实施方案为规范，借助省内外名师资源，以现场活动推动课程和课堂的变革。图片由海门市教育局供稿）

附　海门市“学程导航”教学范式实施方案

一、指导思想

以党的十九大精神为指导，以改革创新为动力，以追求有品位的教育质量为重点，紧紧围绕市局的工作目标，全面深入推进“课程与课堂改革”，进一步打造“学程导航”品牌，努力实现教育质量优质提升的目标，为教育名市建设多做贡献。

二、实施目标

围绕全面深入推进“课程与课堂改革”系列活动，促使全市所有学校、所有学科、所有班级全方位推进“学程导航”教学范式，使所有教师都能准确理解“学程导航”教学范式的本质目标和核心追求，掌握本学科教学中实施“学程导航”教学范式各个环节的操作要领并能熟练运用，达到从“形似”走向“神似”的境界，最终促进学生知识、能力和人格优质高效的建构。

三、主要工作

1. 强力改变“行政”和“教师”的常态教学行为

教学管理，重点是常态，关键是执行力。为此，突出常态建设，实现用机制去创新，用制度去约束，力求提高教学常态的教学质量。

（1）健全制度。

健全行政推动的各种制度，不断优化学校管理过程，将“学程导航”教学范式组织实施各个环节的目标要求和责任明确具体地分解到人，落实到位。做到课改有人管、查、记、评、推，在效益上狠下功夫，力求实现每节常态课都是高效课、精品课。

1）严格执行行政听课制度。行政听课的数量每人每学期不少于40节，并要有详细的听课记录，对课堂教学做出定性评价（优秀、合格、不合格等），课后及时与教师交流要点，提出改进措施，回访落实等。

2）健全完善领导巡课督查制度。根据本校实际建立务实求真的巡课督查台账，具体记录每天巡课过程中发现的正反典型，并及时对课堂教学状况进行集中点评和通报。

3）实行中层以上领导蹲点到班挂钩制度，并将其联系班级推进“学程导航”教学范式的进展情况、教学效果等与有关领导的绩效考核结合起来。

以上制度必须尽快形成文本，于开学初张贴上墙。今后市局组织的各种检查评估和课改督查，与此有关的台账材料等将作为一个重要的必查内容。

（2）督查评价。

一是着力于行政常态行为。组织“教学随机调研日”、“学科视导”和“学科教研活动视导”等专项调研制度，根据调研状态或检测数据，进行深层研究，总结经验，找准问题、研讨措施，对教学工作进行调控、及时有力整改。

二是着力于教师常态行为。要构建课堂教学监控体系，严格教师课堂教学行为规范，对备课、上课、作业、辅导四个方面提出操作性的明确的底线要求。狠抓集体备课、课堂教学、作业批改、学生辅导、训练测试等教学环节的落实。重点关注课堂中学生参与程度，复习、讲评课的规范性，学生训练量的科学控制，批改与讲评时效性等，优化课堂教学质态，增强师生对课堂的敬畏感。

2. 努力改变“点缀”和“装饰”化的变革

（1）开展“学程导航”教学范式全覆盖二次培训和系列推进活动。

认真梳理并客观分析前一阶段在“学程导航”教学范式推进过程中取得的成绩、已有的共识和存在的问题、突破的方向等，针对目前范式推进过程中存在的学程单设计粗糙、小组合作流于形式等问题进行深入研究，组织各学科教研员对全市所有教师进行全覆盖二次培训。此项工作 10 月份之前完成。

每年召开一次以“学程导航”教学范式为主体的课改推进现场会，每学期举办一次以“学程导航”教学范式为主体的课改推进分集团展示活动；针对“学程导航”教学范式推进过程中存在的一些主要问题，每月举行一次专题沙龙活动。

（2）组织“学程导航”教学范式达标过关活动。

1）学校领导层面：9、10 月份组织学校中层以上干部分学科举行大型课堂教学比武活动（符合条件的都必须参加，不得弃权，具体比赛细则另发）。

2）骨干教师层面：11 月份组织学校教研组长（备课组长）和已取得海门市级以上（含海门市级）学科带头人、骨干教师和教坛新秀进行“学程导航”教学范式课堂教学考核活动，考核不合格的将不再享受有关待遇。

3）普通教师层面：各学校须于 12、1 月份组织全体教师参加，有计划地开展“学程单”制作和“学程导航”课堂教学达标过关活动，在此期间不能达标的人员必须在一定的学习、研修之后参加二次达标活动。对于先后达标的人员，在绩效考核评价的时候要有明确的说法。

（3）正式启动“学程导航”教学范式合格校达标创建工程。

在各学校自主提高的基础上，市教育局将组织开展系统的“学程导航”合格校达标创建活动，创建验收的结果将与素质教育质量综合考核合理挂钩，同时列入对班子成员绩效考核的重要指标。整个创建活动分两个阶段进行：第一阶段为自主达标过程，各单位根据市局统一部署，对照有关要求，逐项组织进行学习、实践和自主达标检测，符合条件的即可向市局申报，申请验收。市局验收将在一个较长的时间段内进行。届时由市教育局组织有关专家随时进驻学校，查阅相关资料（计划、活动记录、教师备课、课堂学习活动单、学生作业以及组织开展课外阅读的佐证材料等）的同时，根据学校提供的教师名单和课表抽签听课或铺展听课并进行相关检测活动（被听课对象的确定将会充分考虑到学校各级领导和教师的适当比例）。对于一次性创建合格的单位，将在素质教育质量评估、年终评比指标分配以及对外推介等方面优先考虑。

3. 积极丰富“指导”和“引领”性的策略

（1）加大区域研修引领力。以微课题研究为抓手，破解一线教师在新课程实施中的困惑和问题，组织开展“学程导航”系列系统研究。创新研修工作方法，在实施“示范放样”“同题异构”“异题同构”“同题同构”等专题研修的基础上，进一步加大“现场抽签”“视频点评”“行政先行”和“二轮教研”等研修机制的创新力度。

各学校要以推进“学程导航”教学范式为契机，全面提升广大教师的教科研意识，微型课题的选题要力求准确，具有显著的研究意义和一定的指导价值，既要有理论层面的思考，更要有操作层面的探索。研究成果的呈现除了必要的理论阐述外，要以课题承担者的课堂实践与教学实绩为主要依据。我们将把各单位开展“学程导航”教学范式微型课题研究的优秀成果汇编成册。教科室必须努力做好对各单位“学程导航”教学范式微型课题研究从选题、开题到理论探究、实践验证再到总结提升等各个环节的指导工作，确保我们的微型课题研究既源自教学又能有效地指导教学，促进全市“学程导航”教学范式实施水平的不断提高。

（2）优化校本课堂模式。在“以学生发展为本”的理念指导下，立足校本实际探索并构建“校本课堂模式”，力求使“学程导航”从设计到实施形成校本特色与亮点。要深入推行“观课、议课、磨课”制度，紧紧抓住“集体备课”“个性化备课”“导学案讲义”等核心环节，实施“集体观课”

“推门听课”“随机查课”“互动议课”等教研手段，为教师搭建“理想课堂展示”平台，培养一批课堂教学改革名师标兵。

为进一步放大前一阶段开展“学程导航”教学范式推进活动的成果效应，我们将组织精干力量全面启动“1－1＋1”（校本课堂模式＋教学设计＋教学反思）的评比和考核，并组织编写《“学程导航”教学范式校本模式手册》，供所有学校参考借鉴和研修提高。同时，我们将组织以学科工作室成员为主体的骨干力量，分学科编写各学科《课堂教学“学程导航”教学范式专辑》，供全体教师进行二次备课时参考使用。

（3）增强日常教学指导力。教研核心团队深入学校课堂，与教师面对面地进行研究、指导，听、评课不少于150节/人，召开教师座谈会不少于30次/学科，参与校级教研活动不少于20次/人。对学校的教学调研分四个层面，第一，以听课为主，帮助教师践行“学程导航”智慧课堂基本要求为重点；第二，以检查督促教师教学常规的落实情况为重点；第三，以考试后学校薄弱环节的调研解决为主，帮助教师完善和优化教学策略和实施方法；第四，以学科教研活动的有效开展为重点，指导、督查活动的主题、程序和方式。

4. 努力探索“课堂”和“信息”整合的方法

围绕信息化下的“学程导航”教学范式的实践研究这一主题，分步探索“学程导航”信息化训练辅导的设计和实施范式、“学程导航”信息化课堂教学的设计和实施范式这两大建设项目。

（1）全市研修引领平台。

主要解决基础性信息化培训，建立信息化教学中坚队伍，以骨干带一般、以示范推普及，提高教师的信息技术整合教学意识和技能。

核心是不断加强信息技术与课程整合的实践研究。这关系到教师怎么运用信息技术的问题，信息技术运用不好必然影响信息化课堂教学的有效性。有很多一线教师都不了解一些运用很好的典型的教学设计模式，例如“探究—发现”“协作学习”“WebQuest网络探究”“BIG6教学设计模式”“自主学习”等。这些信息技术与课程整合的教学设计、适应自身课程的教学设计能够提高信息化课堂教学的有效性。

（2）区域网络资源平台。

主要解决务实型信息化培训。教研室引领集团学科工作室以网络为平台，丰富网络教学研讨和论坛活动内容，不断充实教学成果和成功范例，如整合教学课例、归纳明晰不同环境条件适用教案等，加强对一线教师的务实型培训。

重点：学科分课时核心内容解读微课资源包，周末任务型自主学习单电子资源包。

(3) 校园网络交流平台。

主要解决有效性信息化培训。学校要加大校园网络交流平台建设的力度，制定激励措施，让教师充分利用信息技术网络特点，有更多的时间自由地阅览思考，阐述个人观点；让教师在同一区域、同一学科、同一学校的教学得到更广泛和深度的交流，接触更多适用的信息技术整合教学方法，更好地充实完善自己的教案，以提高工作效率。

海门市中小学“学程导航·以学评教”课堂评价表

（试行稿）

学校：________ 班级：____ 学科：____ 日期：________

课题：__________ 执教人：________ 评价人：________

一级指标	二级指标	观察要点	效度记录	得分			
学生表现（70分）	自主思考（10分）	1. 专注读、思、记		10	8	6	4
	小组活动（20分）	2. 主动说、听、记 3. 积极评、议、帮		20	16	12	8
	展示分享（20分）	4. 大声讲、讲清楚 5. 机会均等，形式多样		20	16	12	8
	反思检测（20分）	6. 能小结、敢质疑 7. 独立做完，80%达优良		20	16	12	8
教师表现（30分）	语言教态（5分）	1. 语言精练、充满激情		5	4	3	2
	活动组织（15分）	2. 任务精准、时序合理		15	12	9	6
	应答诱导（10分）	3. 追问适时、评价恰当		10	8	6	4
总体评价	优点亮点： 问题建议：						
合计得分							

说明：总体评价——目标、流程、方法、时间导学的“四到位”，自主、合作、展示、反思氛围的“四状态”。

第七章
区域教育转型发展的新思维

一、新常态下的教育呼唤新常态的教育发展思维

二、实现“教育管理”向“教育治理”转型

三、实现教师“生存职业”向“生命志业”转型

四、实现“教学”向“学教”转型

五、实现人才培养“单一目标”向“多元成长”转型

六、实现“学校教育”向“家校合作共育”转型

完善区域教育体系的前提是思维的转型，而思维的转型应和着时代发展和人民对当下教育的需求。这就必须在适合当下的形势和地域特色的前提下厘清发展思路，探索出教育变革的有效路径。

一、新常态下的教育呼唤新常态的教育发展思维

新常态下的教育，在价值取向上，要从追求现实功利转向关注教育对人的发展；在质量评价上，从注重学科知识成绩转向全面发展评价；在培养模式上，从高度统一的标准化模式转向注重基于需求导向的培养；在管理方式上，从单纯依靠行政手段转向注重思想领导、专业引领与多元治理，以新的教育发展思维着力推动教育转型发展。

树立登高望远的战略思维，改变得过且过的短视思维。古人云：“不谋万世者，不足谋一时；不谋全局者，不足谋一域。”思想能否破冰，直接决定着行动能否突围。战略思维首先要解决的就是校长、教师“愿不愿”“敢不敢”改革的问题，摒弃得过且过、就事论事的短视思维，形成改革是推动教育发展强大动力的共识。教育人要有战略家的远见卓识，重视对教育工作的规律性、系统性、前瞻性的思考，增强对改革困难的预见性，坚定改革的信念。

树立对立统一的辩证思维，改变非此即彼的片面思维。“无难之法，无害之功，天下无有也。”对立统一是事物发展的客观规律，新常态充满了辩证性，既有“成长的烦恼”“转型的阵痛”，也有“收获的希望”。面对教育改革中呈现的新问题、凸现的新挑战，要勇于承认矛盾、勤于分析矛盾、善于解决矛盾，能够分清大小难易、明确轻重缓急、摸清内在规律，牵得住“牛鼻子”、找得准突破口。打破习惯定式和主观偏见的束缚，认清法治在教育转型发展中的基础性作用、治理能力在治理体系现代化中的关键作用、信息化在课堂课程改革中的支撑作用，把准趋势才能找准发展方向。

树立革故鼎新的创新思维，改变因循守旧的惯性思维。“不期修古，不法常可”，只有让创新思维成为一种习惯和本能，我们才可能以求新求变的活力冲破陈规暮气，在进退两难的纠结中闯出一片新天地。坚持问题导向，调整在治理方式、课程课堂、育人模式、职业心态等方面的管理策略，打破教育改革的“路径依赖”，形成“处处是创造之地，天天是创造之时，人人是创造之人”的可喜局面，让教育转型发展真正“落地生根”。

树立敬畏敬重的法治思维，改变主观随意的人治思维。“法者，治之正也”。法治思维是权利与责任的统一，要通过建立学校章程、完善学校制度来厘清教

育行政、校长、教师、学生、家长各自的权与责，既要把权力关进笼子，又要把权利放出笼子，切实保障师生的知情权、参与权、表达权、监督权，用权利来制约权力。要着力打破人治思维，强化制度设计，真正按规则和程序办事，实现制度化、科学化、规范化、程序化的治理方式。

树立有备无患的底线思维，改变急功近利的盲目思维。“畏则不敢肆而德以成，无畏则从其所欲而及于祸。”善用底线思维，就是要用理性思考取代“跟着感觉走”，前瞻风险、守住底线、防患未然，掌握教育改革的主动权。深化教育改革要牢牢守住三条底线：一是守住价值导向底线，要把社会主义核心价值观融入立德树人全过程；二是守住廉政作风底线，要做到能干事、干成事、不出事；三是守住安全稳定底线，强化安全意识，共同维护和营造好安全稳定的教育发展环境。

二、实现“教育管理”向“教育治理”转型

推进教育治理体系和治理能力现代化，是国家治理体系和治理能力建设的重要组成部分，也是新时期教育改革发展的内在要求。要根据教育发展的自身规律，以教育治理方式创新引领教育发展方式创新，形成政事分开、权责明确、统筹协调、规范有序的治理体系。

（一）教育治理的目标是善治，基础是法治

管理和治理，有联系、有区别，不能把两者等同起来，也不能把两者对立起来。教育治理是一种新的管理机制和模式，强调教育管理中社会参与和民主参与的多元共治，是教育管理的一种高级形态，为学校发展注入新的理念与元素，将有力推进学校文化的创新建设。

界定学校责权边界，提高学校“管”的规范性。坚持依法行政，转变职能、简政放权，落实权力清单制度，减少不必要的考核评比，科学优化素质教育百分考核，落实学校的办学自主权，树立起以学校发展需求为导向的工作机制，变微观管理为宏观管理、直接管理为间接管理，充分激发教育发展的内在活力。

完善现代学校制度，提高学校“办”的积极性。依法保障学校的办学自主权，让学校独立承担起立德树人的职责，建设依法办学、自主管理、民主监督、社会参与的现代学校制度体系。学校章程是落实自主办学、建立现代学校制度的核心，是学校依法办学的“基本法”。教育部《全面推进依法治校实施纲要》明确要求，要全面形成一校一章程的格局，学校应加快制定体现共同理念和价

值认同，体现学校办学特色和发展目标的章程，让学校章程成为推动学校改革发展、实现依法治校的“基本法”。加强师生的法治教育，提升校长和管理人员的法律素质，以及运用法律思维、法治方式解决学校改革发展中各种问题的能力；提高教师依法执教、依法参与学校管理、依法维护自身和学生合法权益的能力；大力弘扬社会主义法治文化，努力营造浓厚的校园法治氛围，以法治文化熏陶人、感染人。

构建多元评价机制，提高社会“评”的科学性。发挥行业协会、专业学会等社会组织在教育评估监测中的作用，鼓励专门机构和社会中介机构评估监测教育成效，有效发挥家长委员会、学生会的作用，对学校的教学质量、管理水平和师德师风进行评价，增强办学的透明度，提高群众的认可度，促使学校不断提升管理水平。

（二）教育治理的关键是体系和能力的现代化

我们认真总结实验小学教育管理集团法人治理试点的成功经验，在高中、义务教育、学前教育全面推行内部治理结构改革，形成以共同愿景、使命、价值观为灵魂，以集团章程为核心，以集团理事会、监事会为载体，以管理制度和规则程序为纽带的集团治理体系以及自我约束、自我规范的内部管理体制和监督制约机制。以下是我们的几点做法：

深化高中教育校际联盟发展。在学科联盟的基础上向校际联盟深度迈进，开展管理互通、研训联动、项目合作、质量同进等活动，实现理念、资源、方法、成果的共享，通过互动、互助、互利的联盟机制，增强学校间的广泛合作，整合教育资源，实现共赢共享。

深化职业教育校企联盟发展。加快了推进“国示范”项目和“省职业教育创新发展实验区”建设，创新“引企入校”“校办企业”“行业协会入驻”等多种校企合作形式，主动打破学校与企业之间的隔阂，深度推进校企联盟发展。整合开放大学和社区教育资源，构建以开放大学为龙头，社区教育中心为骨干的终身教育体系，创新运行机制，成立学校治理委员会，健全系统考核评价机制和人事管理一体化机制，形成“统筹管理、资源共享、相对独立、各具特色”的社会教育新体系。另外，探索建立学历教育、职业培训和远程教育相衔接的“学分银行”，扩建人才培养“立交桥”。

深化义务教育集团法人治理结构。加快推进集团章程的制订、完善与落实，积极稳妥地推行“单位人”到“集团人”改革，以集团机制破解职称评定、岗位设置、教师流动等难题，激发教育系统内活力，提高广大教师的工作积极性。

鼓励举办集团层面的班主任节、阅读节、体育节、艺术节、科技节、主题文化节等，建立丰富多样的球类俱乐部联赛机制，搭建学生特长展示平台，形成教师成长联动机制，构筑起更加紧密的教育集团运作体系，形成集团发展的品牌文化。

深化学前教育共同体管理机制。以公办幼儿园建设与省优质园创建为契机，以健全共同体运作机制为抓手，科学运筹管理人员与教师的支教项目，统筹城乡幼儿园的教育课程计划，建立游戏课程、主题课程、节日课程等研发与共享机制。健全幼儿园监管制度，对各类幼儿园办园资质、教师资格、办园行为、收费、安全等方面实行动态监管。深化家校合作共育，鼓励社会志愿者、父母义工等自愿参与共同体内教育活动，实现更加开放的家园互动合作共育。

三、实现教师“生存职业”向“生命志业”转型

做“有理想信念、有道德情操、有扎实知识、有仁爱之心”的好老师，这是习近平总书记对教师提出的明确要求和殷切期望，是当代好老师的基本标准。教育工作者要对照“四有”好教师的标准，勇于打破专业成长的“天花板”、克服职业倦怠的“高原反应”，不断书写各自的教育生命传奇。海门教育要求教师力争做到以下几个方面：

（1）坚持崇德修身，做德艺双馨的好教师。

“善之本在教，教之本在师。”教师要坚持立德树人的根本任务，始终以学生的健康成长为己任，着眼学生的全面发展，把真、善、美的种子播撒到每个孩子的心田。

秉承师道、涵养师德，做学生健康成长的引路人。广大教师应把正确的师德认知、自觉的师德养成、积极的师德实践紧密结合起来，志存高远，乐于奉献，以高尚的人格魅力感染学生，帮助他们扣好人生的“第一粒扣子”。应深入开展理想信念教育，引导广大教师自觉践行社会主义核心价值观，把思想行动统一到中国特色社会主义伟大事业上来。

锤炼师艺、聚集师爱，做改革创新的火炬手。教育是塑造人的灵魂的事业，倾注的爱有多深，灵魂就能雕琢得多美。做一个“生命志业型”的教师其实很简单：喜欢自己的职业就会快乐，热爱自己的学生就会幸福，敬畏规律痴迷教育就会成功，这就是教师职业幸福的源泉所在。广大教师应讲好自己的教育故事。市局将进一步完善“对话一线教师”等机制，认真倾听来自一线的“好声音”，大力宣传好教师的故事，用他们的“仁爱之心”“志业精神”感化、引领

更多的教师，积极投身于教育改革的洪流。同时，学校要丰富教师“快乐健身工程”，让健身成为全体教师的一种习惯，以“好生活”助力教师全身心投入教育教学工作。

（2）完善教师发展体系，构筑教师成长立交桥。

遵循教师成长规律，以项目化运作的方式，努力建设一支师德高尚、业务精湛、结构合理、视野开阔、充满活力、善于创新的高素质专业化教育队伍。

如何完善教师成长体系？坚持“让每一位教师都发展，让优秀教师卓越发展”的理念，整体规划教师成长体系，构建“青年教师—骨干教师—卓越教师”阶梯式成长系列，针对不同的培养对象，分层次提出不同的成长培养目标和具体要求，帮助每一位教师科学制定专业发展规划，建立个人成长档案，增强专业发展的自觉性。不断完善青蓝结对、同伴互助、名师（名品项目）工作室、教师研修中心与培训中心等载体建设。鼓励和支持教师提升学历，通过新教育教师专业发展“三专”（专业阅读、专业写作、专业发展共同体）模式，以及研修培训、学术交流、项目资助、以赛促练等方式为教师搭建成长平台。组织青年教师大练功、大比武活动，不断提升教师专业水平和教学能力。同时，成立优秀教师人才培养库，推动教师队伍结构逐步由“金字塔形”向“橄榄球形”转变。

如何加强教育管理人才队伍建设？需着力制定实施符合我市教育实际的校长任职资格标准，探索实行校长职级制，促进校长的专业化发展与追求卓越的文化自觉。进一步拓宽人才选拔渠道，逐步完善竞聘上岗制、轮岗交流制度，构建管理人才脱颖而出的良好工作机制。重视中青年后备干部的培养，形成合理的干部队伍梯次。通过培训教育、聘任导师、挂职锻炼、学习考察等形式，加强教育法律法规、教育政策、现代教育理论、管理技能等方面的学习培训，努力培养专家型管理人才，不断提升我市教育管理人才办学治教能力。

如何创新教师均衡配置机制？通过以义务教育管理集团、幼教共同体为单位，不断完善教师定期轮岗、城乡教师交流、挂职支教等制度，各集团与共同体应系统制定教师成长规划，采取有力措施，促进城乡教师整体提升与均衡配置。同时，实施音体美教师“走教制”，有效解决农村中小学缺编学科师资短缺的问题，逐步实现教师资源和结构的优化。鼓励高中选修学科老师根据学科结构和选课情况，开展跨学校的教学和科研活动。充分发挥特级教师、名教师、骨干教师的示范、引领和辐射作用，以高中联盟校、义务教育集团、幼教共同体为单位，实行学科项目化运作，组织“卓越教师讲师团”定期到农村学校巡回讲学，通过专题讲座、上示范课、校本培训和互动指导等形式，开展“公益助教助学”活动，在为学生授课的同时，对受援学校教师进行全方位的“传、帮、带”，从教育教学理念、教学技能、教学模式创新、教育信息技术的应用等方面进行有效引领和帮助，从而达到“所到一处，受益一方”的效果。

四、实现“教学”向“学教”转型

在全面深化课堂改革和课程建设，构建具有区域特色和校本特色的课程体系中，以新教育实验“卓越课程”和“理想课堂”建设为抓手，我们从以下两个方面深度推动了课程研发与课堂变革，实现“教学”向“学教”转型。

一方面，全面构建以“学”为中心的课堂生态。课堂是文化传承的核心地带，是课程实施的主要渠道，是学校肌体的中枢神经，是师生成长的关键路径。学校应以变革课堂生态为核心，以互联网、信息技术为支撑，以转变教师的教学方式和学生的学习方式为重点，努力打造教师“生命在场”，学生“生命参与”，“知识、社会生活与师生生命深刻共鸣”的理想课堂。其中包括：

健全研修督查评价机制。建立集团、学校集体备课中心、观课议课磨课中心、微课题研究中心，深入推行“观课、议课、磨课”制度，完善学科工作室“一月一通报”、学校行政听课、领导巡课督查制度，实行中层以上领导蹲点到班挂钩制度。进一步加大“现场抽签”“视频点评”“行政先行”和“二轮教研”等研修机制的创新力度。定期组织课程改革、课堂变革现场推进会，开展“学程导航”教学范式观摩活动，开展课堂大比武等活动，推广典型经验和课改成果。

系统架构学校课程体系。进一步推进卓越课程建设，确立以学生生命成长为本的课程文化和价值追求，深度梳理、拓展国家课程资源，充分挖掘、利用地方课程资源，积极研发、实施校本课程资源。

另一方面，让每位教师都创造属于自己的课程。因为教师不仅是课程的执行者与实施者，更是课程的研发者与创造者。深度参与课程研发可以全面提升教师的专业素养和课程实施水平。卓越课程成就卓越教师，卓越教师研发卓越课程。我们倡导每一位教师在学科教学的基础上，能够结合本学科资源、本班级或者个人兴趣特长，创造属于自己的课程，让这一课程影响更多学生的生命成长。同时，倡导教师积极参与学校核心课程的建设，成为“学科+特色+人生导师”的卓越教师。为此市局还申请了“海门教师”公共微信平台，要求每一所学校利用这个平台大力宣传榜样教师的课程叙事，并结合微信平台的叙事内容评选年度卓越教师。

五、实现人才培养“单一目标”向“多元成长”转型

要实现人才培养“单一目标”向“多元成长”转型，一是坚持立德树人、知行合一，践行核心价值观。“道不可坐论，德不能空谈”，于实处用力，从知行合一上下功夫，把社会主义核心价值观落细、落实。充分发挥课堂教学主渠道作用，积极构建主题德育课程体系，重视心理健康教育，引导教师在传授知识和培养能力的同时，将积极的情感态度和正确的价值观融入课程教学全过程。二是构建绿色评价体系，促进学生自由生长。教育的第一使命是“让人更像人，让人更高大”。认真研究“不分文理科、多次考试、多元录取、综合评价”等顶层设计对教育观、人才观深远的、根本性的影响，推动教育观由“成才”向“成人”转变，加强对学生发展核心素养的研究，把社会责任感、创新精神和实践能力作为人才培养的核心目标，促使人才培养从只看“冷冰冰的分”到关注“活生生的人”。比如，我们高度重视学生的体质和健康水平，大力开展阳光体育运动，科学落实“体育百分百”工程，以丰富多样的体育活动强健学生体魄。推动学校体育运动设施向社会开放，建立市级青少年足球训练基地，全面推进校园足球运动。改进美育教学，提高学生审美和人文素养。

（海门市每年举行校园艺术节，学生们用最美的歌声展现活力，用最美的舞姿展现风采，丰富了生活，丰盈了生命。图片由海门市教育局供稿）

举办对社会开放的全市校园艺术节，依托“本真音乐”“审美人生”工作室研发丰富的艺术欣赏课程资源，让城乡孩子一起享受优质的艺术教育。另外，努力丰富科技教育资源，组建多样化科技社团，搭建科技创新能力展示平台，利用教育频道组织全市中小学生科技创新大赛活动。加强社会实践活动与志愿者行动的计划与指导，为学生综合素质的提升提供更丰富的教育资源。着力从学生思想品德、学业水平、身心健康、兴趣特长、社会实践等方面，研究制定《绿色评价指导意见》。建立规范的学生综合素质成长档案，记录学生成长过程中的生命足迹，让个人成长档案成为学生成长历程的缩影和“学习、思想的博物馆”。

六、实现“学校教育”向“家校合作共育”转型

由课堂至学校，由学校至家庭，由家庭至社会，海门教育一场悄然的改变正在发生，并形成了崭新的教育教学新模式。与此同时，海门家庭教育在新教育实验这一宏大架构中，一直探索前行。

（一）家庭教育日——共同生活的节日

教育始于家庭。为突破家庭教育普遍薄弱这一瓶颈，海门率先以节日的形式举办家庭教育日活动。每年围绕一个主题开展系列活动，以此营造家庭合作共育的氛围，推进家庭教育不断升温，引领父母学习家庭教育的理论与方法，提升家庭教育水平。十年来，每年元月已成为海门家庭教育的重要日子。

2007 年 1 月 6 日，海门举办了第一届家庭教育日活动，鲜明传达了“共同编织美好生活”的理念，把“构建和谐社会，与孩子共同成长”作为活动主题，倡导“父母与孩子共同生活”的教育新主张。全市 25 所中小学、幼儿园被教育部新教育实验课题组、《莫愁》杂志社和市教育局、妇联联合授予“新父母学校”。活动汇聚了国内的家庭教育方面最为活跃的一批著名的专家学者，有团中央委员、中国青少年研究中心副主任、儿童教育专家孙云晓，全国政协委员、北京海淀区少年法庭庭长尚秀云，中国少年儿童新闻出版总社教育科学研究所所长、作家、教育专家徐国静，中国教育学会家庭教育专业委员会副理事长兼秘书长、中国家庭教育杂志社社长赵刚，新华通讯社国内部评论室副主任、资深媒体人鹿永建，全国劳模、中国作家协会会员、特级教师孙汉洲，以及中国教育学会数学教育研究发展中心理事兼学术委员、特级教师赵公明等。各位专家做了精彩的讲座，吸引了近万名家长到场聆听。新华通讯社、《新华日报》、

《扬子晚报》、江苏电视台、江苏教育电视台等媒体对这次活动进行了全面报道。

2008 年 1 月 5 日，第二届家庭教育日，主题是“交给孩子一生有用的好习惯”。全市学校开展了“孩子成长故事”征文评比、“千名教师家访日”等活动。活动当天，全市各中小学校还举行了专题的习惯养成沙龙活动，所有的学生家长都走进学校，老师与父母们坐在一起畅所欲言，就孩子习惯养成问题展开充分的探讨和交流，在认识和实践上达成了更多的默契和共识，家校凝聚力进一步增强。

2009 年 1 月 3 日，第三届家庭教育日，主题是“亲子共读，共同成长”。全市开展了“书香家庭”海选活动，评选出了 100 个中小学生“书香家庭”，积极倡导和谐的亲子共读氛围。著名儿童教育专家彭懿以《图画书，幸福的种子》为题，为全市幼儿家长做亲子共读培训；南京大学教育专家组成的家庭教育辅导团以“亲子共读”为主题，在全市各中小学校开展了巡回演讲。

2010 年 1 月 9 日，第四届家庭教育日，主题是“学会学习，共同成长”。全市组织了家庭教育论文比赛，百名模范父母受到表彰。中国青少年研究会的孙云晓副会长、江苏省教育科学研究院幼儿教育研究所尹坚勤所长分别做了专题讲座。

2011 年 1 月 8 日，第五届家庭教育日，主题是“共同展示，携手成长”。向全社会倡导父母要与孩子共同读书、共同运动、共同劳动、共同表演、共同开展科技制作活动等，共同创造美好生活，并举办了全市家庭达人秀电视大赛。

2012 年 1 月 7 日，第六届家庭教育日，主题是“共同游戏，阳光成长”。这一天，全市所有学校开展了形式多样、丰富多彩的亲子游戏现场大赛。孩子们与父母亲密无间，在游戏中放松了心情，缩短了心理距离。欢笑与快乐贯穿着整个节日。

2013 年 1 月 22 日，第七届家庭教育日，主题是“关爱心灵，阳光成长”。把活动的重点指向了孩子们的心灵，制作了《未成年人心理健康的维护》专题片，组织万名父母们共同观看，并对参加“海门星心驿站”的志愿者们进行了颁奖，唤起更多的社会力量共同行动，为孩子们心灵健康成长贡献力量。

2014 年 1 月 4—11 日，第八届家庭教育日将时间拉长，变成了家庭教育周，主题是“文明礼仪，从我做起”，全市家长们一起观看了家庭礼仪教育宣传片，海门市德胜小学的学生现场进行了礼仪校本课程展示。中国青少年研究会副秘书长曹萍女士、陈一筠老师为全市 5 000 名家长做了讲座。

2015 年 1 月 16 日，第九届家庭教育日活动，主题是“文明礼仪进万家”。全市组织父母志愿者围绕家庭文明礼仪教育开展了 9 场沙龙活动。父母们通过分享彼此家庭教育中礼仪养成教育的点滴故事，相互启发、相互学习，从而营造了家庭文明礼仪的良好氛围，影响更多的家庭知礼、守礼。

2016 年 1 月 12 日，第十届家庭教育日活动，主题是“我爱我家，相伴成长”。全市教师代表和家长代表观看了“家庭教育日”十年回顾展，纷纷感慨：“相信只有坚持，才能见证奇迹。”教育始于家庭，习惯始于家庭。家庭教育首先是对父母的教育，父母的教育需融于相伴成长，而相伴成长关键是营建共同的生活。

十年的历程，十年的家庭教育日活动。不仅在市级层面举办大型活动，高位引领，而且各学校也围绕主题开展个性化的活动，上下联动，掀起热潮。它不仅仅是一日活动，而是以一日活动主题引领全市学校全年的父母学校活动，由此形成层层递进、步步深入的推进模式。在十年中，先后有 30 多位著名专家参加了活动，省内外 20 多个团队来海门考察，新华社、《中国青年报》等 30 多家重要媒体对此进行报道，产生了巨大的社会反响，海门也因此被评为“全国家庭教育工作先进市”。著名专家尚秀云曾经在全国政协会议上建议借鉴海门市的做法设立“全民家庭教育日”。

家庭教育日活动是新教育实验的创新实践，也创造了全国的唯一。家庭教育日活动，即用学校的理念来影响和带动家庭教育，使两者之间形成良好的互动关系，达到同频共振，同向发力。在历届家庭教育日活动中，家庭教育领域有权威、有影响的专家“现声说法”起到了很好的引领示范作用。更重要的是，一年又一年的坚持，已让家庭教育日不仅仅是节日，而是一座灯塔，是一段辛苦而甜蜜、风景美不胜收的跋涉。

（二）新父母学校——家教服务的课堂

在海门，还有另外一个课堂，专门为父母而设，她的名字就叫“新父母学校”。目前，海门的每所学校都有自己的“新父母学校”，这些学校已成为推进家庭教育工作的坚实阵地。每所学校都定期开展多种形式的培训活动，以此来提升学生家长的素质，帮助他们掌握科学育儿的方法，引导他们与学校合力承担起教育下一代的责任。目前全市已创建成海门市模范父母学校 80 多家、南通市模范家长学校 16 家。

海门市通源小学的校园网专门开辟了“家教”栏目，每周向父母推荐家教文章，增加父母们学习的机会。该校专门刊登了很多父母们的学习心得、学习感受，以此影响更多的父母。学校还要求各年级组织班主任和任课教师，坚持每月给家长写一封信，交流孩子在学校的学习和生活。他们还每年隆重为一年级父母举办“开班仪式”。

海门市证大小学是全市最小的学校，也建有自己的父母学校，并且经常评出“星光家长”。学校将这些“星光家长”的育子心得张贴在新父母学校的宣传展板上，与其他家长分享、交流。

（三）父母志愿者——家校共享的资源

海门还以整体推进家长委员会建设为切入点和突破口，坚持家校沟通和合作，全面激发家长参与学校管理的热情，家校互动，产生1+1>2的最大效应。为让更多的父母参与学校的管理，全市各所学校充分发掘和利用父母资源，组建了一支支把学校事情当成自己事做的家长志愿者队伍。例如：

亲子出游课程。学校和家长委员会联合，研讨了小学阶段孩子们需要的100种不同的经历，开发了“了解的家乡”“跟着书本游祖国”等出游课程。学校将家长志愿者建立到了班级层面，使越来越多的家长参与到出游课程中。

社区心理课程。学校还与时俱进地构建了数码社区心理课程，父母和孩子共建班级博客、班级QQ群、微信等平台，由义工妈妈担任数码社区的版主，对孩子的问题先进行研究，然后再与孩子们耐心聊天，为他们指点迷津、排疑解惑。同时，借助网络平台，定期召开“家教沙龙”，共同分享，共同进步。

父母志愿者协会。海门市东洲幼儿园在家长委员会的组织协调下，成立了“海门市东洲幼儿园父母志愿者协会”。它的运行规则是：父母志愿者协会设常委会，家长委员会全体成员、学校领导任常委，父母志愿者为组员。父母志愿者必须按照常委们的安排，每学年要为该园的孩子做一件实事。从此，孩子们外出远足、春游都有父母志愿者的身影，家长护学岗更是成了这所幼儿园独特的一道风景。

在父母志愿者的积极参与下，在该幼儿园门口常会出现这样的一种情景：幼儿园前面是一条通往市场的主要支道，人流量很多，车辆行驶无序，家长开车乱停就会立即引起交通瘫痪。父母志愿协会的成员，组成了一支交通执勤队伍。每天清晨都有父母志愿者站在幼儿园门口，家长车一停，立即开车门，接上孩子，无须家长停车，家长们也自觉立即开车离开。一辆辆车按顺序停下立即离开，使交通畅通无阻。放学时，父母志愿者们还会指挥父母们有序停车，将一个个孩子送至车内。几年来，在家长委员会的统筹协调下，父母志愿者协会的志愿者越来越多，在保护孩子的安全方面，真正做到了学校和家长的无缝对接。在市教育局的倡导下，全市幼儿园都建立了父母志愿者协会。

父母进课堂。海门实验学校附属小学设立了年级家长委员会，组成成员必须有六个条件，分别是：有正气、有意愿、有爱心、有主张、有能力、有时间，摈弃了原先的有实力、有地位的取向。学校在各个年级中广泛发动，根据这六个条件，让父母们自主报名，然后经过学校认真挑选，最后确定人员。学校还充分发挥家长委员会的作用，确定了“家校携手，促进学校社团建设”的目标，充分挖掘和利用年级家长们独一无二的才艺资源，通过丰富多彩的班级社团活动，促进学生阳光健康成长。因为家长的参与，他们学校增设了插花艺术、烘焙课堂、科技小制作、魔术等社团。去年学校又开辟了一块地，在父母志愿者帮助下，开设了种植课程，这些都弥补了学校教师资源的不足，培养了学生多方面的才能，更受到了学生、家长们的热烈欢迎。

四年级的烘焙课。甜品是孩子们的最爱，而吃上无添加、放心的甜品是每个妈妈最希望的事情。海门实验学校附属小学年级委员会的父母们为孩子们上了一堂堂“直流口水”的烘焙课，锻炼了孩子们的动手能力，培养了孩子们的生活热情。

父母是教育的资源，给父母搭建展示价值的舞台，实现家校资源互补互动，可以弥补学校教育的某些不足。同时，父母们以各种方式参与到学校教育中来，对学校的管理和日常生活有了更多直接和实际的了解，他们以另外一种视角观察和体验着学校的教育教学活动，久而久之，会以主人公的身份自居，把学校的事当作自己的事，把班级的事当作自己的分内事，不仅出智出力，还会设身处地地替学校着想，提出他们自己的想法，对学校教育做出某种程度的弥补和提升，这是对学校管理的延伸。

（四）亲子活动——沟通心灵的桥梁

朱永新教授认为，亲子共读这一行为“从科学上说，就是用最温暖、最温馨、最不着痕迹的办法，让孩子掌握‘阅读’这种人生最重要的学习武器”。孩子和成人通常生活在两个不同的世界里，我们让大家共读一本书，实际上就是在两个世界之间架设交流沟通的桥梁，就是“创造并拥有共同的语言与密码”。

亲子共读蔚然成风。这无论对孩子还是成人，都是非常重要的。所以通过历年来对“父母与孩子共读”的倡导，通过全市开展的多种亲子阅读比赛、书香家庭海选活动等，海门的亲子共读已成为一道独特的风景。

期末庆典美丽绽放。每个新教育人都知道期末庆典。学期期末，海门每个学校每个班级，都会洋溢着孩子、老师、父母们的欢声笑语。每个孩子在父母面前充分展现自我，父母们在老师们的精心策划中，看到了孩子的点点进步。精彩的庆典，共同参与的庆典，串起了一学期来每个美好的日子，勾起了师生、家长幸福难忘的回忆，这份幸福转化为满满的信任与感动，将学校和家庭的共育之心连得越来越紧密。

仪式教育。在跨进幼儿园的第一天，在系上红领巾的那一刻，在 10 岁的那一年，在 18 岁的新起点上……这些重大时刻，无不是孩子们成长的重要节点。在这些时候，给孩子们留下些什么，让父母见证孩子成长的足迹，显得特别有意义。全市每个小学的 10 岁成长礼，每个初中的青春仪式，每个高中的 18 岁成人仪式，都给海门的父母与孩子们留下了许多难忘的瞬间。

新教育的倡导人朱永新教授说过："家庭是孩子成长过程中的第一所学校，家长是孩子教育的第一责任人，但家庭教育往往又是最容易出错的地方，没有接受过系统教育科学训练的父母，正如没领到驾驶执照的司机一样，匆匆上路，必定会产生不良的后果。我们所办的学校不仅要成为师生的乐园，更要成为父母们学习成长的殿堂，让父母在培育孩子的过程中再次成长。"

（五）家校合作教育的典型案例

海门的教师在家校合作上做了很多有益的实践，取得了值得称道的成绩，其中海门市东洲小学刘宇禹老师分享的故事就非常精彩。

> 新学期的第一次家长会非常重要。除了做一些必要的通告以外，我认为推心置腹尤为重要，不要把自己看成是高高在上的统治孩子们的领导者，平等而谦和、权威又民主那是最好了。
>
> 我首先讲述我们班级的历史。一个一个生动的故事讲给家长们听，比讲许许多多的要怎么样、不要怎么样，要有趣得多，也有效得多。他们对这个新的班集体充满了认同感、归属感，觉得从此我们就是一家人了。甚至几年以后偶遇班上的一位家长，他还清楚地记得我当时讲话的内容，细到铅笔怎么削，用什么型号，带上笔套，不拿着铅笔玩耍。更清楚的一句话是："孩子们有缘走进我的教室，我也和在座的每一位家长从此结下了缘分，所以，我希望有任何问题彼此之间坦诚，而且忠诚。相信我，孩子的事情，班主任能处理好！"他因此觉得这位老师很有水平，也很厉害。
>
> 如果一个班级的家长基于信任真心地全力地支持班主任，那么整个班级的工作会更容易开展起来。
>
> 1. 故事妈妈的故事
>
> 一年级的孩子识字量不大，刚入学时大多数还不能独立阅读各类书籍。在学习拼音的最初阶段，需要辅之以大量的儿歌诵读和绘本故事讲述。在忙碌的工作之余，我就开始考虑：能不能让有空的爸爸妈妈们为我们的孩

（“故事妈妈”活动场景。图片由海门市东洲小学供稿）

子讲故事呢？这样的话，孩子们能够听到不同的人讲不同的故事。接触新鲜陌生的声音、语调、故事风格、听故事的氛围等，听故事的效率大大提高。对于家长们来讲，每个人一个学期准备一个故事并不是很难，而且有了近距离观察孩子在学校表现的机会，可以跟更多的孩子接触，还能了解自己孩子在班级的学习状态，是个难得的好机会。对于我而言，可以从忙碌的教学中暂退一边，静静观察孩子们的表现，更多地与家长们沟通拉近彼此的距离，以及反思每一个活动的得失，是难得静思默想的轻松一课。于是我拟定了邀请函，第一个义工家长活动正式拉开帷幕——“故事妈妈进校园”。

写完给家长的倡议书以后，我就连夜赶制了故事妈妈的标志，把班徽的原型进行了改变，中间的图案变成了一个妈妈。于是我们请来了第一位故事妈妈——梅子。记得那天梅子给我们讲述的故事是《一只孤独的乌鸦》。第一次活动以后，当天家长们就踊跃报名参与讲故事活动，惊喜而意外的是除了故事妈妈，还涌现了故事爸爸，甚至故事爷爷、故事奶奶。这个学期我们过得轻松、充实而愉快，还认识了不少家长。当然讲故事不能少了奖励，每个来班级讲故事的家长，都会收到由我们班级基金赞助的礼物——一个精美的绘本。这其实是送给孩子们的，他们爱不释手，更加激发了孩子们要故事进校园的积极性。每周一节课的讲故事时间，从此成为孩子们快乐的幸福时光。（我们的活动上了《海门日报》的《教育》专栏，家长和孩子们自豪不已，因为他们一起参与了活动，见证了孩子们的成长。）

2. 新父母萤火虫阅读公益行动

这时正值海门新教育新父母萤火虫阅读公益项目组成立不久，在站长紫藤的介绍下，我加入了这个公益组织，并且承担起了给整个海门市的新父母们培训如何让孩子爱上阅读，让家长懂得阅读的任务。每月一次的萤火虫线下活动，两次的线上讲座交流，以及每天实时更新的新父母晨诵让我走进了一个全新的世界。要让孩子爱上阅读，首先要让家长们也爱上阅读，阅读是甜的。

第二次萤火虫线下活动，我就从义工资源库里挑选了几名精英家长一起参加。他们激动地对我说："有这么安静美丽的麦穗书房营造阅读的环境，有这么多热心阅读的家长分享阅读经验，有这么可爱的孩子读绘本、讲绘本、演绘本，阅读真是太幸福了！"连续几次的参与过后，他们也从萤火虫的活动中汲取精华，推广阅读的公益情怀在他们心中生根。我建议他们尝试着也来分享阅读的经验，承办萤火虫线下活动。

于是2012年中秋节的那一期线下活动——"圆圆的月亮"就由晓东来开启，讲述了中秋节来历的习俗故事《嫦娥奔月》《吴刚伐桂》，彩蝶讲述中秋绘本故事《月亮生日快乐》，婷婷妈带领大家跳亲子操。

整个活动圆满成功，站长紫藤直夸："你的家长们真棒！"那年我们还承办了圣诞节萤火虫线下读书会，在阅读圣诞故事的同时还制作了圣诞老人。而我充当他们坚实的后盾，听他们试讲故事，给他们修改PPT，为他们挑选适合主题的音乐，一一把关，又一一鼓励。

有了第一次的成功，接下来的事情就顺利多了。梅子成了萤火虫的得力干将、资深义工，兰若为每一期的萤火虫活动制作海报。与此同时，我们成立了萤火虫东小分站，请来了海门站站长紫藤为我们开启首次分站活动。梅子担任起分站的站长，成立东小新父母QQ群，每天发布新父母晨诵，转发各类讲座和活动信息。接下来我们还承办了2013年世界读书日，我们创作改编了《做一件让世界变得更美丽的事》书本剧，在阅读节上演出并受到好评。2014年植树节，媛媛妈为我们提供了野外实践的基地，全市有100多名孩子200多名家长参加的"走进春天，拥抱绿色"线下活动，空前热闹。田野里"春天里的故事"更是吸引了无数小朋友和新父母的目光。

3. 综合实践活动走进央视

在这么多的义工家长参与的活动中，我们浪花朵朵班形成了一个团结健康向上的集体。但是没有一件事能像走进央视《看我72变》那样打动

（浪花朵朵班的孩子走进央视参加活动。图片由海门市东洲小学供稿）

我、鼓舞我的。因为在这个活动中，我看到了家长们空前的协作、智慧和凝聚力，看到了孩子们无穷的潜力和勤奋刻苦的精神，也看到了属于我们浪花朵朵班的值得骄傲的创新精神。

走进央视，源于我结识的一位了不起的教育专家——阿涌叔叔。他在全国开展体验式教育，又是CCTV少儿频道的首席教育专家，而我的儿子正好在他的门下参加“表达训练营”的培训和学习。从他那里我们知道了央视的节目《看我72变》，一个类似于日本《超级变变变》的创意儿童节目，当时我们的捷径就是只要通过创意海选，我们就能够直通央视。

我把这个消息在班级QQ群中一发，马上就引起了热烈的讨论。最后，大家一致决定重现经典游戏《俄罗斯方块》，让每个孩子化身成为一个个小小的俄罗斯方块，然后演绎叠方块成功、消除、失败以及清除的过程。我们的创意很快得到了央视导演的肯定，但是时间紧迫，一个星期以后就要看到我们自己录制的视频小样。

于是，从事建筑和设计的星辰爸爸、雪姗爸爸开始连夜赶制舞台框架图纸。为了选用合适的材料，星辰爸爸推掉了出差，亲自跑去建材市场挑选轻便结实、便于运输的材料搭建舞台框架。雪姗爸爸研究如何把所有道具从海门运往北京，半夜起来画起了图纸，因为必须外出，他临走前还一再嘱咐另一个家长小辉哥一定要按尺寸搭建。老沈是义工家长中比较年长的一位，为了裁剪KT板，趴在地上半天，最后连腰都直不起来了。各位义工妈妈，更是为了俄罗斯方块上的颜色，来回奔波于布料市场、美术用品商店、广告公司，最终确定让威威家现场喷绘广告布。还有一些义工专门负责后勤，每天安排好孩子的饮食、家长的用水、表演的衣服、帽子、手工缝制和修补等环节。一个星期紧锣密鼓。周末的晚上，我们在学校体育馆里最后一遍录制视频小样成功的时候，孩子们已经累得躲在方块里睡着了，家长们欢呼雀跃，我和阿汤哥则继续进行视频后期制作。

（浪花朵朵班的孩子走进央视参加活动。图片由海门市东洲小学供稿）

走进央视，孩子们第一次看到录影棚，第一次见到只有在电视里才能看到的月亮姐姐、鞠萍姐姐、芝麻哥哥，和那么多优秀的团队一起表演、竞争奖项。从征集创意到录播一共 21 天，我和我的孩子们、家长们奋斗了 21 天，最后成功获得周冠军和最佳合作奖。

教师＋孩子＋家长＋社会，一个庞大团队的教育合力就这样慢慢清晰起来，一定会为海门教育的变革贡献独特的智慧和力量。

第八章
教育让生命更美丽、 生活更美好

一、教育追寻的基本质态是美丽生命和美好生活

二、把学校变成一切美好事物的集聚地和发散源

三、在“绿色评价”中涵养“生态育人”

四、师生共同创造教育生活的幸福完整

五、新生命教育的实践行动

课程改革已经历经这么多年，仍然不能消弭应试教育的强大惯性。虽然经过多年的努力，我们的学前教育已经完全做到了去教学化，小学教育也实现了真正的素质教育，但是中学阶段的改革却仍然有着许多亟待破解的难题，唯分数论仍然有着强大的市场，这与我几年前就曾提出的教育应该“立足生活，关注生命”有着一定的差距。我们不由得不思考教育的根本目的和本质是什么，如何解决教育转型过程中遇到的新问题，如何应对“互联网＋”时代对教育变革提出的新挑战，寻找新高考改革背景下教育新的生长点，让师生生命更美丽，让教育生活变得更美好。

（召开全市教育工作会议，确立了 2015 年海门教育发展主题为“美丽生命，美好生活”。图片由海门市教育局供稿）

一、教育追寻的基本质态是美丽生命和美好生活

教育的本质是唤醒。有一则流传很广的寓言故事：一位印度老人对小孙子说，每个人的身体里都住着两只狼，他们残酷地互相搏杀。一只狼代表嫉妒、愤怒、骄傲、害怕和耻辱；另一只狼代表善良、温柔、希望、感恩、微笑和爱。小男孩着急地问：“爷爷，那么哪一只狼更厉害？”老人回答：“你喂食的那一只！”因此，你想要孩子成长为什么样的人，取决于你“唤醒”的是心灵的哪些东西。教育的目的就是要“唤醒”孩子的心灵，对付那只“负能量”的狼，“喂食”那只“正能量”的狼。斯普朗格认为，教育最终的目的不是传授已有东西，而是把人的创造力诱导出来，将生命感、价值感唤醒。《大学》开篇：“大学之道，在明明德，在亲民，在止于至善。”教育的作用就是收回散失的善性加以存

养扩充，有灵魂的教育意味着追求无限广阔的精神生活，追求人类永恒的精神价值：真、善、美，以及建立与此有关的信仰，它的使命是给予并塑造学生的终极价值，使他们成为有灵魂、有信仰的人。

教育的目的是生长。卢梭提出“教育即生长，生长就是目的，生长之外别无目的”，杜威认为生长的首要条件就是“未成熟状态”，而恰恰是这样的“未成熟状态”给教育提供了无限可能。教育就是帮助儿童还处于“未成熟状态”的种子发芽、生长，并结出丰硕的果实。美国思想家梭罗给教育下了这样一个充满诗意的定义，教育就是“一方池塘”，学生可以是“水鸟”，可以是“两栖动物”，也可以是“水生植物”，不需要你看见种子是如何、何时落地，种子开始到来了，这就是“自然”的力量。教育的价值就在于它能为儿童创造连续不断的生长欲望，能提供良好的方法让他们快乐健康地生长。苏格拉底说“教育不是灌输，而是点燃火焰”。我们的教育应该是助推学生生长的“一方池塘”“一片火焰”，学校不应该是“文明的监狱”，而应该是学习的乐园、创造的天堂。我们的教育应该由注重传承的教育向注重创新的教育、由注重选拔的教育向注重选择的教育、由注重文本的教育向注重实践的教育、由注重灌输的教育向注重启发的教育转变，真正让学生“诗意地栖居在大地上”。

教育的朝向是美好。古希腊哲学家德谟克利特说：“生活最令人向往的目标是美好，我们最好是通过在一切事物上的节制有度和文化的教养来获得它。”苏霍姆林斯基认为：“教育必须保护孩子们心灵中巨大的、无可比拟的精神财富——欢乐和幸福。”“我们教育工作者的任务就在于让每个儿童看到人的心灵美，珍惜爱护这种美，并用自己的行动使这种美达到应有的高度。”生活最令人向往的目标是美好，实现美好生活的途径就是“节制有度和文化教养”的教育。教育的追求就是让人生活得更美好，并去创造更美好的生活。我们的教育信念应该是培养真正的人，培养能够拥有美丽生命、美好生活的人，让每一个从自己手里培养出来的人都能感受美好、追寻美好、创造美好，幸福地度过自己的一生，这不仅要体现在教育的结果上，更应体现在教育的过程中。

教育让生命更美丽，教育让生活更美好。涵养生命是教育的天职，对生命的发现、挖掘、探索和追寻，是教育的永恒主题。教育要回归本真，使教育回归到树人育人的本源上来，将人格陶冶、道德养成、文化传承等放在教育的中心地位。教育的核心是培养人，教育的本真应当是唤醒人求真、尚善、臻美的心灵，应当是引导人成就美丽生命，朝向美好生活，实现美好发展。我们要回归教育的本义，让教育能够真正地使学生解放自己的个性，让学生在教育中增进对生活目的、生命价值和人生意义的理解，积极地感受和体验生活赋予自己的美好，这才是教育的应有之义。

美丽生命、美好生活指向更公平的教育。我们追求“有教无类”的起点公平，“因材施教”的过程公平，“人尽其才”的结果公平，让每一个孩子在同一片蓝天下共同成长。通过教育，能够使公平正义的价值因子根植在学生的心中，生根发芽，生生不息。

美丽生命、美好生活指向更高品质的学校。文化是“流淌在师生心中的一股清泉”，学校开始思考“品质”的时候，就是启动了“价值内省”。加快推进品质学校建设，打造更高质量、更富内涵、更有文化、更具特色的校园，把每一所学校建设成为师生终身眷恋的精神家园。

美丽生命、美好生活指向更卓越的教师。教师一个肩膀挑着学生的现在，一个肩膀挑着祖国的未来。教师不能仅仅满足于作为知识的传授者，更应该是一个启迪智慧、传播真理的人，既要有高尚的师德，又要有高超的师艺。要引导教师做德艺双馨的“四有”好教师。

美丽生命、美好生活指向更阳光的学生。“教育的方式主要是帮助优秀人性的自然生成。”应着力转变人才培养模式，创新学生评价体系，以学生身心积极向上、健康可持续发展作为出发点和落脚点，尊重每一个学生，激活每一个学生，成就每一个学生，培育学生的健全人格、强健体魄、创新精神和实践能力，为学生的终身发展奠基。

美丽生命、美好生活指向更适切的课程和更有活力的课堂。课程与课堂是滋润学生“生长”的圣地、呵护学生“生长”的殿堂。应架构更丰富的卓越课程体系和更体现“以学生为中心”的课堂，让学生的核心素养真正回归到教育教学的中心，为每一个孩子提供更适切的教育。

二、把学校变成一切美好事物的集聚地和发散源

有品质的学校应该是一所有特色、有内涵、有文化的学校：应该有一个富有人格魅力、有远大理想的校长，有一支创新型的、有活力的教师队伍，应该拥有一批善于探索、具有良好习惯的学生。把学校变成一切美好事物的集聚地和发散源要从以下几个方面入手：

找准学校价值文化的生长点。学校文化是学校的灵魂所在，是一棵生命树，学校中具体的物质、行为、制度、精神的状态都是生命树的叶子。学校文化的核心是价值观，引领着学校师生的精神意志、行为准则、行为方式等，为全体师生指明了共同的愿景和发展方向。学校应以共同价值和发展愿景为导向，科

学规划好学校的文化设计。校长是一所学校的领路人和掌舵者，学校文化的设计与建设关键在校长，校长的眼界、思路不仅在一定意义上决定着学校发展的出路和发展空间，而且会决定教师的眼界。校长的眼界有多高，思路有多宽，学校的出路就会有多远，发展的空间也就会有多大。

营造师生终生眷恋的精神家园。动员教师、学生、社会等多方力量，用自己的智慧和双手来点亮校园，用师生的作品来装扮校园，让校园里到处都有师生的痕迹，处处流淌着师生朝向美好生活的影像，共同构筑更好的学校空间。根据不同年级成长的特点，在校园各区域设置不同的教育主题，让每面墙壁、每条标语、每扇门窗、每条道路、每个角落都具有知识性、艺术性、教育性兼备的文化品位，既要让“每一面墙壁会说话”，又要让“每一面墙壁说师生自己的话”，还要让每一个教室成为学生最喜爱的幸福空间。通过“润物细无声”的教育，使学校的办学理念、校训、校风、教风、学风对师生都产生潜移默化的影响，从而内化为自觉意识，转化成自觉行为。只有让师生亲自参与建设的校园才能真正成为师生终生眷恋的精神家园。

架构属于学校自己的课程体系。努力提高国家课程校本化实施水平，积极开发满足社会发展需要的地方课程和满足学生发展需要、体现学校办学宗旨和特色的校本课程，突出校本课程的归纳、提炼以及创新，系统架构校本课程体系。高度关注学生核心素养，推动课程体系从“教学体系”走向“成长体系”，严格落实理想课堂底线要求，培育一批课堂教学改革示范学校。深入开展对“选课走班”制的探索与实践，更加关注学生的学习过程和学习思维品质的养成。这其中主要包括：

探索中小学相衔接的一体化课程。综合考虑、整体规划、系统设计一体化的课程建设，打通小学、初中和高中学生的学习过程，研究跨学段资源整合，解决目前不同学段课程内容及形式缺乏衔接的问题，从而促进育人模式的变革。整合课程资源和课程内容，小学、初中与高中教师合作开发，构建小、中、高一体化课程体系，实现中小学在课程建设的纵向衔接，以及横向交流与合作。着重研发一体化的语文拓展阅读与写作课程、英语拓展阅读课程、习惯养成课程、社团活动类课程等，探索生命课程以及数学、科学等学科拓展课程，逐步架构起一体化的卓越课程体系。学前教育以课程游戏化项目为抓手，通过观察、记录、反思、研训等方式，从环境设置、游戏区域、活动组织以及生活起居等各种途径，形成以游戏为基本活动方式、全面涵盖幼儿发展领域的幼儿教育课程体系。同时，积极探索幼小衔接课程，在习惯养成、生命安全等方面进行项目化合作开发，形成可分享实施的研发成果。

积极推进体艺科技“1＋X”项目。实施体艺科技“1＋X”项目，“1”是指基本技能，学校根据自己的办学特色、师资力量等，确保学生必须要掌握的一项技能；“X”是指学生根据自己的兴趣爱好，自己选修的技能，通过这种教学模式，切实打破“上了十几年体育、艺术，却没掌握一项技能”的怪象。具体实施措施主要有：

阳光体育活动。比如，我们在全市中小学启动“三个一”行动，即每天早上一节晨练课、一节大课间活动课和一节体育课（或体育活动课），并且要将每天“三个一”排入课表，确保学生每天锻炼一小时、每人掌握一项技能以及引导学生养成一种终身体育锻炼的习惯。

校园足球改革。确保校校有足球俱乐部，每周一节足球课，完善校园足球联赛机制，如举办高中校园足球联赛。鼓励学校实施运动、艺术、科技等项目化教学，提倡一校一品、一校多品，着力培养学生的体艺科技兴趣爱好。

实施音体美教师走教制。由集团统筹安排，实行制度化管理，有效弥补乡村学校师资不足的“短板”，让乡村学校的孩子享受到同样优质的艺体教育资源。还要加强劳动教育，努力把广大少年儿童培养成勤于劳动、善于劳动、热爱劳动的高素质劳动者。

保护学校的教学生态。坚守课堂教学的底线要求，按照“限时讲授，合作学习，踊跃展示”的课堂改革意见，不断创新和优化“学程导航”教学范式，以问题设计为起点，以自主学习为基础，以探究体验为核心，以展示交流为途径，使教学过程成为师生互动、教学相长的过程。还要以学校课堂教学评价改革为抓手，完善研修中心、集团（联盟）工作室、学校教研备课组整体联动的研修机制，探索建立学校学科指导委员会管理机制，完善集团（学校）集体备课中心、观课议课磨课中心、微课题研究中心建设，深入推行“观课、议课、磨课”制度，全面系统地研究学习内容与学习方式。另外，建立健全课堂变革督导机制、课堂变革交流展示机制，加强对教师教学理念、课前准备、课堂实施、课后评价等全方位的引领，帮助教师真正转变教学观念，改进教学方式，改变课堂生态，促进学生自主自觉成长。

用教科研打通成长路径。我们有新教育十大行动研究，全面打造区域推进新教育实验这一科研品牌，以促进海门教育科研范式的改变。加强教研与科研的融合，大力开展“微教研”“微课题”活动，通过微项目、微课程、微讲坛、微评价，探索教科研的转型，让教科研由关注“教材”转向关注“课程”，从注重教师的“教”走向突出学生的“学”，突破教研和教科针对性不强、专业性不够、自觉性不足的困境，实现教研与科研的统整，让教师以科学方法重点解决课堂教学实践中存在的问题，让教师的教学研究逐步走向专业化。此外，开展“订单式教科研”“送科研到校”活动，由学校根据教学方面存在的突出问题有针对性地自主申报教科研服务项目，进行“点菜”，再由研修中心对各校申报的教科研项目进行梳理整合，制订活动方案，有计划、有针对性地到基层学校开展教科研活动，进行“上菜”，让教科研活动更有针对性、实效性，真正打通阻碍教科研发展的“最后一公里”。

三、在“绿色评价”中涵养“生态育人”

我们要聚焦一体化的学生成长体系，让每一个孩子成长得更加阳光。要本着“学思结合、知行统一、因材施教”的理念，改变“班级教学制”单一的育人模式，构建“课堂教学育人，社会实践育人，课外活动育人”相结合的新型育人模式。以素质教育为主题，培养知行统一，具有社会责任感、创新精神、实践能力和强健体魄的学生，是“绿色评价”的核心标准。

我们要在“绿色评价”中涵养“生态育人”，具体措施如下：

一是践行社会主义核心价值。立德树人是教育的根本目标，德育是一切教育的基石。以完善中华优秀传统文化教育为重点，以日常行为规范养成教育为核心，以“每月一事”“八礼四仪”等主题活动为载体，促进学生养成良好的行为习惯、形成正确的公民道德意识。善于创新活动载体，组织开展“中国梦”、抗战胜利周年纪念等活动，以“日行一善，月习一德”为抓手，开展“道德讲堂”活动，让美德善行故事进校园、进班级、进课堂，建立学校、班级美德善行榜，引领学生崇德向善，让精神生活滋养学生的精神成长，从而让核心价值观根植心灵。不断深索网络环境下德育工作的有效途径，做好校园微博、微信公众号、手机交流平台等新媒体的推广应用工作。

二是培养学生一生受用的好习惯。“良好的习惯是人在某种神经系统中存在的道德资本，这资本不断增值，而人在其整个一生中享受着它的利息。”以“习惯养成”主题为引领，加强对学生习惯养成教育的研究，根据学生年龄特点和成长规律，梳理小学、初中、高中各学段学生必须要遵循的行为准则，研究制订学生良好学习习惯、行为习惯、生活习惯的目标体系和操作要点，形成分层递进、有机衔接的习惯课程体系。围绕社会主义核心价值观具体内涵和中国传统文化的要求，按照核心价值、行为准则、自我反省，以及相关谚语、箴言、故事等内容，编制学生日常行为记录手册。以“每月一事”主题活动为载体，每月围绕一个重点习惯，通过“主题阅读，主题实践，主题展示，主题反思”

的操作路径，将学生行为规范养成教育、文明礼仪教育融入学生日常生活之中，突出从细节中养成好习惯。“家庭是习惯的学校，父母是习惯的老师。”父母不仅是孩子的第一任老师，也是孩子最长久的老师，父母的一言一行都对孩子起着潜移默化的作用。加强新父母学校建设，突出家校、社区、社会联动共育，使父母有的放矢地督促学生养成良好的行为习惯，为其美好人生奠基。

三是培养全面而具个性发展的学生。推动教育观由“成才”向“成人”转变。探索由行政部门、学校、学生、家长及社会各方面参与的教育评价活动，不断实践创新富有特色的评价方式，形成科学的多元评价体系。进一步完善学生综合素质评价制度和学校发展性评价制度。学生综合素质评价要坚持及时、民主、公开原则，做到客观真实、公开透明，积极构建绿色评价体系，研究制定《中小学学生成长绿色评价指导意见》。建立和完善学生成长档案，全面实施过程性评价，切实增强每个学生的进取心。

四、师生共同创造教育生活的幸福完整

关注人，关注人的生活，是人类一切活动领域的根本目的和出发点。朱永新教授认为教育的根本目的应是使人“文化”，进而“人化”。这里的“教育”实际上是一个大概念，是包含了人类生存、生活以及发展的全部。我们要关注儿童，要关注教师，更要关注“师生的共同创造”。

任何教育都发生在人的生活之中，教育以人的生活为基础与背景而展开，教育本身构成了人的生活的一部分，是一种特殊的生活过程。教育对儿童生活的关注是不可忽略的重要课题。

联合国教科文组织国际教育发展委员会的报告《学会生存》在谈到学校教育时指出：儿童的人格被分裂成两个互不接触的世界——“在一个世界里，儿童像一个脱离现实的傀儡一样，从事学习；而在另一个世界里，他通过某种违背教育的活动来获得自我满足。”造成这种状况的原因是多方面的、复杂的，其中一个重要原因可以归结为长期的封闭式的教育，使之成了“笼中之鸟”，严重地脱离现实生活。其实，现代教育与现代科学技术和现代工业生产密切相关，并受其强烈推动与制约，以至于教育的目的、内容、过程远离了人文教育的传统，远离了人自身，也远离了人的真实生活。

我们所研究的新生活教育就是通过新教育倡导的“十大行动”，实现教育生活之改造。

（一）学生生活之改造——教育在儿童生活中展开

怀特海曾经指出：“教育的问题就在于使学生通过树木而见森林。”教育对人的影响是多方面的，各种教育影响经过生活的整合而化为生机勃勃的精神进入儿童的生活世界，直至实现彼此融通时，就能打破各种教育间彼此的孤立关系，而人所获得的不再是信息的简单堆积，而是面向整个生活世界的精神整体。

我们倡导的新生活教育的行动口号为：“我们爱生命，我们爱阅读，我们爱运动，我们爱艺术，我们爱实践。”据此，形成了系列的主题性校本课程和主题性文化周活动，以主题来统领，以精神来汇通，以实现对学生生活的具体改造，让教育整体地在儿童生活中展开。在整个展开的过程中，主要通过新教育实验的营造书香校园、师生共写随笔、聆听窗外的声音、培养卓越口才、构筑理想课堂、建设数码社区、研发卓越课程、推进每月一事、缔造完美教室、家校合作共育十大行动来贯通，让儿童学会生活，学会经历生活的一切，学会去创造生活。同时，在这个过程中，使儿童的生活内涵不断丰富，生活视野不断开阔；使儿童学会感受生活、欣赏生活、享受生活，不断领略生活的意义；使儿童的生活品质不断改善，生活境界不断提升，应对变化的生活境遇的智慧不断充盈。儿童凭借它走向积极的新生活，践行充实的人生。事实上，我们现实的教育并没有真正使儿童生活得更好。当然，这可能永远只是一个过程，教育生活之改造应该是一个永恒的命题。因为我们的生活本身就一直在变化发展中。

（二）教师生活之改造——教育获得生活的意义

从教育的现实来看，教师的生活一直被应试教育所困扰，周而复始的工作方式使很多教师忘记了自己的生活意义，负担过重使一些教师失去了创造力，丧失了表达为师尊严的话语权。改变教师的行走方式是整个新教育实验的宗旨。“人的生活过程是一个不断发现意义、生成意义、实现意义的过程。”新教育实验提出要有效地促进教师的专业发展，提出要让教师过一种幸福完整的教育生活。新教育改变教师行走方式的路径是从读书开始，并且提出“专业阅读—专业实践—专业写作”的反思型教师生活方式。把读书作为教师的命根与法宝，通过读书改变教师的生存方式、生活方式、生命方式，来实现教育的生活意义。

宋代诗人尤袤说：“饥读之以当肉，寒读之以当裘，孤寂而读之以当友朋，幽忧而读之以当金石琴瑟也。”为了扎实推进教师专业阅读，新教育启动了“教师专业阅读”研究项目，推出新教育教师必读书目，策划“五个一”行动，促进教师生活之改造：一是构筑一系列组织载体。如成立教师发展中心、思想者俱乐部、梦想者俱乐部、读书俱乐部等学习组织。二是搭建一些活动平台。定期开展读书讲坛、读书沙龙、好书推介、专家讲座等活动。三是确定一批共读书目。为教师配备专业阅读书。四是建立一套管理机制。建立教师专业阅读领导小组，制订阅读计划，包括组织机构、经费保证、特色活动、征文评比等内容，召开教师专业阅读推进会，完善教师专业阅读研究、评价、奖励机制。五是搞好一项专题研究。探索多样化阅读方式，如集体阅读、个体研读；开展专业化阅读研究，如写阅读心得、札记、随笔、评论等；搭建阅读研究交流平台，如杂志、报纸、网络等，通过科研引领阅读，提高专业阅读实效。教师们徜徉在那些大师的作品中，品经典之茗香，就像孔老夫子闻韶乐一样“三月不知肉味”。阅读丰富了教师的人生意义，构建着教师的精神家园，从而让教育获得生活的意义。

（三）师生共同生活之改造——教育生活应该幸福完满

教育即师生共同的新生活，需要师生共同编织。

新教育倡导“师生共读、共写、共生活”的改造愿景，就是在师生共同阅读的基础上，通过教育日记、教育故事、教育案例分析等形式，记录、反思教师与学生的日常教育和学习生活，促进教师的专业发展和学生的自主成长。“师生共读、共写”倡导师生立足于每一天的教育、学习生活，在写随笔（日记）的过程中，体验生活、反思自己，超越自我。当然，写只是形式，但写带动的是阅读、是思考、是实践。阅读滋养底气，思考带来灵气，实践改变生活。教育随笔还应该实现“讲教育故事”向“教育叙事研究”发展，能够从自己所研究的教育经验中，解读出“学术与理论”意义，把握教育实践中的弹性和细节，使日常经验获得重新理解，促使教师关注我们的日常教育经验的文化处境、思维方式和价值观念，从我们自身的实际出发，真正变革当下的教育。

开展“师生共读、共写”的价值追求在于让阅读成为师生的日常生活方式，让阅读成为一种学校自觉生长的精神文化。在教师坚持写随笔的过程中，逐步养成“读书、实践、反思、写作”的习惯，使教育随笔的写作成为教育日常的工作状态，用教育随笔的写作，提升教师的教育理论，使他们的教育生活丰富而快乐。对于学生而言，在日记中记录自己成长的履痕、反思自己的行为、倾诉心中的秘密，同时培养习作的兴趣，学会做人的道理。

师生共读、共写，就是要让师生共同享受生活。共读，就是共同生活，就是创造共同的语言和密码。我们开展教师共读、师生共读活动，当然，也不放弃个性阅读。在共读的基础上共同写阅读体会，教师写教育随笔，学生写读书日记。教育随笔是教育者进行思考和创作的一种形式，是“反思型教师”成长的必由之路。对于学生而言，日记是心灵的窗口，而写作、反思的习惯是一笔精神财富。无论是教师还是学生，为了写得精彩，就必须做得精彩、活得精彩。慢慢养成习惯，阅读、思考、写作便成了教师和学生的日常生活方式，使其终身受益。

当然，新教育的共同生活愿景远不止这些，我们还倡导师生共做，让实践成为师生的生活特质；师生共练，让运动成为师生的生活习惯；师生共演，让艺术成为师生的生活情趣；等等。教育要改变师生现实的片面生活，为他们重建有意义的生活方式，赋予教育生活意义和生命价值，让师生真正过一种幸福完整的新生活。

教育生活之改造，还包括家庭、社会生活等。新教育有一个重要的使命，就是通过建设书香校园，来带动家庭、社会，建设书香家庭、书香社会，进而实现社会生活之改造的宏大理想。

我们究竟以何种教育信念面对现实和未来，这需要深入而迫切的思考。不管怎样，通过教育生活之改造，把人引向对美好生活的关注，让人更好地生活，这必将是教育的主题，而且将永远是教育的主题，因为它是人类永恒的主题。

五、新生命教育的实践行动

新生命教育当然是美丽教育、美好生活的题中之义。2015 年新教育年会的主题是新生命教育，海门就此已经做了整整 10 年的探索。如何确立新的发展定位？如何在新教育的视野下思考新生命教育？如何架构与实践新生命教育的特色课程？这些值得我们认真思考。

（2015 年 4 月 13 日，全国新教育实验海门开放周暨“新生命教育”研讨会举行，新教育实验发起人朱永新教授到会做主旨演讲。图片由海门市教育局供稿）

（一）新生命教育是新教育视野下的生命教育

国内外对生命教育的研究最近几十年都比较活跃，也有了比较丰富的研究成果。我们在生命教育前加了一个“新”字，主要是把它放在新教育的视野下来理解与研究。

2013年，朱永新教授在新教育“研发卓越课程”年会上正式提出了新教育卓越课程体系，它是以生命课程为基础，以公民课程、艺术课程、智识课程为主干，并辅以特色课程作为必要补充的一个完整的、全面的、科学的课程体系。由此，我们的理解是，新生命教育就是在新教育视野下的生命教育，它区别于以往工具化的生命教育，它是一种发展性的生命教育，所以，我们既不要泛化到把什么都放到生命教育里，也不能窄化到把生命教育单一理解为生命与安全教育。作为新教育的基础性课程，它是聚焦对生命本身（自我、他人）的尊重的教育。

新教育认为，新生命教育是以“过一种幸福完整的教育生活”为核心理念，以生命为中心和原点，围绕人的自然生命、社会生命和精神生命而展开的生命教育。具体地说，新生命教育的宗旨是引导学生珍惜生命、热爱生活、成就人生。

正确理解新生命教育，应把握三个关键词：

第一，健康的身体。珍爱生命首先要珍爱身体。从古今中外许多先贤的话语中，我们发现他们对身体都有一种基本的认识，不仅珍惜自己的生命，更要尊重他人的生命，敬畏自然的生命，新生命教育就是要帮助孩子们掌握身心健康、生命与安全的一些基本知识与技能。

第二，积极生活。生活中人与人之间是需要交往的，积极交往是新教育对幸福完整生活的一个基本态度。保持积极心态，与他人健康交往，勇敢地面对挫折，养成良好的生活习惯和良好的人际沟通能力，同情关心弱势群体，遵守公共规则与社会公德，具有正义感、责任感等。

第三，有意义的人生。我觉得小学阶段也可以讨论人生的意义。我一直喜欢《夏洛的网》这部经典作品，它以童话故事的方式和孩子对话人生的意义，以此引导孩子追求生命的崇高与伟大，叩问人生的意义。

（二）新生命教育的研究立场

从中国古代身体本源论，到西方存在主义和人本主义理论，以及马克思的自然主义哲学看，我们应当从一元本原论而非二元本体论的立场来解读与研究新生命教育。因此，我们研究的基本定位是以身体教育为基础，身、心、灵统一于身体的新生命教育。一个人的身体从出生、生存、成熟到去世有内在的逻辑。生命从诞生开始，饮食、锻炼，逐渐强健，慢慢地身心发生变化，青春期发育、性成熟，到青年、中年、老年，最后到生命死亡的形态。每一个阶段都有其神圣的意义，我们的新生命教育正是希望聚焦于此。

（三）作为新生命教育内核的身体教育

我们把新生命教育聚焦在“身体教育”上，或者可以叫“新体育”。这与传统的体育有着明显的区别。现在的学校体育通常指以运动技能、技巧为主的体育课程或活动，而“新体育”的“新”就是以身体教育为基础，从认识身体到保护身体、强健身体、润泽身体，再到让生命变得更有意义、更有价值。这很明显已经不是简单的体育运动了，而是一种完整的身体教育。

那么，身体教育包括哪些方面呢？第一是身体的卫生教育，就是保全生命，这里包含保护、保洁、防病、逃生、护身、养身这一系列的问题，也包括营养。第二是健身教育，要强健体魄，体格健壮。全面系统的改革体育教育，真正确保学生每天至少有 1 个小时的高质量体育运动。现在的一些男孩子连打架都不会，没有野性，如果能设计出一个“打架”课程，那一定非常有意思。《拯救男孩》一书揭示了男生教育中的许多问题，值得在新生命教育中研究与思考。还有是军事教育，尚力尚武，爱国爱军；性爱教育，珍爱友情，讴歌爱情；死亡教育，敬畏生命，生命永恒；等等。这样的结构才是一个比较完整的身体教育。

我以为，身体教育是新生命教育的载体和基础，但是身体不是孤立的生命存在，它离开了心灵，那就是动物体，而离开了身心灵完整的生命，体育就只剩下技能技巧了。正因为这一点，我们强调要用一元论的哲学观开展身体教育。所以，新生命教育的“新”还在于我们把它聚焦于身体的教育，是身、心、灵统一于身体的教育，是幸福完整的身体教育。

朱永新教授认为：“没有比健康知识更重要的知识，没有它就不能成功实现人生中的任何目标。”美国学者韦斯特总结了体育对心理发展的 11 条益处：体育能够改善人的情绪，能减缓沮丧和焦虑状态，能缓解压力，帮助人们融入群体，改变工作和学习的节奏，给人以挑战和成就感，使其体会到艺术和创造力，提高自信心，提供冲刺巅峰时刻的机会，改变生命的质量等。这个总结正好诠释了身体教育的重要性。

（四）新生命教育的课程架构

新教育研究院对新生命教育课程建设的初步构想为，以儿童的生活为基础，以引导学生珍爱生命、积极生活、成就人生为目标，涵盖自然生命、社会生命和精神生命等完整的生命课程，主要分成六大领域：生命与安全（包括居家安全、校园安全、社会安全）；生命与健康（包括身体健康、心理健康、两性健康）；生命与养成（包括学习习惯、生活习惯、文明习惯）；生命与交往（包括亲近自然、沟通父母、社会交往）；生命与价值（包括生涯规划、信仰追求、超越生死）；生命与幸福（包括个性自由、人格平等、精神快乐）。

新生命教育应当有机渗透在学校教育的各门学科、各个环节、各类活动中，既要充分运用学科教学，传授科学的知识和方法，又要突出重点，利用课内课外结合等方式开展形式多样的专题教育，更要坚持以实践体验为主，开展丰富多彩的主题活动，还要重视建设营造学校、家庭和社会一致和谐的育人环境。新生命教育的特色课程建设，主要包含七大课程：

一是生命主题阅读课程。可以建一个生命主题阅读馆，把各种生命主题的绘本、经典名著、专题读本等汇聚在一起，便于开展主题阅读活动。比如贝贝熊系列绘本中有一个非常生动的专题就是认识身体，都是以童话的方式，让孩子在绘本阅读中认识自己的身体。再如《夏洛的网》，让学生通过童话故事认识生命的意义。围绕生命主题，进行系统梳理，形成生命成长阅读专题，从而更深刻地认识生命。

二是生命安全模拟体验课程。生命安全模拟体验课程主要是围绕保护身体展开，比如家居安全、交通安全、防震体验、防火体验、急救自救等课程，开展逃生演练、人工急救等体验活动等。

三是强健身体运动课程。国家规定每天一小时体育锻炼活动，其实，大部分学校没有真正做到，更不要说能不能高质量做好。我们应努力创造丰富多样的体育活动课程，创办各种球类俱乐部，每天都要开展足够运动量的强身健体活动，让每个学生都拥有强健的体魄。如果这一点真的做到了，新生命教育就差不多成功了。新生命教育的重要使命就是为国家培养身体健康的接班人。

四是综合艺术表演课程。开发以展示身体、成人之美为重要价值追求的生命剧课程。能不能让我们的孩子每个学期演一场生命剧？比如《夏洛的网》让学生表演出来，孩子们会在表演过程中更深入体会生命的意义。我们可以根据生命主题阅读的作品，挑选适合表演的内容，形成阶梯式的生命剧课程。一个学期一场表演，到学期末进行全校会演，形成固定的节日，组织生命庆典活动。相信，每学期一场的生命剧表演一定会在孩子心里留下深深的烙印，这美好的烙印也许会伴随他一生。教育不就是要把最美好的世界献给孩子们吗？

五是生命主题电影课程。整理收集古今中外有关生命主题的经典电影，形成一个影视系列课程。例如，《放牛班的春天》就是一部非常经典的影片，可引领学生对生命成长有一番新的认识。再如《伴你高飞》，适合父母和孩子一起看。我们可以组建一个研发团队，好好梳理，每学期每个年级推荐两部影片给孩子们看，设计好影视课程手册，让学生看一看、说一说、演一演，升华对电影意蕴的理解。

六是种植养殖劳动课程。劳动课程不管是种植、养殖，还是家务校园劳动，都涉及生命成长的重要意义，涉及人的生命与动物的生命、植物的生命之间自然和谐的关系。劳动赋予人的生命成长特殊意义。尽力为学生创造有一个养殖基地、一个种植基地，鼓励每个孩子每天都有劳动项目，也可以让家长参与，和家庭教育合作共育。还可以举办一些特别的劳动节日，我看到一本书上介绍过一所学校每年都要举行一个“洗桌子节”，就是毕业班的孩子把自己坐的那张桌子洗干净，在交接仪式上，把这张干净的桌子移交给下一届的同学。相信，新一届学生从接到桌子的时候就会形成爱护课桌的意识，让它没有划痕，不让它变脏，因为还要移交给别人。

七是职业生涯规划课程。让孩子参与社会实践活动，进行岗位角色体验，进行社会志愿者服务，设计自己的未来人生等。这些实践体验、设计规划的课程，都能帮助学生认识社会，了解自己与社会的关系，了解人生未来与社会、民族、国家的联系，从而激发学生的人生理想。

（五）新生命教育资源中心建设

建设新生命教育资源中心是开展新生命教育的基础，应重点加强两方面的建设：

一是资源库的建设。如开辟生命体验馆，可以有体质监测中心，随时开放给学生，让他自己测量身高、体重、臂力、握力、拉力、速度、弹跳等；建设安全体验馆，有人工急救、家居安全、消防安全、电气安全、交通安全、公共安全、自然灾害、危险品、建筑工地等，也可以选择其中的一部分；开辟新生命主题阅读馆；开发网络资源，安装触摸式的电子屏，可以有电影、科普视频、电子阅读等资源，学生随时可以点开观看；还可以建设防震、防灾的模拟馆，如火灾模拟、地震模拟、空难模拟等。

二是教师资源的开发。教师首先自己是个生命体，每天都面对着那么多鲜活的生命个体。教师生命的自我认同，是唤起学生爱与尊重的重要基础。我们要充分重视对教师的培养，重视教师的职业认同与专业发展，让教师们形成正确的新生命教育观念，以高度的责任感与使命感关注孩子的身体，从认识到呵护，到强健，乃至完整的生命成长。我认为，教师与学生主要有三种生命关系：陪伴、唤醒和影响。陪伴：教师陪伴学生的时间远远超过了陪伴家人的时间，陪伴的意义在于与孩子一起慢慢成长。唤醒：教育的意义在唤醒，唤醒孩子的生命潜能，唤醒孩子成长的可能，唤醒孩子朝向美好的生命欲望。影响：教师的生命人格对孩子的影响是至关重要的，教师的美好人性对学生发挥着榜样示范与潜移默化的影响，我们要努力让最美的人性占据儿童的心灵，让儿童的心灵因我们而变得更加美好。人性的卓越是我们教师必需的追求。

我们天天跟孩子在一起，孩子带给我们的不是烦恼和问题，而是阳光、成长、向上。其实，一切源于我们的内心，你有什么样的心态就有什么样的外在表现。如果你觉得学生很讨厌，你表现出来的就是愤怒，甚至是歇斯底里；如果你觉得学生很可爱，你就会看到他们的进步、优点，保持耐心与鼓励。所以，我们要做好陪伴者、唤醒者、影响者，赋予每一个孩子生命的意义、强健的体魄、乐观向上的态度、完美的人格。要做好这一切，我们得先唤醒自己的生命意识，让自己的身体强健起来，让自己的身体优美起来，让自己的人格完善起来，让自己的人性卓越起来，朝向幸福完整的生命姿态。

（六）新生命教育的典型案例

海门市通源小学进行新生命教育研究已有十余年了，对新生命教育最本真的内涵有着自己的理解和实践，这是对区域层面推进相关工作的有益补充。他们认为“为学生设计什么样的课程，就是为学生创造什么样的生命”，所以确定“朝向幸福完整的生命姿态”的目标，系统架构了立体、多元的“新生命课程”，走出一条真正致力于师生生命成长的课程之路。

一是人格课程，让师生生命高贵起来，打造“高贵品行学校”。通源小学从生命成长的高度出发，通过实施以“高贵做人”为终极关怀，以“有教养”为底线，研发人格课程，主要研发了“‘有教养’生命礼仪课程”，形成了20条生命礼仪细则，围绕学生的日常学习生活和行为养成进行主题系列规训。主要通过“一日一导”“一周一思”“一月一评”来实施，并让孩子们把这20条细则画成了漫画，举办了“文明礼仪漫画展”；开展了“文明礼仪童谣传唱”“轻轻天使在行动”“小黄帽”监督在行动等活动；拍摄了30多节“文明礼仪微课”进行展播；还通过开展“礼仪标兵我争当”活动，树立校园礼仪榜样。

此外，学校还研发了“多彩节日”课程。利用多种节日，开展爱国主义、民族传统、礼节礼仪、法律法规等活动，在传授知识和培养能力的同时，将积极的情感态度和正确的价值观融入课程教学全过程。

"彩丝带"公益课程。如开展助残活动，贫困学生手拉手助学活动等，为社会弱势群体奉献绵薄之力，培养学生的善良之心和公益精神。还开设了"绿色家园"环保课程、家校共育文化课程等。

人格课程注重生命的心灵成长，把心灵及人格发展有关的课程目标统一、整合起来，形成此角度的整体目标，即人格健全，向上、向善。

二是智识课程，让师生生命智慧起来，打造"智慧品质学校"。"智识课程"类似于通常所说的文理课程，主要指执行规定课程内容的同时，开发的弥补性的课程。通源小学的"智识课程"注重生命的思维和智识的发展，形成的教育整体目标为富有智慧，好学、好思，让孩子"做学习的小天使"。

为此，学校开发了生命主题阅读课程、"民族风·母语情"课程、读写绘课程、数学游戏阶梯课程、"迪士尼动漫英语"课程、"科学游戏"阶梯课程、生命主题阅读课程。学校专门建有儿童生命阅读馆，有许多有关生命的绘本、整本书、电子书等供学生阅读。在每周一节的校本阅读课上，老师和孩子们一起阅读、一起讨论、一起经历生命的历程、一起感受生命的美好。

三是艺术课程，让师生生命美丽起来，打造"高雅品位学校"。通源小学以"过一种美的生活"为目标，开发新生命艺术课程，注重生命对美的感悟、欣赏和表现，陶冶性情，尚美、尚雅。

主要以中国传统文化"非遗"为抓手，开设、优化地方民间艺术课程。研发"海门山歌"阶梯课程、"唱唐诗"阶梯课程、"风筝"课程等，让学生感受到优秀传统文化的魅力，增强了民族认同感，激发他们热爱民族艺术、热爱家乡的感情。同时，还进行名曲欣赏课程、名画欣赏课程、名片欣赏课程，提高孩子对艺术的鉴赏能力，培养高雅的审美情趣，为他们生命的精神发育与发展奠定厚实的审美经验基础。

四是运动课程，让师生生命健康起来，打造"强健品格学校"。新生命需要新体育。体育的意义远远没有被我们所认识。让体育回归"身体教育"，是开展新生命教育的一种突破，也是对现行体育的一种超越。该校认为，真正意义上的体育，应该是"根据人体适应与变化的自然规律，有意识地用人体自身的运动来增强体质，促进身心健康的科学方法，是社会的一种文化教育活动"。通源小学的运动课程注重生命的身体成长，让孩子体魄强健，朝气、乐动。

"生命与安全"课程是该校重点开设的一个课程，学校建有室外的新生命体验馆，让学生随时可以看看自己有没有长高一点，称一称自己的体重，拉一拉手臂，试一试力量是不是大了一点，看一看韧带怎么样，抓一抓手上的握力怎么样等。还有安全体验馆，包括红十字会人工急救、民防知识、家居安全、消防安全、电气安全、交通安全、公共安全、自然灾害等一系列内容。安全体验馆中安装了触摸式的电子屏，学生随时都可以点开看。

五是实践课程，让师生生命丰富起来，打造“勤创品性学校”。通源小学以“人人乐参与，个个爱动手”为目标，构建实践系列课程，指向的目标就是善于合作，实践、创新。为此，开发了“绿意种植”课程、“舌尖上的传统美食”课程、“春日寻芳”课程、“科技嘉年华”课程、“美葫芦”课程等。

在种植养殖劳动课程中，孩子们认识到，不管是种植养殖都涉及生命与生命的关系，表现为人的生命与动物的生命、植物的生命自然和谐的一种关系。学校有一个种植基地，每个教室也都有生命角，种植花草，养着小动物，孩子们能随时看见生命的成长，感受自己以外的生命呼吸。

第九章
核心素养呼唤学习的深度重构

学生核心素养是从人的全面发展角度出发，体现“促进人的全面发展、适应社会需要”这一要求，解决的是“培养什么样的人”的教育问题。习近平总书记提出“更加注重加强教育和提高人力资本素质”的要求。据此，海门的教育变革主要聚焦在提升素养和重构学习上。

一、关于学生核心素养的内涵解析

核心素养是学生适应终身发展和社会发展所必需的关键知识、能力和态度的综合表现，是跨学科、跨领域的共同要求，是所有学生应具有的最关键、最必要的共同素养。

近年来，国际上关于提升核心素养的研究主要有联合国教科文组织提出的“五大支柱说”、经济合作与发展组织提出的“关键能力说”、欧盟提出的“八大素养说”、美国制订的“21 世纪素养”框架和新加坡学生的“21 世纪素养”框架等。从国际国内研究来看，核心素养的选取都反映了社会经济与科技信息发展的最新要求，强调创新与创造力、信息素养、国际视野、沟通与交流、团队合作、社会参与及社会贡献、自我规划与管理等核心要素。

核心素养指向的是人的全面发展。一位教育同行说：“不要给学生背不动的书包，要给学生带得走的东西。”也有人说：“什么是素质？当你把在学校学的知识都忘掉的时候，剩下的就是素质。”核心素养重视的是那些“学生带得走的东西”和“让学生受用终身的东西”。学生的核心素养应该是涉及学生知识、技能、情感态度价值观等多方面能力的要求，是个体能够适应未来社会、持续终身学习、实现全面发展的基本保障。“核心素养”的含义比“知识”和“技能”更加宽广，可以矫正过去重知识、轻能力、忽略情感态度价值观的教育偏失，更加完善和系统地反映教育目标和素质教育理念。

核心素养呼唤的是对学习的深度重构。杜威说：“如果今天的学习方式依然如昨，我们就是剥夺了孩子的明天。”从经济全球化到“互联网＋”，从大规模标准化制造到工业 4.0 定制化生产，世界发展主题的深刻变化，对学校教育提出了更高的要求。因此，我们亟须从单向度、工具化、标准化的培养范式中走出来，适应日益多样的、重视体验的、深度探究的个性化学习需求，走向“未来的学习”。基于学生的核心素养，重构学校课程，让课程资源更丰富、结构更合理、实施更高效、评价更科学。坚持以生为本、以学为中心，改变以升学为主的培养目标、以知识为主的教育内容、以经验传授为主的学习方式和以分数为主的评价标准，构建以脑科学、大数据、专业深耕、科学积累、学习流程、内容情景、资源平台为支撑的课堂生态，通过课程与课堂重构、技术与评价运用、学程与流程再造来“重构学习”。

二、聚焦素养、重构学习的第一生产力

教育科研是聚焦素养、重构学习的第一生产力。我们以深入推进新教育实验为引领，加强教研与科研融合发展，通过教科研来推动课堂和课程深度变革。实施“一线教师科研能力提升计划”，基于“问题即课题、行动即研究、成长即成果”的科研理念，开展注重过程管理的全员微课题研究，分享一批特色鲜明、高品位、宜推广的科研成果，助力师生过一种幸福完整的教育生活。

立足国家和省市决策部署，围绕“十三五”期间教育改革发展目标，确立课题研究方向和选题指导，形成课题指南。突出“提升素养”和“重构学习”两大主题，加大科研攻关力度，形成系列课题群和课题体系。“研修员素养提升计划”打破了研修员职业发展的瓶颈和专业成长的天花板，个人成长三年目标规划和年度规划，详细列出了目标清单，便于实施清单式管理，使研修员成长有思路、有载体、有成果。加大教研员培训力度，将“走出去”与“请进来”相结合，通过主题沙龙、头脑风暴、学习考察等方式，让教研员了解、掌握最前沿、最先进的课堂改革理念与实践成果。

坚持“研教一体”，每位教研员每学期要到基层学校上研究课或公开课，成为既是课堂变革的“指挥者”又是“参与者”，既是“裁判员”又是“运动员”，实现“在研中教”和“在教中研”的完美契合。加强对“互联网+”背景下教科研工作的研究，突出信息技术手段与教科研的融合，利用录播教室资源，加强对信息技术条件下的观课、议课、磨课等教研机制的研究。

三、聚焦素养、重构学习的两个阵地

课程、课堂是海门教育聚焦素养、重构学习的两个阵地。海门教育变革让核心素养塑造未来教育的图景，成为深化课程、课堂改革的方向。

（一）聚焦核心素养，架构以“课程整合”为特色的课程体系

学生的核心素养是整个学校课程的灵魂，统领学校课程规划和建设的各个要素。

课程研发突出素养培育。通过对核心素养的研究使学校对“培养什么样的

人”形成更明晰的认识，使课程的育人目标指向学生核心素养培育，课程本质目标指向育人，强调的不再仅仅是知识和技能，更是获取知识和技能的能力。关注学生核心素养的培育，课程要从学科中心转向对人的整体发展的关注，从学科本质出发确立学科素养，提倡知识、能力、情感、态度和价值观并重的素养课程，让每一门课程像种子一样，具有由内而外的生长力，具有对学生情感、态度、价值观的持续影响力。

课程研发突出课程整合。核心素养是学科壁垒的“溶化剂”，以提升核心素养体系为基，课程研发要强调课程的整体性，注重学科之间的相互融合，以整体性的课程培育整体性的素养。课程整合是教师所拥有的课程自主权之一，教师要从素养的角度着力思考学科所能，整合学科内、学科间、学科与生活及社会中的相关元素，打破学科壁垒，架构起体现学校特色、符合核心素养的课程体系。同时，每一位教师都要高度关注核心素养的培育，深度参与课程研发，比如阅读素养，并不是语文、外语教师的专利，每个学科教师都要培育基于本学科文本的阅读素养。辅之以卓越课程展示研讨评比活动、专家学者分学段对各校的课程体系进行专题研讨和论证活动，可以帮助学校架构起比较完整的校本课程体系。

课程研发要让每一名学生都成为卓越课程的享有者与参与者。随着高中考试招生制度改革的启动，学生逐步实现个性化的学习成为必然趋势，选课走班将成为中小学教学的常态模式。选课走班从“社团”走向“学科”。其中包括：

构建更具灵活性、多样性和可选择性的“课程超市”。拥有丰富多样的课程是实施“走班制”的前提和关键。建立兼顾群体和个体的“基础类课程”“拓展类课程”“研究创新类课程”，从而最大可能地适合学生成长，帮助学生获得与自己“匹配”的教育。研究建立以选修学科为主的“选课走班”模式，增加学生的选择机会，便于扬长避短。义务教育阶段要在社团课程的丰富性、多样性、系统性和品牌化上下足功夫，形成“一校多品”的校园文化质态，同时，充分尊重和激发学生的学习兴趣与能力，实现“选课走班”的价值最大化。在此基础上，向学科教学“选课走班”深化。学前教育尝试“跨班走教”方式，放大教师资源效应，让幼儿从更多教师的身上获得成长力量，同时，促进教师形成一课多研的教研意识，增强“以学定教”的教育能力。

以此为基础，海门加强了对“选课走班”的全程研究，并付诸实施。设立选课指导委员会，制定学生选课手册，加强对学生选课的有效指导与管理。以课题的方式系统研究“选课走班”的科学性、针对性与有效性，研究学生在“选课走班”中的认知水平、价值判断、学习过程与效果。探索学科（社团）导

（海门市召开“选课走班”现场研讨活动，旨在为每个海门学子“私人定制”一张适合自己、专属自己的课程表。图片由海门市教育局供稿）

师和行政班主任相融合的双轨管理制度，推动“教师”与“导师”的统一，形成行政、教学、成长导师、年级组、学生发展指导中心等全员育人的新体系。探索建立适合选课教学班运行的管理和评价制度，形成行政班和教学班并存的管理模式，使教育转型从课程变革深入管理创新，从而推动学校管理制度的重建。

要让每位学生真正拥有一张“私人定制”的课程表，没有“选择”、不讲“个性”，充其量只不过是一种“训练”，而不是真正的教育。所以要进一步落实学校的办学自主权，给予学校自主设置课程、开展教育教学改革的权利与空间。改革要循序渐进，以原有的社团课程为载体，逐步完善“选课走班”式的课程实施模式，打破原来固定的班级学习模式，让学生根据自己的个性、兴趣、能力选择自己感兴趣、合适的社团课程，真正实现“我选择、我快乐”“我的课程我做主”。学校则以办学定位、价值追求和学生发展需求、充分选择为逻辑起点，理清学校办学思路和特色，做好学校层面的文化顶层设计，构建定位准确、特色鲜明、结构完整、层次分明的课程体系。可以根据具有学校特色、体现学习领域、符合学生多元发展需求的要求，参照浙江杭州、宁波等地优秀学校的经验，构建知识拓展类、兴趣特长类、职业技能类和社会实践类四类选修课程体系，从而避免课程的随意性和碎片化。每周必须拿出固定的时间来开设校本选修课程，供学生选择，根据学生自己选择、设计的课程套餐，选择相同的学生组成教学班。选聘好教学班主任，把“人生导师制”与“选课走班”结合起来，每位教师都承担相应的职责，做到既教书又育人，探索出一条行政班主任、教学班主任、人生导师三位一体的“选课走班”管理模式。同时，借助学生会、学生社团等组织力量实现学生自主管理、自主发展。

海门市开发区中学采用小步子慢慢走的方式，以分层走班为起点，开展了有益的探索。在初二年级一共有 10 个行政班级，他们采取行政班两两组合的形式，如初二（1）班与初二（2）班组合、初二（3）班与初二（4）班组合，以此类推，形成 5 个组合。每一个组合约有 110 名学生，分成 A、B 两个层次，其中 A 为基础层，参与对象为后进学生与中等学生，大约为 50 人，B 为提高层，参与对象是学有余力的学生，大约 60 人。

走班教学时，分别由数学、外语各两位任课教师负责两个层次班级。其组织形式是分层不分班，分层不分班是指在上课时实行走班制，学生对于分层学科的学习应到所在层次的班级上课，且在一定时间内人员是稳定的，不可自由流动，但所在行政班级不变，不分层的学科仍回行政班级上课。

各层次教学目标设定的原则是：保底而不封顶。“保底”是指在教学过程中即使是面对最低层（A）的学生也要做到落实课程标准的教学要求，注重基础知识和基本技能的培养，学习习惯的培养和学习潜能的开发。“不封顶”是指面对学有余力的学生在知识的深度、广度上尽可能地拓宽和延伸，注重特长优势和创造性思维能力的培养。

在学生管理方面，学校要求行政班班主任和分层班任课教师二位一体式管理。行政班班主任负责行政班学生的管理工作，分层班任课老师负责分层班学生的管理工作，同时又需要双方通力合作，共同管理。各个层次的任课老师应当经常沟通了解学生的行为表现和思想动态，并及时将有关情况向行政班班主任通报，形成齐抓共管的局面。

在教师管理方面，学校召开教研组会议，分析风格、统一选派，分组教学、对照评价，统一安排、集体研讨参加走班制分层教学的教师，一人教两个同层次的分层班。通常是教学经验丰富、教学艺术高超的教师教 B 班；年富力强、耐心细致、亲和力强的教师教 A 班。学校每周统一安排时间和地点，组织任课教师进行集体研讨，加强理论学习和教学研究。学校提倡在同一层次班的任课教师之间研讨的同时，不同层次班的任课教师之间也要加强交流，要做到所有任课教师都能从整体上把握目标的差异、内容的差异、教法的差异、练习的差异等。

虽然该校开展走班教学的时间还比较短暂，但通过测试质量分析、学生问卷调查等方式，欣喜地发现经过近三个月的努力，学科教学针对性更强了，学生得到了教师更多关注，学生参与课堂学习的主动性增强了，他们有了努力的方向，学习的动力更强了。

（二）聚焦核心素养，形成以“重构学习”为标志的课堂生态

当下的课堂变革是一场逐步由运动式走向专业技术支撑下的改革，由改变教学结构、教学关系走向变革教学意义的改革，必须基于核心素养，形成以“重构学习”为标志的课堂生态。由学科意识走向课程意识，由教学走向教育的改革。

重构学习推动课堂变革新思维。杜威说：“教育并不是一件关于告知与被告知的事情，而是主动和建设的过程。”坚持以人为本，课堂目标要从单纯三维目标达成走向核心素养落实；从“知识核心”走向“素养核心”，从向学生传授知识、培养能力走向改变学生思维，从基于知识的课堂转向基于关系的课堂，从而让学生的学习从表层学习走向深度学习。

课堂变革要从六个方面进行突破：课堂文化从规范走向规则，以规则走向规格；课堂构架从细节走向标准，以标准走向系统；学习内容从碎片走向整合，以整合走向融合；合作探究从无序走向模块，以模块走向规律；学习动力从自主走向自发，以自发走向自觉；学习成效从效率走向效益，以效益走向“生命”。学习的最高境界是自学，成长的最佳方式是自觉，判断课堂品质高下的重要标准是学生是否有足够的可自主支配的时间。教师在课堂教学中要做到“手中有法”“眼中有人”“心中有爱”，要始终坚持以学生为中心。课堂教学要让课堂回归到“自主、合作、探究”的科学轨道上来，切实摒弃“满堂灌”“伪合作”“假展示”的“虚假繁荣”，营造独立思考、自由探索、勇于创新的良好课堂环境，让课堂真正成为思维的激发、导引、碰撞、迁移、提升的场域。引入第三方课堂质量评价机制，邀请专业机构、同行代表、家长代表等对学校课堂的质态进行独立、客观的定量和定性分析，更好地为课堂变革把脉问诊，形成推动课堂变革的倒逼机制。

重构学习引领“互联网＋教育”课堂新形态。移动互联、物联网、云计算、大数据、智能终端等科技发展和应用，对传统教育行为发起了巨大冲击，正引领着一场学习革命。“互联网＋”背景下的课堂，通过教学技术手段改革与课堂模式改革的整合、融合，可实现“1＋1＞2”的增值效应。智慧课堂、未来教室将成为未来学习的主要方式和场所，教与学不再受时间、空间和地点条件的限制，这是课堂教学与信息技术高度融合的重要标志之一。

海门市海南中学提出“生态课堂”的构想并付诸研究和实施已经有十多年了，从江苏省教育科学“十五”立项课题“初中课堂良好状态的构建研究”、省教育科学“十一五”规划重点资助课题“初中课堂生态文化的构建研究”、省教育科学“十二五”规划重点自筹课题“教育生态视角下学校文化的建设研究”，到省教育科学“十三五”规划立项课题“初中课堂学程生态化建设研究”“生态教育视域下初中课堂候答实践研究”，从重构课堂生态文化做起，重新审视课堂、完善课堂，把课堂还给学生，让学生成为课堂的主人；把平等还给学生，让教室充盈民主的气息；把创造还给师生，让课堂充满智慧的挑战；把发展还给师生，让课堂成为成长的家园。用行动构建起了生命、生活、生动、生长的生态课堂，让每个人获得成功，为每个学生搭建成才的阶梯，为每个教师构筑成功的平台，把爱的阳光洒到所有角落，让每个人都焕发出生命的活力。

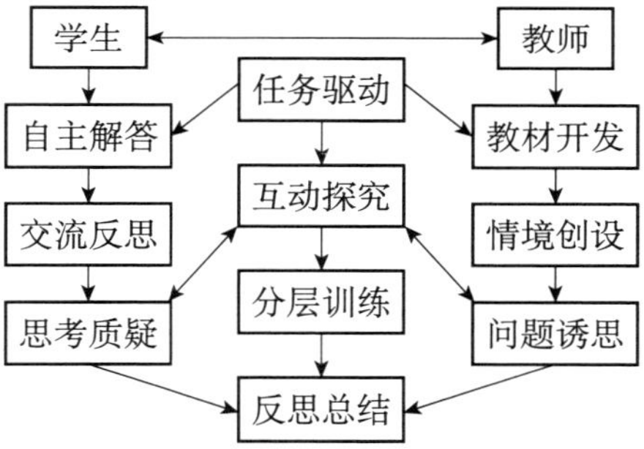

（“生态课堂”教学“四个基本环节”流程图，
图片由海门市海南中学供稿）

在海南中学的课堂上，要求教师在教学中体现“四要”：一要面向全体学生，无论是谁都应受到关爱；二要面向每个学生的全面发展，即关注的不只是学生对“双基”的理解和掌握，还有学生的“情感、态度和价值观”等方面的发展和提升；三要发展学生的个性；四要关注学生的可持续发展。在平等、民主的课堂里，学生们受到潜移默化的教育，他们的情感需求得到满足，他们的人格得到尊重，他们在教与学中感受到了自己的价值，享受生命绽放的美丽。

经过海南中学的研究，他们认为要“重构学习”就要构建开放的生态课堂。开放，从内容角度讲，意味着科学世界（书本世界）向生活世界的回归。因此教师应能创造性地使用教材与其他课程资源，让课堂教学充满生活气息。为此，他们做了一定的思考。首先，海南中学以课程开放为起点，从教学内容生活化、课堂结构学程化入手注重教材的“二次研发”，使知识能真正进入学生视野。其次，海南中学开设了 20 多个社团活动课程，除了独具特色的学科拓展课程、艺体课程、科技课程，还先后开设了“三模一电”“物联网”“机器人”“纵横码汉字输入”“模拟遥控飞行”等多个项目。学校多年度被评为江苏省“五星级”科技活动先进集体。

学习形式的开放真正体现了学生的主体性。学校强调教师“教”的活动的改变，增加组织“学”的活动及需要的教学技术，通过课堂观察的侧重面的转移，不断监督课堂行为，完善教学结构。生态课堂教学过程必须尽量减少对学生学习时间的占领，把学习的大部分时间交给学生，让学生自己“生产”知识，只有学生自己“生产”出来的、浸润着学生自己心血的知识才是有生命的。

学生学习时空的开放，让孩子聆听到窗外的声音，让每门学科都散发着生活的气息，让工厂、田野、社区都有孩子的身影。“旅行课程”的开设，让江海小记者走遍大江南北，境外修学让孩子走出国门，与国外学生互动，开阔了学生的视野。学校把学生置于开放自由的课堂时空中，充分给予学生发展的空间，让学生学到一生有用的东西，感受到“生活即学习，学习即生活”的快乐。

第十章
交给孩子一生有用的东西

一、“习惯养成”的内涵解读

二、“每月一事，习惯养成”的起点、定位和朝向

三、“每月一事，习惯养成”的要素和资源

四、“每月一事，习惯养成”的行动探索

好的教育，应该交给孩子一生有用的东西。“习惯养成”是教育的起点，也是新教育实验认定的素养教育的本源。我从教、从政 30 年一直在思考、研究、实践这个命题。新教育实验 2016 年年会的主题就确定为“习惯养成”，并用“每月一事”的方式来推动实行。今天的学校教育给孩子们什么样的底子，就决定着给孩子未来什么样的世界。

一、“习惯养成”的内涵解读

当代的丹麦学者克努兹·伊列雷斯在《我们如何学习》一书中，从学习的角度将儿童期定义为一个通过“延长了的构建过程的宽广频谱”“整合并与复杂的物质、人际和社会环境整体进行关联”的儿童与外部世界建立起广泛联系的生命阶段。他的论述和研究非常清晰地揭示了小学教育中帮孩子建立习惯的深远意义与价值。

心理学的原理告诉我们，习惯是人心理素质的重要组成部分，它贯穿于人的一生。在生理上，它是动力的定型；在心理上，它是一种内在需要，是人的身心渴望保持一致性和连续性的反映。习惯其实是一个人不假思索、不知不觉就表现出来的一种稳定行为，良好习惯的形成过程，就是一个人的健康人格不断发展和完善的过程。从道德生活重构来看，人生的大多数习惯都与道德有着直接或间接的联系。古人云：“勿以善小而不为，勿以恶小而为之。”大哲学家亚里士多德也曾经留下一句名言，大意是说人反复做什么事，他就会成为什么样的人。可见，好习惯会让人终身受益，坏习惯会让人终身受害。

习惯对于一个人的影响是非常深远的。古人云：“少成若天性，习惯如自然。”这句话的意思是，小时候养成的习惯会像人的天性一样自然和牢固。墨子也有著名的束丝论：“染于苍则苍，染于黄则黄，固染不可不慎也。”意思是：孩子生下来就像一束白丝一样，接触黑色染料就成黑色，接触黄色染料就成黄色，所以染丝要慎重，不可用错染料。“凡人之性成于习”，所以，我们的习惯养成教育应是慎之又慎的大事。

本杰明·富兰克林是美国历史上最有影响力的伟人之一。作为科学家、作家、外交家、发明家、画家、哲学家的富兰克林博学多才，他自修法文、西班牙文、意大利文、拉丁文，并引导美国走上独立之路。富兰克林的成功也是来自他对习惯的运用。富兰克林在年轻时就列出获得成功必不可少的 13 种美德：节制、沉默、秩序、果断、节俭、勤奋、诚恳、平静、公正、中庸、清洁、纯洁和谦逊，富兰克林决心获得这 13 种美德并养成习惯。为此，他设计了一个成功记录表，每一项美德是一页，画好格子，每天晚上反省时若发现有当天未达到的地方，就用笔做个记号。这使富兰克林走向了成功。富兰克林在 79 岁时，用了整整 15 页纸，在自传中特别记叙了他的这一伟大发明。他认为，他的一切成功与幸福都来自这个伟大的发明，那就是对习惯的控制。富兰克林在自传中写道："我希望我的子孙后代效仿这种方式，有所收益。"

现代心理学家研究证明，一个人的成才受的影响，非智力因素约占 75%，智力因素约占 25%。良好的习惯是非智力因素的最主要的方面。培养良好的习惯对学生的成人、成才是不可短缺的。我国著名教育家陈鹤琴说："人类的动作十之八九是习惯，但是习惯不是一样的，有好有坏，习惯养得好，终身受其福，习惯养得不好，则终身受其害。"俄国教育家乌申斯基对习惯做了一个形象的比喻，他认为："好习惯是人在神经系统中存放的资本，这个资本会不断地增长，一个人毕生都可以享用它的利息。而坏习惯是道德上无法还清的债务，这种债务能以不断增长的利息折磨人，使他最好的创举失败，并把他引到道德破产的地步。"概括地说，一个人如果养成了好的习惯，就会一辈子享受不尽它的利息；要是养成了坏习惯，就会一辈子都偿还不完它的债务。这就是习惯。

基于这样的认识，我们认为，海门教育应该培养全面、和谐、完整的人。养成教育就是要为成长中的学生构建一个以个人发展和终身学习为主体的核心素养模型，从而促进儿童生命的成长，让孩子们热爱生活，自信向上，悦纳自己；学会微笑、懂得感恩，尊敬师长，友善乐群，乐于助人；要学会情绪管理，自强不息、积极进取，拥有朝气蓬勃的"精气神"。

养成教育应该培养有中国魂、全球观的现代人。孩子们应自尊自重，自立自强，拥有爱家人、爱家乡、爱集体、爱人民、爱祖国的思想感情：要有为社会服务和奉献的公益精神；要有振兴中华的社会责任感、使命感；要有较开阔的国际视野，能够理解、尊重、包容多元文化，能与不同文化背景的人平等交流，友善相处和交往。

养成教育应该引导孩子永葆积极的学习状态。孩子们应该志存高远，学而不厌，拥有扎实的基础、广泛的兴趣进而形成志趣；勤于学习、敏于求知，既能自主学习，又能与人合作；具有良好的学习习惯、科学的学习方法，学会思考，敢于质疑，勇于探究，并能够把学习所得运用于社会生活中，做到知行合一。

养成教育应使孩子具备符合社会主义主流价值的审美意识和创造美的能力。孩子们向往与追求美好形象和美好事物，应使他们学会感知美，善于发现美、体验美、理解美，在对生活、自然、科学、艺术的欣赏中，受到美的熏陶。在此基础上，传播美、发展美、创造美，提高自身的精神境界和审美品质，进而做到语言美、行为美、心灵美。

养成教育应使孩子主动适应、超越自我、勇于创新。他们应具有敏锐的环境感知能力和信息捕捉能力，面对不断发展进步的社会和生活，能够悦纳、适应、顺应发展，不断改变自己的心智模式，实现自我超越。要勇于面对生活中遇到的实际问题，形成并发展积极的人生态度，敢于实践，动手动脑，大胆尝试，不怕困难，通过自己的努力影响周边的人和事，传递正能量。他们还应有敢为人先的精神，具有批判性、创造性思维以及创新实践能力。

多一个好习惯，心中就多一份自信；多一个好习惯，人生中就多一份成功的机会；多一个好习惯，生命就多一份享受美好生活的能力。好习惯将影响人的一生。通过习惯养成，孩子们才会拥有聪慧的头脑和高尚的品格，才会有家国情怀及国际视野，才会成为健康、阳光、乐学的现代人。习惯养成教育会照亮孩子人生发展的道路和未来的远景。

二、“每月一事，习惯养成”的起点、定位和朝向

（一）“在这里”

“在这里”就是生命在场，就是与之相关的每名教师与学生乃至家长的生命在场。“每月一事”就是从“现在这里”出发，从我们每一所学校所在的那个地方出发。也就是说，当我们“在这里”的时候，首先想到的是我、我们、你、你们。

海门“每月一事”的研究从2009年正式开始全面推进，经过这么多年的探索，已经有了许多非常成功的案例，“每月一事”的基本定位也逐步清晰。12个月12个主题，分成了三大板块，第一是“自我发展”板块，有五大主题；第二是社会交往板块，有四个主题；第三是文化学习板块，有三个主题。这12个主题，把它分成三大板块，基于什么理由？逻辑是什么？每一个“主题”为什么在这里？每次在讨论这12个主题时，我总回想起2007年我在苏州大学读博士的那段时光。朱永新老师召集我们十几个博士生，用了近一年的时间讨论哪些习惯培养对学生来说是一生中最重要的，是具有根源性、基础性的。我们对每个主题都不断地追问：“这个主题，是幼儿园、小学、初中、高中乃至人的一生发展过程中最重要的习惯吗？是最核心的素养吗？”我们把12个主题分成三大板块，是受到教育部前期发布的“中国学生发展核心素养（征求意见稿）”中分类的启发。核心素养的分类和“每月一事”主题相类似。其实，习惯养成的

主题恰恰就是核心素养的一部分。所以，我们从儿童成长的三个基本角度来分类：第一是自我发展的角度；第二是社会交往的角度；第三是文化学习的角度。

而当我们现在再来讨论核心素养的时候，发现新教育做了那么多年的“每月一事”，其主题恰恰正是核心素养的重要组成部分。而我们来讨论社会主义核心价值观的时候，也发现新教育“每月一事”的主题中有那么多与社会主义核心价值观一模一样的关键词，比如爱国、敬业、诚信、友善等，它与习惯养成紧紧地融合在一起。可以这么说，当我们践行新教育“每月一事”时，就自然而然解决了社会主义核心价值观进校园、进课堂、进脑袋的问题。“每月一事”成了核心价值观教育的重要实施途径。

“在这里”，从唯物史观来解释的话，应是一个时代的话语，也是具有历史意义的话语。这意味着我们得把自己定位清楚。新教育“每月一事”是在当下的中国教育背景下实施的，十年前的“在这里”，今天的“在这里”，十年后的“在这里”，都是不一样的。当前，中国教育发展背景还有中国梦，十九届三中、五中全会精神，五大发展理念，教育领域综合改革等。

再来看看新教育实验所探索的道路，它和中国教育改革的方向是一致的。新教育扛起素质教育的大旗，就是希望解决中国教育存在的问题。我们中国面临着一些社会问题，比如环境污染、不诚信等问题。这背后虽然有着极为复杂的原因，但是，价值观教育的缺失，或者说不见成效，教育自身应该做深刻的反思与检讨。如果我们仅仅为了分数而教，不为培养完整的人而教，那教育的意义就无从谈起。如果教育出来的孩子只是考试的机器，没有国家认同、诚信缺失、体质低下、实践能力全面弱化，那么这个民族是没有未来的。可以说，中国教育需要从中国梦的高度做全面深刻系统的检讨。“每月一事”触及的每一个主题，都在积极地回应上面的问题，新教育人正在主动作为，为中国教育改革探路。

（二）我们要到哪里去？那里是什么地方？

2006年，在清华大学礼堂，新教育实验倡导人朱永新先生提出了新教育的核心价值追求——过一种幸福完整的教育生活。在新教育实验的五大基本理念中，对应“每月一事”的是“交给学生一生有用的东西”。当我们把这两个理念摆在这里讨论的时候，首先考虑的是具体可操作的“交给学生一生有用的东西”，但是一定要再往上看，朝向“幸福完整”。也就是说，我们做“每月一事”的时候，必须抬头找到更加正确的方向。当我们出发的时候，如果头都不抬，往往会走错方向；如果只是平视或者头抬得不够高，往往会走不太远。

我们如何去“那里”？

第一，“融合”。新教育实验有十大行动，也就是十条道路。实际上还不止十条道路，还有诸如教师发展、文化立校等。用心做新教育的人都知道，这十条路是交织在一起的，正所谓条条道路通罗马。新教育的十大行动和“每月一事”的主题是相互联系着的，我们做“每月一事”要用“融合”的方式，让“每月一事”与其他九大行动产生深刻的联系，发挥整合的强大效应。比如，营造书香校园、师生共写随笔中的“晨诵、午读、暮省”，阅读与自省本身就是“每月一事”的两大主题，其他主题也需要通过“晨诵、午读、暮省”来认知与省悟。培养“卓越口才”与“每月一事”的“演讲”主题也一致，“每月一事”和“缔造完美教室”看起来是两件事，但交织、融合在一起才能相得益彰。“家校合作共育”与“每月一事”也有密切的关系，儿童的大部分生活习惯其实在家已经基本养成，学校里倡导养成的许多习惯，一定需要家庭合作共育。当然，每月一事还要和儿童生活相融合，和核心价值观教育相融合，和核心素养要求相融合。不过“每月一事”首先需要与新教育的各大行动之间深度融合，只有这样，才是新教育的“每月一事”。孙云晓先生认为，新教育的“每月一事”不同于平时提倡的习惯养成，平时学校里开展习惯养成教育，主要是规训，进行反复的行为训练，这是行为主义理论基础下的习惯培养路径。新教育不是简单地理解习惯养成，新教育是通过“每月一事”来培育习惯，每个月都有主题，每一个主题不仅指向一种行为习惯，而且指向完整人格的培养。所以，我们不是围绕主题进行简单重复的行为训练，而且要开展丰富多样的教育活动。新教育“每月一事”不仅要交给学生一生有用的好习惯，还要交给学生一生有用的完整的素养和人格等。

第二，明晰主体。谁是主体？是班主任、教导主任、校长，还是孩子？当我们去判断的时候，我们要清晰地知道“每月一事”教育活动中参与的人有哪些？如果不清晰思考，很容易误解成“每月一事”是班主任的事情。其实，新教育实施“每月一事”一定是整个班级的所有任课教师、所有学生、所有家长共同深度参与的过程。他们都是主体，只是参与的方式与程度不同。当然，孩子的习惯养成还与社会环境密切联系着。教育带着文化传承的使命，应主动与社会建立密切的沟通关系，让社会的大小环境更有利于学生的习惯养成与人格成长。

第三，以课程为依托。“每月一事”最终要形成课程，形成不了课程，它就可能流于活动，尽管活动也是课程，但还无法体系化、固定化。课程的结构直接决定了学生素质的结构，课程的形态决定了孩子生存的质态，课程在学校的存在方式决定了学生和教师生命的基本状态。我觉得，“每月一事”的每一个主题就是一门课程，是一门关于习惯养成、完整人格的综合性课程。同时，新教育“每月一事”是主题性综合课程，又要与学科课程有机结合，并且是处于动态生成的状态，是不断被创造、丰富和完善的课程。所以，我觉得，在“每月一事”实施过程中，需要一种停一停的生命姿态。我们在路上停一停、看一看、思一思，是快还是慢则让主体、课程和朝向来决定。

第四，善于反省。新教育实验从一开始的六大行动到现在的十大行动，有的是理念、行动的方向，还没有现成的课程。它需要我们在探索中不断反省，在反省中继续创造。在实施“每月一事”的过程中需要不断进行反省。新教育就需要这样一种品质。“每月一事”同样需要这种品质，不断地完善、修正，再往前走。只有通过这种反省，新教育“每月一事”研究的道路才能越走越远、越走越宽。

（2016 年 4 月 21—24 日，全国新教育实验海门开放周暨推进“每月一事”研讨会举行，旨在创新习惯养成教育，培养孩子核心素养，奠基孩子幸福人生。来自 16 个省市区的 1 200 多名新教育实验区代表参加了活动。图片由海门市教育局供稿）

三、“每月一事，习惯养成”的要素和资源

教育遵循客观规律才能符合时代前行的脚步和节拍。我们的教育所面对的是不断生长着的生命个体，我们以“交给孩子一生有用的好习惯”为行动目标导向，以“每月一事”项目为行动的抓手，力求探索出一条符合中国国情的，真正关爱儿童生命成长的方法。因此，我们要厘清这样一些基本问题。

（1）养成教育的五个基本要素。

在区域推进“每月一事”项目中，有五个基本要素在习惯养成过程中起着非常重要的作用。

第一，环境要素。这是指在孩子的习惯养成过程中所要创设的一种养成教育生态圈。闻一多先生在他的《色彩》中吟道：“生命是张没价值的白纸，自从绿给了我发展，红给了我热情，黄教我以忠义，蓝教我以高洁，粉红赐我以希望，灰白赠我以悲哀；……从此以后，我便溺爱于我的生命，因为我爱他的色彩。”闻先生的话语从侧面告诉我们孩子就是一张白纸，关键我们这些涂抹人给它什么样的色彩。如果涂抹的是美丽，那么孩子身上呈现的就是美丽。

孩子习惯养成跟他所处的环境是密切相关的。在中国的家教文化中既有“近朱者赤，近墨者黑”的格言，也有“孟母三迁”的经典故事。当一个孩子呱呱坠地的时候，环境的因素就开始在他生命成长的历程中发生作用了。我们常说，家长是孩子的第一任老师。有什么样的家长就会培养出什么样的孩子。所以好习惯的养成必须从每一个家庭做起。学校应创设适宜的教育环境，花草树木、操场绿地、墙壁橱窗等“会说话”的自然环境，教师良好外在形象和儒雅的气质、亲和的教学态度、自信阳光的生活品质都会对孩子养成良好习惯产生影响。学校无论大小，也无论物质条件的好坏，只要有充满正能量的文化气场在，孩子身上的原有坏习惯就会渐渐消失，良好的习惯就会不断生长出来。

同时，我们要充分认识环境的反面影响力，这就是我们常说的“破窗效应”。面对“第一扇破窗”，我们常常自我暗示：窗子被打破了，没有惩罚。这样想着，不知不觉，我们就有了打破窗的第二双手、第三双手……去市场买瓜子，抓了几个尝尝。瓜子皮呢？你放哪儿了？是不是看到地上已有一片瓜子皮了，就将自己嗑的瓜子皮也扔地上呢？大热天走在街上，买根雪糕，半天没有找到垃圾筒，你会将包装纸放在哪儿？是不是找个有垃圾的角落悄悄地扔掉呢？我们周围的噪声、名胜古迹上的涂抹、公共场所地上的痰迹就这样越来越多，我们离优雅、文明的习惯就越来越远。我们所要做的不仅是不去做第N次“打破窗户”的人，我们还要努力做修复“第一扇窗户”的人。

第二，规训要素。我们认同美德是习惯的结果；习惯是规训的结果，是濡染的结果，也是引领的结果。我们认为，习惯养成培养虽然没有固定的时间，也没有固定的格式，但是好习惯的养成是离不开“规训”的。“规训”一是要有“规”，二是要有“训”。先说“规”，在养成教育活动中，规就是规矩。“没有规矩，不成方圆”说的就是这个道理。比如，教育部新颁布的《中小学生守则》就是面向全国中小学生提出的行动准则。在实践中我们会发现，这样的守则在学校很难落实，这是因为它太笼统、太宽泛。在一个区域、在一个学校，我们应在大守则的引领下，制定出可以指导学生日常教育生活的“细规细则”。在海门很多学校都有基于校本实际的养成教育细则。我们从一年级开始直至六年级，从领域上分为学习习惯、生活习惯和行为习惯。从场域上分为学校、家庭和社会。每个年级的守则细目有近百条，六年就有近六百条。对孩子学习生活的方方面面都有具体的可操作的规则要求。再说“训”，有了规则还不行，重要的是将这些细则落实到孩子们的学习生活中。所以我们会分阶段提出规训的目标和具体的要求，直到大部分孩子能够自觉养成了习惯，再提出其他的规训内容。

第三，时区要素。行为心理学研究表明：在一般的情况下，要养成一个习惯需要有 21 天以上的重复。要养成一个稳定的习惯需要有 90 天的重复。我们所面对的是成长中的儿童，他们的可塑性是非常大的。我们在引导孩子养成某一种好习惯的时候，要特别关注 21 天这样一个时间节点。只有了解了这样的时间节点，我们才能提醒自己充分利用这 21 天，对孩子督促、警示，用相关的活动帮助孩子把这一习惯巩固下来。当然，这样的研究是普遍意义上的，而我们在现实教育中，会遇到很多特例。有些好习惯可能短短几天就基本形成了，也有很多好习惯的养成经历了几个月，甚至是几年的时间。因为开始的养成需要后期长时间的“微维护”。所以，我们不必“唯 21”，可以创造性开展养成教育行动，“相信岁月，相信种子”，相信教育能够创造奇迹。

第四，家庭要素。苏霍姆林斯基说过：“只有家庭教育而无学校教育，都不能完成培养人这一极其细致、复杂的任务。良好的学校教育是建立在良好的家庭道德基础上，而家庭教育是一门培养人的科学。”家校合作共育是新教育十大行动之一。家庭教育工作开展得如何，关系到孩子的终身发展。所以，我们有必要帮助家长提升教育理念，指导家长清楚自己在教育中的重要性，家校合作，共同开创共育的新局面。我们可以通过家访，或者建立班级博客、微信群、QQ群等，在家校之间架起沟通的桥梁。一篇篇博文、一条条微信、一张张照片，记录着班级里的活动，携带着温馨的提醒，承载着教师的理念。这样的平台不是单向的，而是双向互动的，家长从教师的博文中知道自己家孩子的表现，从其他家长的家庭教育中得到启发，提升教育理念，也可以把自己的方法与教师沟通，或者提供孩子更为详细的信息，为培养良好的习惯消除一切“不良因素”。同时，网络平台也是师生之间的沟通方式，空中课堂、空中心理咨询都在这样的平台上得以完成。教育部印发的《关于加强家庭教育工作的指导意见》，进一步明确了家庭在教育中的重要作用。

第五，课程要素。“课程”是什么？就学校教育而言，“课程”就是“跑道”。习惯养成教育就是为成长中的儿童铺设一条健康、快乐成长的“跑道”。我们在实践中逐步清晰地明白，有了课程，养成教育就落到了实处。所有课程都具有这样一些基本要素，即“课程性质”“课程理念”“课程目标”“课程内容”“课程实施”“课程评价”“课程资源”等。有了“课程观”，我们才有了系统的思考，而系统思考才可能使养成教育活动走得远，走得正。在课程目标的引领下，我们可以抓住儿童养成教育的核心，研发适宜的课程。所谓适宜，一是指它的校本性。我们的新教育实验遍布全国各地，每个地区、每个学校都有自己的校情，我们不可能搞统一的课程。二是指它的阶梯性。学校养成教育的课程要有阶梯，不同年级有不同的养成教育内容。三是操作性。养成教育说到底是“德性”的教育，而“德性”的养成是离不开生活的。因此，养成教育就在孩子的日常生活中。我们所研发的养成教育课程都必须融入孩子的学校生活、家庭生活和社会生活。

(2) 养成教育的五大资源利用。

养成教育是一项系统的工程，与其相关联的因素有很多。在诸多的因素中，有这样五大资源是起主导和决定作用的。

第一，制度资源。我们都知道，好的社会制度可以成就美好的生活。养成教育是成就每个个体生命的美好事业，因此我们必须从建立制度做起。在制度的建设上，我们应该具有这样的一些理性的思维。首先，制度建立要以生为本，做到科学合理、公平公正。一所学校、一个班级的制度应该由师生共同制定，要让每位学生参与，广泛听取意见，使其成为易于被学生接受并自觉遵守的法则规章。其次，制度的执行要严肃严格，有一定的“刚”性，制度就是一所学校、一个班级的“规矩”，一旦形成就应具有相当的“法律效应”，谁违反了制度就要受到相应的惩处，承担相应的责任。如果朝令夕改，那这种制度就形同虚设、毫无约束力可言了。当然，制度在执行过程中应特别强调学生的自我管理。要引导孩子剖析自己的思想、情感和行为，形成自己与环境关系的客观认识，也就是站到客观立场上认识自己。教师应当引导学生观察、认识自己，调节、规范自己的行为。最后，制度的建设要与时俱进，有所创新。时代在发展，学生在发展。制度不能一成不变、墨守成规，要根据情况的变化，适时对制度进行科学合理的调整。只有不断创新的制度才能适应时代、社会的发展及学生发展的需求。

第二，社会资源。中华民族正在努力实现“两个一百年”的伟大梦想。学校教育的根本任务就是“立德树人”，所以社会主义核心价值观的教育要进校园、进课堂、进大脑、进心田。我们更有责任担当，坚守教育主张，力求用良好的公民道德品行规范来教育、培养、引领儿童，帮助他们健康、快乐成长。要积极倡导开门办学的思想，学校应主动接轨社会，充分利用社会资源开展养成教育行动。一是根据学校的实际情况，可以创立“模拟法庭”“公共规范训导处”“少年志愿者服务社”“手拉手救助中心”“青山绿水特别行动队”等学校养成教育的运行机构。二是定期、不定期地开展社会实践活动，让儿童在实践中学会学习，在服务中学会做人，在体验中养成习惯。三是和当地政府的相关职能部门联手建立共育机制，把应有的社会生活和儿童当下的生活相连接，让成长中的孩子从小就学会关注社会生活，了解社会规范。确保养成教育活动和时代的主旋律合拍。

第三，社区资源。养成教育应以学校为中心，以家庭和社区为两翼，实现学校、家庭、社区各要素之间的优势互补，使习惯养成的成效最大化。先说家庭，每个学校都要创造性地推进“新父母学校”的实验平台建设，积极推进下列实验行动：一是亲子阅读。研发系列阅读课程并分学期告知孩子的家长，指导每个家庭做好阅读的规划。积极推进亲子阅读的“漂流行动”，以学生所住区域建立“漂流圈”，让读书真正成为书香家庭的日常生活新常态。二是亲子实践。养成教育的行动路径是主题下的好习惯养成。在一定的区间内规训什么习惯应提前告知家长，要求孩子做到的家长必须做到。让孩子和家长形成习惯养成的同伴关系，相互影响、相互作用、相互促进、相互提高，真正解决“学校功，家庭空”的问题。三是激励评价。在家庭生活中，家长对孩子有更多的评价话语权。在学校的指导下，我们可以开展“周评、月评、学期评、年度评”的评价机制，使学校评价和家庭评价彼此照应。全覆盖的评价有助于激励孩子自主成长。再说社区。社区应成为学生习惯养成的广阔平台，新教育实验倡导，学校放假之时正是社区开学之际。学校和社区应共同提出假期生活指导计划。通过开展“欢乐进万家”“家庭才艺展示”“趣味运动会”等多种形式的活动，引领孩子把行为认知外化为具体行为，通过参与宣传交通安全、远离毒品、清除乱贴乱画、清洁公共卫生等公益活动，把学校教育延伸到社区教育中，真正实现行为养成习惯的全覆盖。

第四，教师资源。一流的教师才能造就一流的教育，才能培养一流的学生。所以，在学校的养成教育活动中，教师是重要的教育资源。因为教师的言行、素养、人格魅力无时不在直接影响着儿童的言行，影响着儿童的生活。从这个意义上来说，每个教师都是一本教材之外的教科书。这一本“教科书”具有独特的教育资源。习惯养成教育的过程也是教师自我完善的过程。教师应具有良好的职业修养。修养的核心是“爱”，缺乏爱的教育不是真教育。教师应具有梦想，立足书写教育的传奇，没有梦想的教师走不远。教师应具有教育的智慧，教师就是孩子心目中的那个值得尊重信任的人。教师应会变通，遇到不同的人和事，他可以灵活处置。把自己日常、寻常的教学工作，不仅是当作一份职业，而是当作生命的一部分。在养成教育活动中，我们可以开展“好习惯大讲堂”“班主任习惯养成论坛”“年度榜样教师评选”等活动。让活动中的学生感到，教师不仅是教育者，更是行动者，教师不仅是他们的知音，更是他们的榜样。

第五，同伴资源。现代教育理论告诉我们，对于孩子的未来，他小时候和谁在一起显得十分重要。心理学的教育原理告诉我们，同伴是孩子成长中最直接的影响者。我们可以采取这样一些行动：一是深度推进“完美教室”的建设实验，建设优秀班集体，使一个班的孩子有共同的生活愿景、共同的梦想、共同的追求。二是创立“好习惯互助成长银行”运行模式。把学生每个阶段所要养成的好习惯列出细则的要求，养成一个好习惯就存入自己的“成长银行”，一学期或一学年后可以打开银行的存单，比一比谁的存量最大就表明谁养成的好习惯最多。三是成立“好习惯养成互助团队”。根据学生自主选择的原则组建“好习惯养成互助团队”，指导团队自主确定养成目标，在目标的引领下，团队中的每一个人既是养成的行动者又是行动的监督者。四是组建学校“习惯养成督查大队”，以年级为单位定时定点对习惯养成的情况实施督查，发现问题及时通报，限时改正。五是开展班级、学校“好习惯榜样学生评选”，评选要全体参与，通过自主申报、层层筛选、榜样成果公示等环节，使评选的过程成为反思和成长的过程。通过树立典型，让所有的孩子都能获得成功的体验。引领学生发现同伴值得学习的行为，对学生的触动最大。谁都希望得到别人的认可，而一旦被认可的行为会努力做到最好，因此，身边的榜样会带动更多孩子养成好的行为习惯。

四、“每月一事，习惯养成”的行动探索

十多年来，我们在“每月一事，习惯养成”的道路上且行且思，一路收获。我们主要从“主题”“路径”等方面进行探索的。

主题的确定。养成良好的学习习惯、生活习惯和行为习惯对于成长中的儿童具有极其重要的意义。新教育倡导人朱永新教授和他的博士生团队开发的“每月一事”项目给我们开展习惯养成教育搭建了一个很好的平台。他们经过深入研究，提出了对学生一生最有用、最重要的 12 个好习惯。这 12 个好习惯用

12个主题加以呈现：

1月，吃饭——节约的主题；2月，走路——规则的主题；3月，种树——公益的主题；4月，踏青——自然的主题；5月，扫地——劳动的主题；6月，唱歌——艺术的主题；7月，玩球——健身的主题；8月，微笑——交往的主题；9月，阅读——求知的主题；10月，家书——感恩的主题；11月，演说——自信的主题；12月，日记——自省的主题。

围绕着这些主题，我们在实践中不断适时地做出了调整。现在正在做的12个主题为：勤俭（勤劳、节约、简朴、艰苦、理财等）、规则（守法、守纪、守时、公德、公平、正义等）、公益（志愿、爱心、助人、尊老、募捐等）、环保（认识污染、保护动物、爱护植物、植树绿化、公共卫生、垃圾分类等）、劳动（自理、家务、个人卫生、社会实践等）、审美（音乐、美术、舞蹈、戏剧鉴赏、仪表等）、健身（玩球、跑步、游泳、营养、坚持等）、友善（尊重、诚信、礼貌、问候、宽容、合作等）、好学（勤奋、谦虚、得法、认真、专注、质疑、求变等）、感恩（爱国、爱家乡、爱集体、尊师、孝敬等）、自信（勇敢、乐观、表达、耐挫等）、自省（反思、自律、坚持、担当等）。这些主题教育活动具体在哪个月份实施，由学校根据自己的工作安排选择，依此循环往复，推动教育活动不断向前发展。

实施的路径。依据养成一个好习惯至少需要21天这一基本规律，我们在行动研究中探索出了基本路径：

第一，主题阅读，丰盈精神。我们认为，“一个人的阅读史就是它的精神发育史”。西汉学者刘向说：“书犹药也，善读之可以医愚。”主题阅读可以启蒙师生更好地理解主题的内涵和文化背景，启迪智慧、陶冶情操，在精神的引领下自觉参与主题教育活动。

一方面选好阅读材料。当我们确定养成教育的主题后，就由学校的核心团队精心挑选阅读的内容，针对每个年级学生的认知特点和阅读水平，选择适宜的内容供所有师生选择阅读。同一个主题，低年级阅读浅显易懂的故事、诗歌等。中、高年级则可读名人传记、科普知识、时事报道、经典美文、古文等。例如，我们实验小学“勤俭”主题实践活动中，低年级阅读的是《悯农》，儿歌《比吃饭》《电》《爱挑食的小熊“晶晶”》等古诗诗歌、童话故事等；中年级阅读的是《节约粮食从我做起》《朋友，别挑食》《毛泽东吃茶叶蛋》类散文、故事等；高年级阅读的是《朱熹的节俭诗》《乘敝车晏子辞赐》《三十年：粮食的回忆》典故类、议论文等。

另一方面倡导多样化阅读。我们创造性地把新教育所倡导的“晨诵、午读、

（传统诗文诵读带给孩子不一样的气质。图片由海门市教育局供稿）

暮省”和我们的主题实践活动相结合，在海门区域内积极推广多样的阅读形式。（1）晨间师生共读。每天的早读时间我们要求所有的老师到班和学生一起诵读有关的诗歌、童谣、美文等。让晨诵成为师生开启一天学习生活的美丽晨曲。（2）午间同伴互读。在我们的学校里每天中午都有半个小时的“阳光午读”时间。在这个时间内，我们指导学生开展同伴互读活动。在形式上更加开放，更加灵活、更加自主。孩子间可以共读、可以交换文章或书读，还可以边读边交流讨论、分享阅读的快乐等。如此轻松的氛围，既有利于学生养成阅读的好习惯，又发挥了学生阅读的自主性，为他们交流互动提供了一个良好的平台。（3）课内深度阅读。我们充分利用每周一节的阅读课和社团活动的时间，推进深度阅读的实践与尝试。老师与孩子们共读一个故事、一篇文章或者一本书，定时举行主题阅读成果分享会。让书中的精髓逐步成为孩子们骨子里的东西。（4）课外的海量阅读。现代技术为我们的海量阅读提供了极大的便利，为了满足不同学生的阅读需要，我们对学生的课外阅读提出了量化的要求。如每学期阅读自己喜欢的 20 本书，鼓励一年阅读自己喜欢的 50 本书。高年级学生的年阅读量在 100 万字以上等。学生们在老师的指导下，在学校电脑房或通过家庭电脑，进入相关网站，进行网上阅读。（5）亲子家庭共读。学校通过家长会、家长学校、告家长书、教学开放等形式，向家长宣传书香家庭建设的重要性。建议家长安排时间和自己的孩子一起读书。家长们言传身教的榜样作用是很大的，孩子在家长影响下会逐步从喜欢读书走向自觉读书。好的读书习惯就在这样的坚持中成为自然。（6）注重读写结合。一千个读者的眼中会有一千个哈姆雷特。这告诉我们，每个人读书的感受是不完全相同的。丰富阅读过后必然有许多的感想。我们倡导有想法就及时记录下来，哪怕只是三言两语也没有关系，都会得到鼓励。在我们实验区，完美教室的展示台、班级博客、校刊、校报都是学生心灵交流的最佳平台。

（外来务工子女占80%的海门市证大小学开展阅读节赠书活动。图片由海门市证大小学供稿）

第二，主题实践，共同成长。良好行为习惯的养成离不开实践活动亲身体验。在养成教育的活动中，我们非常注重实践活动参与的全员性、适切性、反复性和实效性。不仅为学生的体验创设良好的氛围，而且让学生在多次的实践体验活动中逐步养成良好的行为习惯。

以海门师范附属小学在3月份开展的“我与小树一起长”主题实践活动为例。

在活动中体验。学生分年级设计了各年级的实践体验活动。六年级全体学生在我市的新城区北京路两边植树，家长志愿者也主动参与，大人种大树，学生种小树，500多人的植树场面，绵延几公里。欢愉的场景在孩子们的心田里根植了公益的种子。五年级的学生每班种一棵“童话树”，选种、挖坑、种树、浇水、许愿，同学们忙得不亦乐乎。四年级的学生走进社区调查、宣传，把他们亲手栽种的盆花送给福利院的老人们。三年级以下的学生与家长共同植树，每个班级还在校园里领养一棵最喜欢的树，给树挂领养牌，领养牌上用童话形式介绍该树的习性、特点，还有领养宣言、领养人姓名。三年级全体同学回访去年自己栽种的小树……这一次次亲身经历的活动，浸透着同学们对绿色的热爱，也使他们尝试到了献出爱心参加公益活动的乐趣，培养学生乐于参加公益活动的好习惯。

用心灵去书写。3月的春天绿意盎然，美丽的校园里、整洁的街道旁，沉睡了一个冬天的植物正在慢慢苏醒。同学们在老师的指导下，为小树写下诗歌、童话、幻想作文，描写家里、教室里自己亲手种植的小树或盆花的成长过程。孩子们还通过上网查找阅读资料、采访农艺师等各种渠道，把对各种树木的了解及绿化现状用最恰当的形式记录下来、搜集记录的过程就是养成良好学习习惯的过程。

用艺术去表达。花草树木为我们提供了氧气、挡住了风沙、调节了气候。那我们用什么来赞美这片绿意呢？学唱植树的歌曲，进行主题想象绘画，完成黑板报一角，布置绿色童话窗，绿色公益徽标设计评比（高年级）……大家用各种艺术形式，传递对绿色的尊敬与喜爱。

第三，主题展示，各显其能。主题展示是好习惯养成的重要环节，是每个主题教育活动的成果的充分展示。如“5 月，让我们热爱劳动”的主题教育活动后，我们分层设计了这样一些成果展示活动：

一是根据年龄的差异，规定时间内举行叠被、叠衣服、整理书包、整理房间的现场展示，据孩子年龄的不同，其完成展示的时间、项目和要求都不同。

二是中高年级的学生要展示一定的时段内参与家务劳动的实时记载，看一看谁做的家务多，谁更会做家务。如学会了某项家务的技能，简单菜肴的烹饪，家庭生活中的编织，家居环境的美化等。

三是在展示的组织形式上，更加开放和民主。根据不同的展示内容，可以是班级展示、年级展示，还可以结合学校的大型活动举行全校性的展示。

如“10 月，让我们学会感恩”的主题教育活动后，我们的一个实验学校安排了这样一些展示活动：他们结合学校的“感恩文化节”举行全校的年度“感恩人物”评选活动。评选的候选人经层层推选，在确定人选后要公布参选人的主要事迹，全校的每位师生都有投票权。这样的过程，无论是对被评的还是参与评选的人来说，都是一次感恩的净心之旅。高年级要展示“给爸爸妈妈的一封信”。中年级展示的是自己亲手为爸爸妈妈制作的一个小礼物。低年级展示的是“我的一家”画画比赛。孩子们有了主题实践的丰富经历，他们在展示的过程中就有更加厚实的情感做基础，他们的感恩情怀是发自内心深处的，而内心的东西也是最真诚的。

第四，主题反思，评价多元。师生共同撰写随笔，是新教育实验所倡导的教育生活方式。在习惯养成教育活动中，我们做到在一个主题教育活动结束的时候，师生都要结合主题活动写下自己的感悟和反思。实现“践之以行”向“持之以恒”的转变。帮助学生坚持好的习惯行为，重视好习惯的自觉性和持久性，把遵守规则内化为学生的自觉行为，真正把好的习惯烙印在心里，融入“血液”中。

如我们在进行“规则”主题教育活动的过程中，按照自我评价、同伴评价、教师家长共评的形式，采用“日日反思、周周评比、月月表彰”的方法，提高了学生时时处处遵守规则的自觉性。各个实验学校都设计了各具特色的评价目标，每学年评比一次“五星级完美教室”“五星级榜样学生”，每月评比一次“好习惯学习小组”等等。“每月一事”的主题教育实践活动在阅读中感悟，在体验中成长，在反思中进步，在评价中升华。

近几年，海门借助新教育实验的平台，结合区域新公民教育行动的实践研究，开始了养成良好行为习惯的行动研究。在三厂小学隆重举行区域“习惯养成教育”推进会，主题是“养成良好习惯，全面提升素养”，全面解读了《区域好习惯养成教育行动指导纲要》，并就区域推进好习惯养成教育行动做了具体的布署，提出了以“每月一事”项目为主要抓手的行动策略。在海门师范附属小学召开“每月一事项目推进”现场会，总结开展“每月一事”项目所取得的成果，反思存在的问题，提出努力的方向。在三星小学举行“习惯养成教育”现场研讨会，主题是“科学运作每月一事，形成常态规训机制”，研讨以养成教育为目标，指向“每月一事”项目运作的科学性、规范性和实效性……

“每月一事”项目的习惯养成教育行动实践给了我们这样一些启示：

一是完善工作机制是开展新教育实验行动项目的基本条件。我们区域的养成教育从一开始就建立了校长总负责、德育处和班主任等全员参与的工作机制。学校的一把手是“立德树人”的第一责任人。在项目的运行过程中逐步健全学校—年级组长—班主任—学生的逐级管理体系，使得教育活动工作协调一致，齐抓共管，教育不留空白处。

二是做好顶层设计是开展新教育实验行动项目的重要保证。我们的核心团队在每年初都会高质量做好一年的行动规划。每月的月初就把当月的主题活动方案下发至每个学校供学校制订活动计划做参考。核心团队成员围绕“每月一事”项目的12个主题，编写每月一事课程，给予每个年级或学段一定范围的选题建议。以专题教育课堂为本，有机渗透到各学科，语文课中的人文因素、数学课上的理性思维、音体美的熏陶感染，都是开展活动的有利途径。同时，通过加强学校与家庭、社会的沟通，坚持学校、家庭、社会三结合教育，由封闭式教育向开放式教育转变，通过多方位互动，帮助内容丰富、形式灵活的“每月一事”活动顺利开展。

三是搭建合作分享的平台可以不断提升新教育实验品质。我们在“海教在线”上建立专题帖，组织专题研讨、交流评比活动（每学期至少一次），各学校及时将活动信息上传“海教在线”，达到相互激励、促进的作用。在反思中，教师的教育观念发生重要改变，在活动中教师走出权威式的“讲解”教学，建立起与学生的“对话”关系，从而实现了传统教育模式的突破。教师之间逐渐形成了研讨、协作的氛围，能展开广泛的继续学习。在反思中，学生的自信心得以提高，能更热情、更努力地参与活动，学生的主体性得以体现，由此走向自律。

四是创新能够有效实现新教育项目实验的文化认同。学校的真正魅力在于它丰富的智力背景和深厚的文化底蕴，在于它别具一格的精神氛围和执着的办学追求。我们积极倡导养成教育过程中的创新教育。海门市实验小学是一所具有百年办学历史的名校，他们在好习惯养成教育的过程中，创造性地开发和建构了“十个学会”技能课程，即学会整理房间、学会做五种菜、学会游泳、学会写一手好字、学会一项球类运动、学会一项艺术特长、学会办电子报、学会表演、学会主持、学会小发明。其中前六个是必修项目，后四个是选修项目，也可以用其他个性技能替代。

第十一章
海门教育人更应该“不忘初心、牢记使命”

一、“不忘初心、牢记使命”的内涵解读

二、“不忘初心、牢记使命”的行动路径

三、“不忘初心、牢记使命”的重难点定位和突破

教育的初心是什么？教育是塑造人的事业。德国哲学家雅斯贝尔斯（Karl Theodor Jaspers）在《什么是教育》一书中形象地说：教育的本质是一棵树摇动另一棵树，一朵云推动另一朵云，一个灵魂唤醒另一个灵魂。即教育的终极目标是“人的教育”。教一个大写的人，育一个完整的人，把学生作为一切教育行为的出发点和归宿点，时刻不忘“立德树人”这一根本任务，不忘“引路人”的追求，守望国家和民族的未来，这便是教育人的初心。初心易得，始终难求，在新时代的征程中回望起点、展望未来，我们才能切实担起一名教育人的根与本、知与行、始与终。

一、“不忘初心、牢记使命”的内涵解读

（一）要在教育发展的回望中守住初心

一直向前走，却不能忘记走过的路，更不能忘记为什么出发。海门教育的发展史，是一部“强毅力行，追求卓越”的精神史，是一段“坚守初心、同舟共济”的奋斗史。

回望来路，海门教育人无法忘记海门教育改革发展40年的艰苦历程。40年筚路蓝缕，海门教育走过了“恢复重建、普及提高、达标创特、文化立校、品质提升”五个发展阶段，实现了从“有学上”走向“上好学”的华丽转身，海门教育行稳致远，高质量发展的基础更加坚实。回溯历史，无论是全国“两基”工作先进地区、全国幼儿教育先进县的成功创建，2005年省教育工作先进市、2012年全国义务教育均衡县的获评，还是近年来全市教育资源的调整、提升、优化，特别是2019年新教育实验获评基础教育国家级教学成果奖一等奖，我在人民大会堂受到习近平总书记的亲切接见，一路走来每一步都艰难备至，付出了巨大的努力。“十分耕耘”才可能有“一分收获”，海门教育能有今天的成绩，充分体现了“坚持教育优先发展、举全市之力办好教育”的坚定决心和坚强意志，更是一代又一代海门教育人围绕同一个目标，上下同心、和衷共济、不断奋斗的结果，需要倍加珍惜。

回望来路，我们不能忘记海门教育改革发展四十年的豪情壮志。40年慷慨激昂，我们创造了许多在全省乃至全国有影响力的“海门经验”，增强了砥砺奋进的教育自信：海门是公认的全国新教育实验重镇、素质教育的重要策源地，多元开放的海门教育得到了全省乃至全国多个地区的广泛认可。集团化办学体制机制改革在全省率先开展，以学段为单位的岗位“集中管理、统筹调控”机

制为全省深化教师队伍建设改革提供了实践依据。校园足球走在全国前列，代表江苏亮相教育部新闻发布会。这一系列重大突破，背后都有一股强大的精神力量在引领和支撑，那就是海门教育人“强毅力行，追求卓越”的精神原点和“坚守日常、无私奉献”的执着信念，必须牢牢守住。

（二）要在教育教学改革的浪潮中修正初心

党的十九大以来，教育发展、教师地位被摆到了前所未有的高度，党中央国务院先后颁布多个教育改革文件，召开了全国教育大会、教师座谈会，并对师德典范、教育理念、育人方式、办学要求等方面都提出了一系列新要求。面对新形势，能否转变育人方式，从“立德树人”薄弱处抓起，实现学生的全面发展；能否通过深化教育综合改革，创新体制机制，打破制约教育发展的关键瓶颈；能否通过强化内涵，培育特色，改变办学品质平而不特的现实，直接关系到办人民满意教育总目标的实现。成事之要，关键在人。海门教育人进一步强化了政治立场，坚定了“为党育人、为国育才”的使命担当，不等不靠、主动对接、积极作为，以自我革命的气魄深化教育改革，直面风险挑战，知重负重、攻坚克难，坚决破除制约教育进步的“封闭心态”、路径依赖和利益羁绊，推动了全市教育改革发展更好地适应时代要求。

（三）要在对标身边先进典型中担当使命

一是要在横向对比中找准位置。海门教育正处在一种“你追我赶、竞相发展”的大赛场中，面临着更加全面、更为激烈的区域竞争。稍有不慎，就会“慢一步、退百步”，决不能有“侥幸停歇”的心态，要充分意识到：对照高质量发展的要求，在学生全面发展、学校办学品质、师资队伍建设、城乡教育优质均衡等方面，我们还有很多短板，决不能有“骄傲自满”的心态。二是在学习先进典型之中找准差距。2019 年，全国著名特级教师、儿童教育家李吉林先生逝世，南通数千人前去送别，场面十分感人！郭晓敏市长在对全市教育体育事业调研中特别强调，要号召全体教师向李吉林老师学习。榜样是最鲜活的价值观，向李吉林老师学习，就是学习她胸怀大爱、奉献祖国的责任意识，就是学习她勇立潮头、敢为人先的创新精神，就是学习她不忘初心、诲人不倦的高尚情操，就是学习她心忧天下、宽厚慈爱的长者风范，就是学习她“发愤忘食，乐以忘忧，不知老之将至”的生命态度。李吉林老师“63 年献身一所学校——通师二附，63 年钟情一个身份——普通老师，63 年热爱一项事业——教书育人，63 年尤其是改革开放以来执着一个课题——情境教育”的持之以恒和一以贯之，给我们留下了宝贵的精神财富，为我们树立了人生的典范，永远值得我们后来者学习和敬仰。对标先进的过程往往就是痛苦反思的过程。每一位有责任感的教育人，都应该在对标学习李吉林老师的过程中，勇敢地反思自己的问题，不断成长。

（四）要在高质量高品质的奋进中落实使命

置身澎湃的改革大潮之中，时不我待，海门教育亟需奋进。在高质量发展、高品质提升的过程中，最大的对手不是别人而是自己，是“庸懒散慢拖”。把新一轮教育教学改革的机遇转化为海门教育高质量发展、高品质提升的现实成果，关键在于全市校长教师勠力同心、共同奋斗！我们要以“迎难而上、攻坚克难”的拼劲、“不达目的誓不罢休”的韧劲和“踏石留印、抓铁有痕”的狠劲，坚决克服传统思维和不良作风，拿起“全面从严”的武器向形式主义、官僚主义、“庸懒散慢拖”以及一切破坏团结稳定、妨碍干事创业的“公敌”开刀，敢于啃下推进改革的“硬骨头”，敢于挑破阻碍发展的“马蜂窝”，不断强化“立即干”的意识，落实“马上办”的行动。全体海门教育人要不惧眼前困难、不受外界干扰，切实按照“四有好教师”“四个引路人”“四个相统一”的标准严格要求自己，不忘初心、牢记使命，珍惜荣誉，坚守日常，甘做海门教育之春蚕、学生发展之人梯。

二、“不忘初心、牢记使命”的行动路径

新时代孕育新机遇，新使命呼唤新作为。教育人要紧扣“高质量发展、高品质提升”这一主题，全面加强党对教育工作的领导，狠抓教育公平与质量，坚定不移落实好立德树人根本任务，坚持不懈推进教育改革，确保全面完成各项目标任务。

（一）坚持党的全面领导，切实做到用核心引领初心

加强党对教育工作的全面领导，是办好教育的根本保证。各校党组织要切实履行好管党治党主体责任，加强党的领导和党的建设工作，牢牢掌握党对教育工作的领导权。

一是把加强政治建设作为管党治党的核心。认真贯彻落实《中共中央关于加强党的政治建设的意见》，充分发挥党组织在学校中的政治核心作用，创新体制机制，改进工作方式，不断提高思想政治工作能力。持续扎实开展“不忘初

心、牢记使命”主题教育，做到制度化、常态化，深入推进“讲政治、讲大局、讲规矩、讲担当”系列教育活动，切实引导党员干部、校长教师站稳政治立场，在日常教育教学活动中一以贯之地强化“四个意识”，坚定“四个自信”，践行“两个维护”。进一步严肃党内政治生活，各基层党组织要认真查找思想教育不实、监督制约不足、制度执行不严等问题，定期研究本单位全面从严治党工作，切实提高党内生活的政治性、原则性、战斗性。强化意识形态建设，落实教育体育系统意识形态工作责任制，把好方向、管好导向，用好追责问责的“约束棒”，建立健全意识形态工作风险评估和督导考核机制，规范课堂教学，强化校园网站维护管理，坚决抵制一切宗教和腐朽文化向校园渗透，始终把牢社会主义办学方向。

二是把建强组织体系作为凝聚力量的核心。根据《中国共产党支部工作条例（试行）》《关于加强中小学校党的建设工作的意见》《海门市全面提升基层党建质量三年行动计划》和《教育系统“党建领航、书记领责、党员领路、教育领先”工程实施意见》要求，大抓基层、强基固本，使学校党支部真正成为团结师生的核心、教育党员的学校。深入实施党支部规范化建设工程，按照“六有三经常”的标准建强组织阵地，确保所有党支部都能建成合格支部。强化“四领工程”的导向性作用，按照“争当五个模范、争创五好支部”的要求，进一步明确党建工作方向。建立健全学校党组织管理体系，强化教育集团在学校党建工作上的指导、管理和督查作用。创新“党建＋N”融合发展新机制，深入开展“双提”行动、“双带头人”培育、“党员名师”等项目建设，破解党建与业务“两张皮”的问题。积极探索“一校一品”党建工作特色化建设的路径和机制，着重培育一批中小学党建品牌项目和创新案例。深化党建带工建、团建、队建、妇建，建立关怀关爱、矛盾化解、思想疏导等机制，不断扩大基层党建影响力。

三是把深化作风建设作为增强战斗力的核心。持之以恒执行中央八项规定精神，驰而不息整治“四风”老问题，密切关注“四风”新表现。根据市委统一部署，全面整治教师赌博、非法金融活动、违规经商办企业等不正之风。对违反中央八项规定精神问题一着不让、露头就打，以最严格的标准、最严厉的措施正风肃纪，坚决防止回潮复燃。聚焦不作为、慢作为、虚作为等问题，加大对形式主义、官僚主义现象的整治力度，推动“提振精气神，整治庸懒散慢拖”专项行动向纵深发展。加大党风廉政建设督查力度，深入开展学校廉政风险点排查，科学运用监督执纪“四种形态”，坚持预防在先，抓早抓小，加强纪律教育，强化纪律执行，让党员干部、教师教职员工知敬畏、存戒惧、守底线。

全面支持纪检组监督执纪工作，对有令不行、有禁不止、顶风违纪的行为发现一起、查处一起、曝光一起，坚决从重从快处理。对发生教师违反师德行为的学校和单位，实行“一案双查”，坚决遏制教师有偿补课、体罚与变相体罚学生等不正之风。坚持严管与厚爱相结合，进一步健全鼓励激励、容错纠错、能上能下“三项机制”，全面提升系统干部队伍综合素质和战斗力，充分展示“大系统、大服务、大作为、大争先”的良好精神风貌。

（二）坚持立德树人根本任务，切实做到用真心铸就初心

习近平总书记提出“五育并举”“六个下功夫”，强调凡是不利于实现立德树人这个目标的做法都要坚决改过来。重点针对长期以来疏于德、弱于体和美、缺于劳的问题，换思路、换办法，改环境、改途径，让立德树人回归于人、回归于生、回归于真。

一是正确处理好智与质的关系，让立德树人回归于人。其一，要突出德育为先。全面贯彻落实《关于深化新时代学校思想政治理论课改革创新的若干意见》，坚持系统化建构，完善中小学德育顶层设计，构建以“政治认同、国家意识、文化自信、公民人格”为重点的中小学德育内容体系，深入开展中小学思想政治课程一体化研究。围绕党的领导教育、理想信念教育、中华优秀传统文化和革命传统教育等方面设置课程模块，建立高中学段“思想政治”必修课程＋习近平新时代中国特色社会主义思想选择性必修课程，义务教育阶段“道德与法治”必修课程＋思政类选修课程的课程体系。广泛开展“爱党爱国”主题教育活动，让学生在充分了解党的奋斗史、民族的苦难史、国家的发展史的基础上，提升政治素养，形成政治认同。着重做好学生心理健康教育，把开足开齐开好心理健康课程作为刚性要求，不断丰富学校心理咨询室资源，强化考核督查。突出实践育人，坚持以中小学生品格提升工程为抓手，以学生品格锤炼与核心素养的全面养成为目标，以构建充满生机活力的教育生态为价值取向，在聚焦现实、问题导向、价值引领的基础上，积极探索促进学生知行合一的德育新范式。把奋斗精神、创新精神教育作为德育的重要内容，在日常教育中积极引导学生形成志向高远、意志坚定、不怕吃苦、乐观向上、勇于担当、善于创新的人格品质，更好地创造出彩人生。要进一步加强学校德育队伍建设，不断深化市级层面“完美教室”名品教育项目工作室、集团层面班主任工作室以及学校班主任研修共同体的三级德育研修体系建设。制定思政课教师队伍培养培训规划，建立思政课教研机制。重视学生社团建设和校外资源运用，建立书记＋名誉校长、退休老干部老党员＋思想政治辅导员的工作机制，积极邀请各

级党政干部到学校讲思政课，切实把学校思想政治和德育工作建出成效、建成品牌。

其二，要突出能力为重。坚持把培养支撑学生终身发展、适应时代要求的核心素养和关键能力作为学校教育的核心目标，加强创新能力、实践能力以及社会责任感培养。全面推进《中小学研学旅行行动指南》，进一步统筹周边地区的博物馆、文化馆、纪念馆、青少年活动中心等资源，特别是江海文化博物馆、张謇纪念馆、海门科技馆等，着力打造一批优质综合实践活动基地和精品研学旅行路线。定期组织学生深入社区、医院、福利院、社会救助机构等开展志愿服务，走入军营、深入农村开展体验活动，让学生在真实的问题情境中解决问题、形成必备品格、发展关键能力。充分发挥评价制度的导向性作用，进一步完善基于学生综合素养提升和规范办学的学校考核评价体系，健全中小学教师教书育人“一岗双责”评价机制。坚持把德智体美劳全面发展作为评价学生的根本标准，重点突出关键能力和必备品格导向，体现评价的综合性、过程性、多元性，完善学生成长档案记录制度，开展“五好学生”“星级少年”等评比活动。

其三，要突出全面发展。严格落实中小学每天一节体育健康课制度，积极探索每天运动1小时的管理机制与方法，创新开展富有校本特色的大课间活动，丰富体育俱乐部和社团活动，大力开展校园足球等专项体育，不断培育学校体育特色。继续实施“1＋X”运动项目，确保每个学生都能掌握1～2项运动技能。探索“防近”新举措，落实体质健康报告书制度，努力提升学生体质水平。建立完善学校艺术教育和学生艺术素养评价制度，丰富音乐、美术、舞蹈、戏曲、书法等艺术社团活动。实施学生每学期“欣赏一部主旋律电影、学唱一首主旋律歌曲、创编一个主旋律作品、参加一场主旋律文艺展演”四个一项目，强化学校美育的价值导向。充分发挥劳动综合育人功能，进一步优化综合实践活动课程结构，确保劳动教育课时占比不少于50%。进一步统筹学校劳动岗位，坚持学生值日制度，为学生创设丰富多样的劳动实践岗位，绘制学校、班级、小组劳动实践岗位图谱。建立学校、家庭、社区三位一体的劳动教育实施体系，探索劳动教育示范校制度和职业学校面向普通中小学开放制度，进一步加大劳动教育的资源供给。

二是正确处理好教与学的关系，让立德树人回归于生。要极大丰富课程资源，把发展的“选择权”还给学生。以培养目标与办学特色为基点，以培养学生核心价值观、关键能力和综合素养为指向，进一步推进高中课程基地、初中质量提升、小学特色文化、幼儿园课程游戏化以及基础教育前瞻性教学改革实验项目建设。每所学校都要建构一个“体系完整、特色鲜明、分层多样”的课程图谱，形成“项目引领、课程课堂整体推进”的实践范式，着力推进国家课程校本化实施、地方课程系列化设置、校本课程多样化开发，年级课程特色化建设和班级课程个性化安排。充分发挥学生发展中心作用，建立健全学生发展指导制度，开设丰富多彩的生涯教育课程，加快形成中小学融合贯通、相互衔接的生涯教育体系。各校要注重环境文化品质提升与环境课程建设，因地制宜对学校场景场所进行精心设计，积极研发场景场所课程，让每一个场景场所、每一面墙壁、每一个楼道、每一间教室、每一处景致都成为学校特色文化的育人载体。继续实施《教师课程研发能力提升行动计划》，以项目化的方式推进统编教材资源研发工作，切实提升教师的课程研发和实施能力。深入推进课堂革命，把成长的“主动权”还给学生。进一步更新教学理念，牢固树立“以生为本”的思想，真心实意地把学生放在学习、课堂的主体地位。坚守课堂革命底线要求，按照“自主先学、合作助学、踊跃展学、以练促学”课堂革命 16 字方针，不断创新和优化“学程导航”教学范式。坚持以问题设计为起点，自主学习为基础，探究体验为核心，展示交流为途径，使教学过程成为师生互动、教学相长的过程。建立健全课堂革命督导机制、课堂革命交流研修机制，加强对教师教学理念、课前准备、课堂实施、课后评价等全方位的引领，帮助教师真正转变教学观念，改进教学方式，改变课堂生态，促进学生自主自觉地成长。

三是正确处理好家与校的关系，让立德树人回归于真。其一，要让家庭回到本位，家庭是人生的第一所学校，家长是孩子的第一任老师，家庭教育是立德树人的第一个环节。家庭教育不到位，不仅会抵消学校教育的效果，还会给学生发展造成一定的消极影响。积极发挥关工委、妇联、共青团等组织的协同育人功能，全力办好新父母学校。继续实施家庭教育促进工程，通过案例讲解、利弊分析等方式引导广大家长树立正确的教育主张，在孩子人格成长、身心健康等方面发挥示范教导作用。其二，要让学习回到学校。加大校外培训机构管理力度，按照“控制总量、动态管理”的原则，建立健全红黑榜制度，畅通进出渠道。常态化开展社会培训机构督查整治，对无证非法办学、超标违规办学、变相应试教学的培训机构要坚持一票否决，坚决予以打击，切实推动培训机构回归育人本位，使之成为学生个性成长的有益补充。学校要做好自己的事情，不能把学校的责任、教师的工作推向家庭与社会。深入开展作业革命，建立完善作业审批制度，提高作业质量，控制作业数量，限定作业时间，切实减轻学生课业负担。杜绝将学生作业变成家长作业或要求家长检查批改作业，不得布置惩罚性作业。要做细做实中小学幼儿园课后延时服务，合理安排学生参与各类兴趣小组和音体美劳等活动，不断提高课后服务质量。其三，要让沟通回到常态。健全家长委员会、新父母学校、家长开放日、家长会、家访、优秀家长评议、家长志愿者驻校值守等制度，完善家校合作机制，厘清合力育人目标，促进家校沟通的常态化、制度化、规范化，着重提升班主任与学生、家长的沟通协调能力，引导家长理性表达教育诉求。

培养学生要像静待“花开”一样，多点耐心，多点等待。希望广大校长、教师、班主任不要那么急于求成，不要那么恨铁不成钢，不要那么不假思索地扔出锐利、伤人、讽刺的话语，而要用春风化雨的心态、细腻柔软的语言，日复一日地亲近学生、打动学生、抚慰学生、帮助学生，让学生和家长在一点一滴、具体细微的触动中感受到一片真心、满腔热忱，从而形成家庭、学校、社会同心合力育人的良好局面。

（三）坚持教师队伍根本要求，切实做到用匠心唤回初心

在全国教育大会上，习近平总书记阐述的“九个坚持”理念中，教师队伍建设居其一，讲话的五个部分中，教师队伍建设又居其一，可见其分量之重、要求之高。要切实按照总书记提出的六个方面要求，坚持做到“政治要强、情怀要深、思维要新、视野要广、自律要严、人格要正”。

一是用全面从严的力度锤炼师德。坚持把师德师风建设放在教师队伍建设的首位，全面从严教师思想政治工作，深入开展专题学习教育活动，让每位教师都能明大德、守公德、严私德，不放纵、不越轨、不逾矩。建立健全师德管理长效机制，全面从严落实省教育厅《关于教师师德失范行为处理实施细则》，以及市局《关于加强新时代中小学教师师德师风建设的实施意见》《中小学教师师德考核办法》《中小学教师师德考核负面清单》等文件要求，建立教师宣誓制度、师德述职制度、师德考核档案制度、个人信用记录，以及学校负责人定期汇报制度，完善诚信守范承诺和失信失范惩戒机制。全面从严惩治“从事有偿家教、到培训机构兼职、收受礼品礼金、变相体罚学生”等师德失范行为。要坚决维护教育教学秩序，坚持用“最优秀的人”培养“更优秀的人”。

二是从坚守师德的高度提升师能。“一个学生往往可以原谅老师严厉刻板，但不能原谅老师学识浅薄”。身为人师，因为自己知识浅薄、本领欠缺、不思进取、得过且过，最后耽误了学生的发展，这是不可原谅的师德问题。重视教师发展，实施《青年教师成长三年行动计划》和“青蓝结对·同伴互助”工程，将近五年参加工作的青年教师纳入乡村骨干教师培育站培育体系，将教师专业成长、能力提升摆到师德的高度是提高教育质量的关键。用好新教育专业阅读、

专业写作、专业交往的“三专模式”，开展青年教师大练功、大比武活动，切实把“明天的工程”抓在今天。加大名优教师培养力度，名优教师是一个地方教育事业发展的脊梁，在提升教育境界，增强人民群众对教育的认可度、满意度上有着巨大的推动作用。全面落实《关于提升教育人才队伍建设保障水平的实施细则》，建立市级优秀教育人才培育库，分学科、分类别实施专业化管理，加强名师工作室对骨干教师的孵化作用，促进教师抱团发展。加大对优秀教育人才的奖励力度，完善考核机制，进一步激发教师专业成长的内驱力，点燃教师发展的引擎。高度关注中年教师和乡村教师的发展状况，海门创造性地实施了《中年教师素养再提升计划》，通过中年教师教学基本功大赛以及风采展示活动，让一大批处于停滞发展的原本非常优秀的教师重新起到提升、榜样、示范、引领的作用。同时又通过实施《乡村教师支持计划》《乡村公益助教行计划》《乡村教师种子计划》，聚焦课程落实能力，通过研修培训、学术交流、项目资助、以赛促练等方式，切实解决了乡村教师发展心中愿景不足、身上动力不足、脚下台阶不足的问题。

三是从学校灵魂的角度要求校长。校长是学校的灵魂，这种“灵魂”的地位和作用，决定了校长对学校的领导首先必须是思想政治上的领导。继续实施校长领导力提升计划，把思想政治领导力作为深化校长俱乐部活动主题与内涵建设的核心内容，切实增强校长在保持定力、凝聚师生、驾驭局面、防范风险等方面的能力。进一步加强校长专业培训，健全学校章程以及各项管理规章制度，完善中小学治理体系建设，提高学校现代化治理水平。校长是学校发展的第一责任人，要把学校的发展当作自己的事业，敢于顶住压力，承担责任，决不随波逐流，更不见风使舵。要做有效的沟通者，自觉加强理论学习和政策研究，对于教师普遍关注的政策意见，要吃透、弄懂、讲明白。要做成长的激励者，更多地关注师生的内在需要和思想动态，充分调动教师工作的积极性。要做师生的引领者，既要有过硬的政策理论水平，更要有过硬的教学业务素质，要提升自己的“价值领导力”“学术领导力”“课程领导力”等核心能力。

四是以满怀真情的温度关心教师。教育是尊重出来的，疾学在于尊师。在待遇上，市委市政府将按照省、南通市的文件精神及工作部署，落实好教师收入待遇。进一步突出教学工作量导向，在绩效分配上向班主任群体、坚守一线的教师群体和教学成果突出的优秀教师群体倾斜，不能让默默无闻、甘于奉献的“老实人”吃亏。在工作上，要妥善解决好每一位教师成长的烦恼，善于发现他们身上的优点和专长，敞开胸怀、真情接纳，搭建校本化成长平台，形成个性化发展路径，让每一位教师在工作中都能找到自信、找到尊严。下力气为教师减负，全面清理和规范进学校的各类检查、考核、评比活动，统一实行目录清单制度，未列入清单或未经批准的不准开展，更不能随意给学校和教师搞摊派，真正把时间、精力还给教师，让他们静下心来研究教学、备课充电、提高专业化水平。在健康上，健全体检制度，逐步提高体检标准；特别注重教师的心理健康，多组织一些健康向上、轻松解压、富有情趣的集体活动，打造教师的精神高地，让教师能够健康生活、快乐工作。在社会上，加大优秀教师对外宣传力度，努力营造尊师重教的良好氛围。通过“百名美丽教师宣传推介”“四有好教师团队评比”等活动，大张旗鼓地表彰一批、宣传一批师德高尚、业务精湛、甘于奉献的优秀教师典型，把海门教育的好故事讲出来，把教师的好形象亮出来，让我们的教师都能够带着“光芒”走出校门、融入社会。

五是以造峰扬谷的韧度优化配置。教育管理者科学利用行政手段，抓住教师编制核定、岗位设定、教师流动等契机，往往能够化解个别学段、学校超编严重的情况。只要肯动脑筋，其实办法还有很多，比如按照学科相近、学段相邻的原则，通过转岗培训，尝试性推动部分学科、学段富余教师跨学科、跨学段流动；实施“银龄助教计划”，面向社会公开招募优秀退休教师到师资紧张的乡村学校任教，使之成为缺编学校“教师应急补充”的重要渠道；完善校长教师交流轮岗制度，“校长＋教师”组团交流，即从城区学校选派管理干部和骨干教师组成团队交流到乡村学校；探索公办幼儿园人员编制备案制管理，切实解决好劳务派遣教师素质不高、流失现象严重的问题。

（四）坚持人民满意根本立场，切实做到用民心检验初心

民心是最大的政治，坚持以人民为中心是教育事业发展的根本原则，必须解决好人民群众普遍关心、反应强烈的突出问题。我一直认为教育民生工程一定要应民心所需而建设，如大规模学校的扩容、城镇建设的配套、老旧学校的改造、公益性体育基础设施建设，基于对“未来学校”的构想，围绕教育信息化 2.0，继续实施教育装备提升工程，加快智慧校园建设步伐，做好各项教育信息化培训和应用工作，着力打造海门教育信息化升级版。但是，要力行节俭办教育，把每一分钱都用到刀刃上，实现教育投入发挥最大效能。另外一大民生工程就是坚决守住安全稳定底线，解民心所忧。贯彻落实《关于加强中小学幼儿园安全风险防控体系建设的实施意见》的关键在于健全校园安全“一岗双责”制度，完善学校安全保障体系和运行机制，强化过程督查，严格遵循安全工作“一票否决”制，切实抓好安全工作责任落实，深入开展教育系统安全隐患大排查大整治活动，特别是加大对民办学校和校外培训机构的安全监管，以

积极防范和处置各类风险隐患。

三、“不忘初心、牢记使命”的重难点定位和突破

正如我上文阐述的，作为教育人践行“不忘初心、牢记使命”必须在教育领域同时发力，全面开花。但是阶段工作一定有重点，区域工作一定有难点。海门作为教育比较发达地区，各方面的工作亮点纷呈，而教育工作的重点和难点，我认为可以从以下几个方面来理解：

（一）推进教育治理体系和治理能力现代化建设

党的十九届四中全会是我们党站在“两个一百年”奋斗目标历史交汇点上召开的一次十分重要的会议，创造性回答了高水平推进国家治理现代化的一系列方向性、根本性、全局性重大问题。必须更加深刻认识到教育是国之大计、党之大计，在我国国家制度和国家治理体系中具有基础性、战略性、全局性、先导性的重要作用。必须更加深刻认识到，党的领导是最大制度优势，只有坚定不移全面加强和改善党的领导，才能切实增强改革的系统性、整体性和协同性，提高教育治理能力和治理水平。必须更加深刻认识到，当前教育改革已经进入深水区，剩下的都是硬骨头，更多面对的是深层次体制机制问题，必须把制度建设和治理能力建设摆到更加突出的位置，扬优补短，推动各方面制度更加成熟更加定型。必须更加深刻认识到，制度的生命力在于执行。切实强化制度意识，自觉尊崇制度、严格执行制度、坚决维护制度，想问题、作决策、抓落实都要自觉对标对表，不断增强制度的权威性和执行力，切实以制度优势凝聚起改革发展的强大合力，将推进教育治理体系和治理能力现代化建设的重大使命转化为教育高质量发展的强大动力。

（二）确定海门区域教育的发展定位

海门新的定位是“全方位融入苏南、全方位对接上海、全方位推进高质量发展”，争当“南通推动长三角一体化高质量发展开路先锋”。我们要同步考虑一个更宏阔的背景。2018 年 11 月，习近平总书记在首届进博会上宣布支持长三角区域一体化发展并上升为国家战略；2019 年 12 月 1 日，中共中央国务院印发《长江三角洲区域一体化发展规划纲要》，与海门密切相关的北沿江高铁、南通新机场、通州湾新出海口“三大战略工程”列入重点推进项目。根据江苏省长江经济带综合交通运输走廊规划，在 2035 年前还将拟建苏通第二通道、海

太、崇海、通沪等 4 条过江通道。长三角区域一体化发展，必将带来新一轮产业梯度转移和生产力布局调整。目前，招商局豪华邮轮、中航科技轻合金、振康机器人科创园、中天绿色钢铁等一大批重特大项目成功落户海门。面对多重机遇叠加下的城市板块重构、重特大项目带来的产业质态巨变以及跨江融合争当开路先锋的目标定位，我们的机遇在哪里，我们的责任在哪里，我们的担当在哪里？一个城市发展的过程，往往就是教育资源布局调整、重新优化的过程。海门城市化进程中的教育布局调整经验反复证明，机遇具有窗口期，抓住了就是良机，错失了就是危机。面对机遇，海门教育要站位于“国家长三角区域一体化发展战略”和“跨江融合”的大背景下，重新谋划教育的发展定位和学校的办学方位，进一步做好教育资源配置、人才发展的顶层设计，不断提升在全市中心工作中的要素贡献率，努力把海门教育打造成“集聚人口、吸引人才、服务产业、汇集资源”的强力磁场，用实际行动回答好无愧于“教育之乡、教育强市”的自强之问。

（三）坚持立德铸魂、全面育人

培养什么人、如何培养人是根本性问题，是所有教育工作者必须回答的首要问题，也是一切教育行为出发的原点，容不得丝毫含糊。育人的根本在于立德，站在全国、全省、全市教育大会擘画的新起点上，我提出“立德铸魂、全面育人”，就是要求大家坚定不移沿着习近平总书记指引的道路继续前行，坚定不移以立德树人统领全部工作，永远瞄准航向。必须更加深刻认识到，德智体美劳“五育并举”是一个不可分割的整体，必须牢固树立辩证统一思维、全面系统观念。社会发展到今天，各项改革推进到今天，我们的学生不可能再靠应试教育“一招鲜”赢得人生的压倒性优势，我们的学校也不可能再靠“单打一”甩开追兵、超越标兵，我们的教育更不可能再靠“只顾分数不及其他”就能够满足人民群众对美好生活的新期待。必须更加深刻认识到，从“育人为本”到“立德为先”，从“四育并重”到“五育并举”是教育领域一次深刻的思想解放，也是制胜未来、赢得主动的唯一正确道路。海门教育发展到今天、新教育实验深耕到今天，我们有实力、更要有定力迎接挑战、迎难而上，决不能因为一时的短视行为、功利诉求，就无视教育规律、违背教育原理、畸化教育评价，以致损害了孩子的身心健康。

一是育人以德，将“立德树人”摆在首要位置。全面贯彻《关于深化新时代学校思想政治理论课改革创新的若干意见》《新时代爱国主义教育实施纲要》，构建以爱国主义为核心的新时代学校德育工作体系。强化核心价值的有效引领，注重党的领导教育、理想信念教育、爱国主义教育、集体主义教育和各种优良品质的养成，建立班级悬挂国旗、每周面向国旗宣誓与重大活动奏唱国歌制度，开展各类红色主题教育活动，积极引导青少年将爱国、爱党和爱社会主义统一起来，使社会主义核心价值观内化为学生的精神追求，外化为自觉行动。强化德育课程的有效支撑，把新教育十大行动与德育课程有机结合，大力开展新德育微课程群建设，举办新德育研讨海门开放周活动，推动“每月一事”全学段贯通发展。通过组建中小学思政课一体化建设联盟，实施思政课跨学段“手拉手”备课制度，打通学段区隔，形成循序渐进、螺旋上升发展态势。全面实施“三全育人”综合改革，充分挖掘学科教材中的思政基因，强化思政德育与课堂学科教学的有机结合，申报确立一批学科德育基地学校。突出实践育人功效，坚持以中小学生品格提升工程为抓手，加快形成促进学生“知行合一”的德育新范式。深化家庭教育提升工程，加强班主任队伍建设，单列开评德育带头人、德育骨干和德育新秀，激励优秀教师长期担任班主任。

二是授人以智，将“关键能力”作为重中之重。正确认识智育的地位和作用，跳出分数看智育。坚决摒弃“见物不见人”“见分不见人”“只见树木、不见森林”的教育模式，进一步完善基于学生核心素养和关键能力的考核评价体系，围绕习近平总书记“六个改过来”的目标，创设丈量教育、丈量学生、丈量业绩的新“标尺”。认真贯彻教育部“减负三十条”的相关规定，进一步减轻学生过重的学业负担，着力加强课后延时服务质量，建立完善作业审批制度，鼓励学校探索“无作业日”改革。注重综合性、过程性、自我性、写实性等多种评价方式的运用，继续做好“五好学生”评比。坚持以新教育“晨诵午读”课程为依托，继续实施中小学生阅读素养提升计划，举办“我们的节日”、中华经典诵写展评等活动，用一本本经典好书铺就学生的成长之路，在大量阅读、系统阅读、深度阅读中发现问题、思考问题、提升素养。落实教育部《关于加强和改进中小学实验教学的意见》，将实验教学作为学科教学的基本规范，进一步完善实验操作考查方法，创新开展学生科技类活动，培养学生的动手能力、观察能力、思维能力和解决实际问题能力，让课程不止于课堂、学习不止于教室。

三是强健以体，将“身心健康”列入刚性要求。严格落实国家体育与健康课程标准，将开齐开足体育健康课、保证校园体育百分百锻炼等要求落到实处。适度提高体育练习、大课间活动体能训练的强度和密度，完善学生体质健康季度监测报告等制度，不断提升学生体质水平。大力推进学生近视综合防控工程，鼓励学校布置体育家庭作业，全面实施寒暑假学生体育家庭作业 1 小时制度。

继续做好1+X、校园足球等专项体育建设，不断培育学校体育特色项目。高度关注学生，特别是青春期学生的心理健康，全面加强心理监测和干预体系建设，进一步明确心理健康教育的目标任务，引导学生学会积极的心理调适，既磨炼学生“在规则的约束下去赢”的动力，也磨炼学生“体面且有尊严地输”的意志力，形成积极、向上的健康心态。出台《中小学班主任心理健康辅导能力提升三年行动计划》，加大心理健康教师培养培训力度，为学生提供常态、及时、有效的指导与服务。

四是浸润以美，将“审美素养”融入成长基因。进一步加强和改进学校美育工作，深入实施“美育浸润行动计划”，建立课堂教学、课后活动、校园文化、艺术展演“四位一体”的美育推进机制，严格实施音乐、美术等国家课程，完善学校艺术教育和学生艺术素养评价制度，丰富音乐、舞蹈、戏曲、书法等社团活动，着力让每位学生学会1～2项艺术技能。大力拓展美育文化载体，鼓励学校因地制宜研发以海门山歌、通东民歌、麒麟红木雕刻、沈绣、古琴、通海布艺等各类非物质文化遗产为特色的美育校本课程；注重发挥校园环境的渗透熏陶作用，通过场景场所的绿化、文化、美化，达到以美怡情、以美辅德、以美益智、以美健体的效果。做好高雅艺术进校园以及弦乐团、民乐团、合唱团等艺术社团的培育工作，在丰富的美育活动中，充分激发学生感受美、表现美、鉴赏美、创造美的能力，让学生积淀受益一生的艺术素养。

五是实践以劳，将“奋斗精神”深耕厚植于心。习近平总书记在全国教育大会上把“劳动教育”列入学生全面发展的教育理念，2019年又把劳动教育列入深化改革的具体进程，具有重大的战略和实践意义。各校要认真贯彻落实《关于全面加强新时代大中小学劳动教育的意见》，高度重视劳动教育的综合育人功能，将劳动教育纳入人才培养的全过程，加快建立“资源丰富、模式多样、家校联动、机制健全”的劳动教育体系，着力打造一批优质劳动教育实践基地。积极探索技术教育、工程启蒙教育课程建设，创新“劳动教育+学科”融合课程教学模式，制定家庭教育劳动清单，举办新教育科技嘉年华活动，让学生在劳动实践中养成习惯、尊重劳动。与多种形式的社会实践活动和志愿者服务相结合，不断拓宽劳动教育的途径。

（四）城乡教育均衡发展是当下社会发展的最大教育公平

近年来，海门的城乡教育均衡发展有了重大突破并取得令人瞩目的成绩。在此基础上，我一直在思考教育如何更人性，质量如何再提高这个命题，始终认为教师特别是乡村教师是关键，教师自我内驱力和教师协同共生力是必须呵护与培养的软实力。虽然主政海门教育，但是并没有采取行政强制推动的方式对教师专业品质提升这个命题在短时间内搞项目攻坚，而是通过所主持的江苏省教育科学“十三五”规划2016年度普教重点自筹课题“区域提升乡村教育品质的实践研究”，以问题导向的方式，循序渐进地予以探索。我们在朱永新教授“三专”理论的基础上研制出台了《海门市一线教师教育科研能力提升行动计划》，面向全体教师倡导开展共同阅读、共同写作和共同开展课题研究活动，此为底线要求。研制出台了《海门市名师工作室与优秀教育人才乡村公益助教行计划》《海门市新教育乡村种子教师支持计划》，并组织开展了乡村骨干教师培育活动，形成优秀教师主动作为的良好风尚，此为榜样引领。虽然该课题在2019年12月已经顺利结题，但是我们在“底线＋榜样”的基础上，仍然持续着力开展专业共同体建设，为乡村教师创设或让他们自主创设多样态、开放式的专业发展团队，如教育教学专业协作共同体、乡村骨干教师（新教育乡村种子教师）培育活动、名师（名品教育项目）工作室动能，供他们主动吸纳或融入，形成抱团取暖、同频共振式的同行致远局面。我们的初衷就是为了充分发挥全市高水平教师专业引领作用，建立起全市中小学、幼儿园优秀教师间互动赋能、合作提升的培养人才新机制，最终培养全市优秀教师和未来名师，促进全市教育事业更好更快地发展。优秀的教师团队对内聚是一团火，专注于导师引领和同伴互助的专业品质提升，锻造每一位成员的刀锋剑芒；对外散为满天星，积极开展乡村公益助教活动，照亮全区域教育。海门现在已经将普惠行动做成常规活动，出台了《海门市名师（名品）工作室与骨干教师乡村公益助教行计划》，2019年举行50余次活动，直接受惠教师2 400余人，受益学生20 000余人次，基本能够满足区域所辖乡村教师日常的业务研修和专业提升需求。新教育最重要的逻辑起点就是教师的专业成长，并无限相信教师的自觉和潜力，相信团队合作和内部个体相互赋能的力量。教育情怀和信念的种子一定会在岁月的润泽下发芽，教师个人的专业成长一定会在团队这个大家庭中得到同伴的能量加持，不断成长，以回馈乡村，泽惠学生。只有这样才能不落下一位教师，不忽视一个学生，对得起每一个家庭，真正把让“不忘初心、牢记使命”化为一种落地实干的精神，只有这样，教育公平才能想到细处、破开难处、落到实处。

参考文献

1. 郭元祥．课程观的转向．课程・教材・教法，2001（6）．

2. 郭元祥．生活与教育：回归生活世界的基础教育论纲．武汉：华中师范大学出版社，2002．

3. 刘畅．基于儿童立场的课程建构．中国教师，2015（7）．

4. 刘铁芳．走向生活的教育哲学．长沙：湖南师范大学出版社，2005．

5. 鲁洁．生活・道德・道德教育．教育研究，2006（10）．

6. 石鑫．学术性高中的使命．南京：江苏凤凰教育出版社，2015．

7. 习近平．习近平在第二届世界互联网大会开幕式上的讲话．人民日报（海外版），2015-12-16（3）．

8. 许新海．教育生活的救赎．太原：山西教育出版社，2010．

9. 许新海．做新教育的行者．福州：福建教育出版社，2014．

10. 许新海．守望新教育．武汉：湖北教育出版社，2015．

11. 朱永新．新教育之思．济南：山东友谊出版社，2007．

12. 朱永新．中国新教育．北京：中国人民大学出版社，2012．

13. 朱永新．新教育年度主报告．武汉：湖北教育出版社，2014．

14. 朱永新．未来学校．北京：中信出版社，2019．

15. 朱永新．走向学习中心：未来学校构想．北京：中国人民大学出版社，2020．

附　记

许新海：强毅力行的教育行者

《江苏教育报》记者　何刚　王瑾　吕玉婷

人物档案　许新海，1967 年 9 月出生，江苏海门人，教育哲学博士。海门市教育局党组书记、局长，中学高级教师，江苏省特级教师，江苏省“333 高层次人才培养工程”首批中青年科学技术带头人。曾主持全国教育科学规划课题“特级教师计划”专设课题“现代生活教育实验研究”和全国“十一五”教育科学规划课题“区域教育共同体建设与研究”等多个重要课题，出版专著多本，发表教育科研论文 200 余篇。

到达海门时，一场冷空气带来的淋漓的“非典型”春雨刚刚停歇，正在过境的北风呼呼吹着。天气脱离了前一天的烦躁，却又多了一丝“乍暖还寒”的清冷。这种清冷让我们这几位采访者的心一下子静了下来。

采访前准备材料，看了不少关于东洲小学、海门教育及许新海本人的报道，不免有些资料积累过多的“惴惴不安”——对于这位已被打上“最年轻校长”“全国推动读书十大人物”“新教育领军人物”“博士局长”等“标签”的教育人物，我们这次能否发掘出一些新的故事、新的闪光点？两天时间里，我们跟随许新海，观察他的工作生活，采访他曾经及现在的同事，梳理他过往的点点滴滴，记录他如今的思想理念。我们发现，虽然身份变了、工作方式不同了，但许新海的一些习惯仍然保留着，“想过简单纯粹的教育生活”的追求也并没有变。他依旧像个行者，向着自己心目中的理想教育努力前行着。

“进学校比进机关会议室感觉好多了”

早上 7 点 45 分，许新海来到自己的办公室，打开电脑，点击开“海门教育”网，鼠标习惯性地直奔“每周工作”而去——4 张表格，清晰地呈现出教育局各部门、各科室这一周的工作安排。许新海迅速地收发电子邮件，和副局长碰头，安排当天的主要工作。茶杯中的十几片白茶叶开始在水中舒展开来，他却来不及多喝几口，便赶往一所高中参加化学教研活动。

“进学校比进机关会议室感觉好多了。”许新海常这样说。虽身为“一把手”，但进校园听课、参加教研活动一直以来都是他日常工作的一部分。他喜欢和一线教师面对面交流，也乐于亲近学生。“我更眷恋安静的校园，更喜欢专注教育本身，更想成为一个纯粹的‘教育’局长。”

去年寒假前，得知几所学校的高三学生高考模拟成绩有所下滑，许新海带队赴各校询问情况。海门市教育局基教科长陆洪飞回忆说：“那天已经很晚了，而且下着雪，路并不好走，但许局长从来就是个‘问题不过夜’的人。”到了学校后，许新海召集校长、年级主任、任课老师一起分析成绩滑坡原因，寻找解决路径，休息间隙，还一个人“偷溜”进教室巡视。“正因为他沉入一线，洞察学校管理中的每一个角落、每一个枝节，他才有充分的话语权。”陆洪飞说。

作为海门教育的掌舵人，许新海的管理智慧总是隐于细节。记者在他的办公桌上发现了 5 本大小、颜色各异的笔记本。许新海笑着透露出他的秘密——棕色的笔记本主要负责记录倾听与交流中的“思维火花”；两本黑色的会议记录本，一本记从上到下的行政会议，一本作为在教育局开会时的“备课”本；绿色的笔记本主要负责备忘和记录批文中各条线的活动；还有一本较薄的日程提醒本。“我一年大概要用 20 本，很多管理经验都是在记录中慢慢沉淀的。”

也许许新海天生就具有管理细胞。中师毕业，他做了 3 年小学教师，后来考取了江苏省青年管理干部学院，脱产学习两年。学成归来，许新海被安排到海门师范附属小学担任教导副主任。没想到仅仅半年后，新到任的教育局局长看上了这个精神的小伙子，“我要重用你这个从干部学院毕业的人才”，派他去创办新学校东洲小学。于是，几乎没有任何管理经验和资历的许新海一跃成为东洲小学校长，年仅 25 岁。他从海门师范附属小学的档案橱里带走了一本学校常规管理资料，这成了他做校长的最初经验来源，成了他研究学校管理的开始。

东洲小学的成长神话已被无数次复述，现在问起许新海的管理魔力，他的回答是两句话：梦想催生激情；大家的办法，总比一个人的办法多。他笑着说：“固然我爱‘做梦’，但我的梦想总是来源于实践和反思，来源于学校、教师、学生真正的发展需求。”

“我希望自己能引领周围的人一起成长”

上午 10 点 20 分，海门市冠今中学校园里响起欢快的课间操音乐，许新海和该校茅校长的交谈还没有结束。一只方凳上，两杯清茶，坐在沙发上的许新海一边倾听一边记录。每次交流时，茅校长跟许新海说的都是“掏心窝”的话，现在他正面临棘手的问题——管理人才缺乏。“你想到的是选拔，我想到的是培训……”听了许新海的一番建议，茅校长紧锁的眉头舒展开来，“对对对，我们要做的就是‘微创手术’，动动关键点可能就柳暗花明了！”

“我希望自己能引领周围的人一起成长。”许新海是这样说的，也是这样做的。当校长时，他喜欢“点拨”年轻教师；成为教育局领导后，他又毫无保留地将自己的教育经验给各位校长倾囊相授。

在海门市少年宫幼儿园副园长王丽眼中，许新海就是她职业生命中的“贵人”。“我记得那是 1998 年的一个晚上，许校长告诉我论文获奖的好消息，并鼓励我多写文章。”这让刚刚工作两年的王丽深受鼓舞。1999 年，“许校长”听完她的公开课后，启发她应如何更好地与孩子们在课堂上对话；2004 年，“许校长”虽在澳大利亚，却还写邮件鼓励她参与课题研究……如今，已成为特级教师的王丽拥有了以自己名字命名的名师工作室。“现在许局长碰到我，还会和我一起商讨如何把名师工作室的工作做好。作为一名基层的学前教育工作者，能得到局长手把手的引领，我感到特别荣幸。”

和王丽有同样感受的，还有海门市东洲小学副校长顾寅娟。“他脑子中勾画的教育事业蓝图，总是让我们有万千憧憬。那时我们干劲特别足，总是一干就到天黑。”顾寅娟 1994 年到东洲小学任教，如今回忆起与许新海并肩作战的日子，她依然热血沸腾。

1996 年至 2001 年，是许新海带领东洲小学青年教师“闭关修炼”的日子。那时，从普通话、粉笔字再到课程开发，每个双休日下午许新海都要聘请专家来校辅导青年教师。同时，他又邀请李吉林、李庆明等一批知名专家、学者来校担任教育教学顾问，提升青年教师的教学水平和业务能力。在许新海的带领下，东洲小学在 13 年里已培养出 5 位特级教师，这在南通市教育局局长郭毅浩眼中也是“极为少见的”。

用读书来引领师生发展，这是许新海做校长时就定下的目标，如今做了局长，他仍旧是“一日无书，百事荒芜”。记者发现，他的书桌上放了本陶行知先生《教育的真谛》，而教育局各科室、各所学校校长的办公桌上，也同样放着这本书。“这是最近海门教育系统人员共读的一本书，‘相约星期五’读书会上，大家还要轮番上阵，讲解书中的章节。”许新海告诉记者。

“一所学校、一间教室里，阅读是仅仅作为一种形式还是真正成为内容，往往取决于校长和老师。所以，我要千方百计‘威逼利诱’校长、老师们读书。”有一次，许新海买了 100 本教育家苏霍姆林斯基的《帕夫雷什中学》，并把全市校长们召集在一起，利用整整半天时间，共读该书中论述阅读的章节。一位 50 多岁的校长对许新海说：“我做了那么多年校长，从来不读书的，我觉得我的工作干得也不错。可我读完那一部分后，真是对这本书爱不释手，忍不住一直读完了它。”

许新海一直认为，“思想是引领团队的引擎”，他在不断提升自己的同时，还带着大家一起“充电”。2005 年上半年，海门市成立了校长俱乐部，时任东洲小学校长的许新海成了小学组的牵头人。升任教育局副局长后，许新海更是把校长俱乐部的引领作用发挥到极致。“我们希望校长俱乐部作为一个平台，能使我们在分享交流中激发灵感，在合作研究中迸发智慧，更重要的是促进所有的校长能走向自主创新的专业化发展之路，让校长们与自己所带领的学校共同成长，为中国教育的改革与发展做出更大的贡献。”

“只有靠闯才走得快”

离下班时间还有 20 分钟，许新海打开了他的个人博客——“许新海教育随笔”。“这里面发出的都是教师、家长真实的‘声音’，不信你来瞧瞧。”记者随机进入了 2 月最后一周的博客页面，点击量为 1 373，评论有 14 条，其中不乏辛辣之言。一位教师留言建议：“教育局应放权，文艺汇演让各教育集团组织吧，就和现在的优课比赛一样。”据教育局办公室主任曹慧忠介绍，以前农村教师常常沾不到市级优课比赛的边儿，许新海在博客里听到农村教师的“牢骚”后，立马建议并实施了一个新做法：优课评比权下放到教育集团手中，让农村教师有更多崭露头角的机会，真正达到以赛促研的目的。

在海门，许新海以“主意多”而闻名，他可以和乡长、镇长说乡村旅游，也可以和科协主任谈科技节目制作。一位镇长说：“他能在随意的聊天中提出不少好点子。”但许新海在教育管理上出“主意”可是非常慎重，他总是会召集教育局同事、校长一起商讨，并随时恭候师生、家长提出意见。海门几乎所有的教师、家长、学生都知道教育局“一把手”有一个公开的博客“许新海教育随笔”，谁都可以上去“踩几脚”，局长不仅不生气，还津津乐道于听大家发牢骚、吐苦水。“许局长博客留言中反映出来的教育现状比教育局网站上的还要齐全、客观。”曹慧忠说。

“他最大的特点就是敢于创造。”在海门市东洲小学前任校长祝禧看来，许新海是一个极具创造力的人，他时时刻刻都想在教育的天地里做出些什么，在他的脑子里总是能迸发出新奇、大胆的点子。刚做东洲小学校长没几年，许新海就大胆地提出了“开放教学”一词，呼吁教学过程应该让学生在教师的引导下自主学习、自悟学习、自得学习。这显然是对传统教育发起的挑战，对此社会上颇有微词。他顶着种种压力，带领教师们摸索着向前，最终形成了鲜明的

“开放教育”办学特色，在省内外产生了广泛影响。

然而，“开放教育”还不是许新海心中理想教育的样子，在他看来，理想的教育应以个体生命为本位，要让孩子和教师“得福”，这与朱永新教授提出的“新教育”理念不谋而合。2005 年，担任海门市教育局副局长的许新海，开始师从朱永新教授攻读教育哲学博士学位，并决心在海门全市开展新教育实验。

新教育实验的核心是阅读。在上任第二天起的半年时间里，许新海带着教育局同事跑遍了海门全市 60 所村小，并在接下来的 4 年中推行了农村学校“图书漂流”活动。

“许局长的思维特别快，点子特别多，我们总觉得慢他半拍。”在同事们的眼里，许新海只要拿定一个主意，便会大刀阔斧地去实行。每天在办公室，许新海必做的一件事就是浏览各类报纸关于教育的报道。每次发现某个地区在教育领域的创新做法，他总会反问自己：“为什么海门不能更及时地走在别人前面?”“基层的教育如果靠等是无法走快的，只有靠闯才能走得快。”许新海这样说。

“没有管理机制的创新就没有教育的改革发展。今年，我们要全面推进 5 个幼教区域共同体的建设，派市区优质公办幼儿园的一名骨干教师，到乡镇民办幼儿园担任园长，引领民办园优质发展。”党的十八届三中全会召开之后，许新海很快就拿出了海门教育改革的“路线图”——“义务教育要探索以集团理事会为最高决策和议事机构的新型法人治理结构管理模式；高中阶段要建立校际联盟，促进优质资源共享；职业教育要与企业深度融合，走产教结合道路……”

江苏省教科所原所长成尚荣说许新海有着一颗“不安分”的心，现在看来的确如此。追求创新，许新海这颗“不安分”的心总是在咚咚跳动着，为海门教育输送着最新鲜的血液。

“再跨更大的一步也许就是豁然开朗”

走进位于海门市解放东路上的“阳光乒羽”俱乐部，已是晚上 8 点 40 分了。由于工作的耽搁，今天许新海比往常来得晚了半个小时。“许局长才来啊!”熟悉的球友纷纷打招呼。在这个由一间旧厂房改造而成的球馆里，许新海已经打了将近 5 年的羽毛球。“以前一直喜欢打乒乓球，后来听说打羽毛球可以治颈椎病，才改打羽毛球的。”虽然是“半路出家”，但许新海的羽毛球水平并不低，高接低挡，大力扣杀，很快，4 局打完了，他放下球拍，与球友道别后回家了。

许新海从不抽烟，极少饮酒，几乎不参加饭局应酬。除非出差，否则每晚运动一小时是他雷打不动的日程安排。正因为如此，许新海看起来精瘦而结实。

“前不久体检，其他指标都正常，就一项肌酸激酶高，医生说我运动过量，让我换一种不太剧烈的运动。”

他自称是个生活简单的人，“除了运动，就是读书和写东西。”每到晚上9点钟，许新海家那间十余平方米的书房便亮起了灯，他和夫人一人一张书桌，或读书，或上网，或写作。“女儿回来后，我们就三个人挤在这里。”

从小喜爱与书为伴的许新海，每天无论有多忙，都会挤出时间来阅读。20世纪70年代初的农村，精神与物质一样贫瘠，当时读小学的他没课外书读，就反复读课本。假期时，同龄的伙伴都去帮家人卖瓜果赚钱，只有他躲在家里一遍又一遍读课本。现在，除了读与教育相关的书以外，他还爱读“大师”的传记。“读书并不是整天捧着一本书看。”对于读书，许新海有着自己的理解：读书即读人。“如果能够与这些大师有交流对话的机会，这就是读‘活’的书了。”

许新海每天坚持做的，还有写工作日记。“其实就是像记流水账那样把一天的工作梳理下来。”这个“坚持”从走上工作岗位时就开始了，他把这种记录的过程叫作“每日一思”，从中反思一天的工作、反省自身的不足。

1997年，许新海赴美国学习考察，他利用一切空余时间坚持把每一天的考察实录和心得体会详实地整理记录下来。一个月的考察很快结束了，许新海竟然收获了10万多字的考察心得。于是回国后，便出版了一本《美国小学教育考察》。“没想到还挺畅销的，几次重印。”许新海开心地说。2004年，他通过考试成为赴澳大利亚的访问学者。官方对访问学者的要求是，一年学习结束后，交一份一万字左右的报告。但许新海在澳大利亚的一年，却访问了30所中小学，听了500节课，文字记录达60多万字。很自然的，回国后，他的专著《澳洲课程故事——一位中国著名校长的域外教育体验》《澳中教育与课程跨文化比较研究》又出版了。

就在谈到赴澳大利亚做访问学者的话题时，许新海道出了一个“惊人”的秘密——“我在出国前，还是个英语盲。”为了考上访问学者，当时他在南京师范大学参加了为期6个月的封闭式英语培训。“我印象特别深，当时我给自己定下了魔鬼式训练计划，每天花15～18个小时学习英语，只睡6个小时，连吃饭的时候都还在背单词。”说起这段经历时，许新海显得颇为轻松，但当时的艰辛却只有他一人知晓。

许新海的“坚持”在旁人看来有些“自虐”——每天晚上他几乎都是12点才睡，早上却7点多就到了办公室。海门市新教育教师培训中心主任吴勇笑称许新海为“疯子”。然而，这疯狂的生活方式却折射出了他惊人的毅力和坚持的品格。“遇到困难时，向前跨一步，有可能是更大的困难，再跨更大的一步也许就是豁然开朗。”在许新海的人生字典里，没有畏惧、没有放弃、没有逃避，“我一直认为自己是所向披靡的，从来不去想更多的困惑和矛盾。一方面想了这些困惑和矛盾之后，自己会不愉快，另一方面我喜欢挑战困难和矛盾，任何困难和矛盾在我面前，我都喜欢去突破它们。”

2012 年，刚刚就任海门市教育局局长的许新海在暑期校长会议上提出了“强毅力行、追求卓越”的海门教育精神。“强毅力行”最早出现在张謇先生的一段话中，“人患无志，患不能以强毅之力行其志向耳!”许新海解读说，“强毅”是一种态度，是积极进取的精神状态；“力行”是一种行动，是身体力行的积极动作。“‘强毅力行’的内核就是力量与韧性的坚持。”

其实，这也正是许新海自己的人生态度。

——摘自 2014 年 3 月 28 日的《江苏教育报》

后　记

时间流逝，一晃我担任海门教育局局长已经八年了。这八年是海门教育事业改革创新力度更大、发展质态更好、教育质量更高、师生获得感更强、社会影响力更广的八年。八年来，面对时代发展的新变化、人民群众的新期盼和教育变革的新形势，教育系统深入贯彻落实习近平新时代中国特色社会主义思想，紧紧围绕“办好人民满意的教育”的总目标，大力发扬“强毅力行、追求卓越”的海门教育精神，以深化改革、创新发展为动力，以平台聚力、项目攻坚为手段，以完善体系、转型发展为路径，积极追寻“美丽生命、美好生活”的价值，圆满实现了“十三五”规划确定的目标，创造了海门教育发展的新成就。

这八年是我们在创新创业中破障奋行的八年，是我们在勇毅笃行中创造辉煌的八年，是我们在奋楫争先中收获幸福的八年。回顾这八年，有几条经验值得认真总结。一是始终坚持立德树人、提高质量的任务目标；二是始终坚持勇于破局、善于创新的改革精神；三是始终坚持勇于担当、主动作为的过硬作风；四是始终坚持即知即改、立说立行的良好品质；五是始终坚持公平惠民、人民满意的理想追求。

回眸这八年，海门教育能在高位平台不断攀升，海门教育的影响力能唱响全国，得益于我们有一个优先保障教育、政策倾斜支持，推动教育改革发展的上级领导班子；得益于我们有一个全社会关心、理解、支持教育的良好社会环境；得益于我们历任教育局局长打下的厚实基础；得益于我们有一支追求卓越、敬业奉献的优秀校长和教师团队；还得益于以朱永新先生为核心的新教育实验团队的鼎力相助。借此机会，我特别要向默默耕耘、辛勤奉献的海门教育同行们致以崇高的敬意！向长期以来关心、支持海门教育事业发展的各级领导和社会各界人士，表示衷心的感谢！

“十三五”时期是海门全面建成小康社会的决胜阶段，也是海门教育改革与发展的关键时期。梳理、反思这八年走过的历程，分析研判改革发展新形势，可以让自己在充满信心的同时冷静应对，创新思路，勇于改革，以党的十九大以来党的方针政策及习近平新时代中国特色社会主义思想为指针，积极践行党的十八届五中全会提出的创新发展、协调发展、绿色发展、开放发展、共享发展“五大发展理念”，瞄准教育质量更好、成长路径更宽、教师素质更强、学校布局更优、办学品质更高“五大目标”，不断完善教育治理、教师发展、学生培养、终身教育、助学保障“五大体系”，重点实施优化学校布局、提升基础装备、推进智慧教育、研发卓越课程、培育健美生命“五大工程”，率先建成“江苏省教育现代化示范市”，努力“办好人民满意、师生幸福的现代化教育”。

一是用创新理念引领教育创新和创新教育。“苟日新，日日新，又日新。”创新是引领发展的第一动力。坚持创新发展，必须把发展基点放在创新上，形成促进创新的体制架构，依靠创新驱动教育改革发展。要大力创新人才培养模式，加快构建体系开放、机制灵活、渠道互通、选择多样的人才培养体制。要大力创新教育体制机制，深入推进教育管办评分离，加强教育督导，进一步落实扩大学校办学自主权。要大力创新教育治理体系和治理方式，提升治理能力，健全完善集团决策、执行、监督运行体系，不断深化集团运行机制，探索幼教共同体集团化建设。实现南通市级以上依法治校示范校全覆盖，人民群众满意度达90%以上的目标。

二是用协调理念引领各类教育协调发展和城乡教育均衡发展。“不谋全局者，不足谋一域。”“唱和如一，宫商协调。”要健全城乡教育发展一体化体制机制，加快推进基本公共教育服务均等化。加快“升等创优”进度，实现学前教育规范化、标准化发展。深化义务教育管理集团办学体制改革，实现义务教育集团化、均衡化发展。整合高中优质教育资源，实现普高教育集聚化、高效化发展。推进现代职业教育体系建设，实现职业教育市场化、国际化发展。完善开放大学建设，实现社会教育终身化、多样化发展。实现学前三年毛入园率、义务教育巩固率、高中阶段毛入学率均保持在99%以上，所有高中均达省三星级以上标准、四星级高中比例达80%，义务教育学校达省定办学标准比例、幼儿园达省优质园比例、社区教育中心达省示范标准比例均在90%以上的目标。

三是用绿色理念引领生命教育和生态校园建设。“顺木之天，以致其性。”以人为本，重视生命，是教育的出发点。树立绿色的发展观，转变教育发展方式，改革教育教学形式，促进教育内涵式发展。树立绿色的学生观，把促进学生健康成长作为学校一切工作的出发点和落脚点，让教育立足于生命的原点，协助学生成长为最好的自己。树立绿色的质量观，注重学生综合素质的培养，把促进人的全面发展、适应社会需要作为衡量教育质量的根本标准。树立绿色的评价观，围绕核心素养，制定完善的绿色评价体系，促进学生呈现德智体美全面发展的生命姿态。始终坚持“立德树人”根本任务，以新教育实验为抓手，深入推进素质教育，构筑理想课堂，研发卓越课程，探索深度学习课堂教学模式，逐步建立较为丰富的课程资源库，形成区域性与学校特色的课程体系，学校多样化课程开设率达100%。把绿色、低碳、节能、环保等纳入教育内容，增强青少年学生绿色观念和环境意识，全力打造生态校园。完成中小学综合实践活动和青少年足球训练基地建设，创建全国校园足球改革示范市。实现中小学学业合格率、中职学校毕业生双证书获取率均达100%，学生综合素质评价优良率、学生体质健康测试合格率均达95%，学校心理健康教育课程开设率达100%的目标。

四是用开放理念引领教育国际化和未来智慧教育。“一花独放不是春，百花齐放春满园。”鼓励并扶持社会力量办学，创新购买服务方式，开展联合聘请外籍教师试点，为孩子提供多样态教育服务。借鉴国际先进教育理念，引进优质教育资源，指导办好民办国际高中。扩大师生海外培训、短期修学规模，拓展国际视野。顺应“互联网+”背景下的未来教育潮流，立足“智慧校园”建设，开发优质数字化资源共享平台，引导学生“选课走网”，为万众创新提供支持，每所学校均成立“创客空间”。实现省义务教育学校现代化建设达标率、省“Ⅰ”类装备标准学校达标率、南通市数字化校园建设达标率、学生拥有个人网络学习空间率均达100%的目标，使海门率先成为“省基础教育装备示范市”。

五是用共享理念引领教育普惠和公平发展。“天地之大，黎元为本。”顺应经济社会发展和城镇化建设要求，科学统筹规划，形成布局合理、规模适度、充满活力的办学格局。普通高中调整为6+1（民办）所，初中调整为28所，小学增加到41所，幼儿园增加到67所，公办幼儿园的比例达70%。成立海门张謇高等职业技术学校。继续实施中小学、幼儿园校安工程，建立完善校舍安全长效保障机制。完善弱势儿童教育公共服务体系，建立特殊教育指导中心，关爱困难家庭学生、留守儿童和外来务工人员随迁子女，落实各项资助政策，让惠民利民政策深入人心。立足高尚师德，加快教师专业成长，推动教师由生存职业向生命志业转型。力争五年内新培养省特级教师、人民教育家培养对象、正高级教师20余人次，南通市级骨干教师500人次，县级骨干教师1 000人次，新增名师工作室10家。实现幼儿园教师学历专科率达95%，本科率达60%；小学教师学历本科率达90%；初中教师学历本科率达100%，研究生率达8%；高中教师学历研究生率达20%，职教“双师型”教师达80%。以优质的教师团队保障教育最大普惠与公平的实施。

时值收官“十三五”、规划“十四五”，总结新教育实验20年，梳理成果经验，准备剑指未来学校建构的研究与实践，一场突如其来的新冠肺炎疫情，让我们正常的工作、生活受到了极大的影响。在这个时候，我一方面繁忙无比，完全没有了上下班和节假日的概念，需要带领海门市教育局的全体班子成员和广大干部群众，奋战在抗击疫情的第一线，研判全市教育体育领域的各项工作。另一方面也相对多了在办公室的时间，工作之余进行思考和研究，权当苦中求乐。重新审视新教育实验，自认为在当下社会环境和教育环境中，主张教育应该指向人的幸福完整发展的思考仍然有着极强的现实意义。想起西南联大校长蒋梦麟曾经说过的一句话："强国之道，不在强兵，而在强民。强民之道，惟在养成健全之个人，创造进化的社会。"当这场危及人类生命的疫情就在我们身边时，我们看到了"最美逆行者"，他们中有在国外享受着最好工作和生活条件的科研人员紧急回国，有来自我们身边的普通的医护工作者积极请战，有政府机关单位、中小学幼儿园的工作人员坚守岗位，也有来自民间的志愿者守护社区乡村。更有我们的教师无私奉献、主动关爱每一个学生，让孩子们感受人类与自然、生活与灾难的关系，也让孩子们明白自己的当下和祖国未来的关系，树起信念，学会担当，从而知道自己的人生价值和意义。

大风起自青蘋之末，当我们每一个成年人，特别是教育工作者让我们的孩子认识到国家、社会、民族、家庭、个人的未来成败即在此时此刻此地的旦夕之间时，健全的个人就不能只具有知识和技能。个人的才智是有用的，但是只为个人所用，以创造个人利益为终极目的时，就有问题了。所以我们才会坚持不懈地"立德树人"，才会矢志不渝地"不忘初心、牢记使命"，才会真正理解李兰娟院士说的：这次疫情结束以后，希望国家逐步给年青一代树立正确的人生导向和正确的人生价值观。这需要我们教育工作者首先把社会主义核心价值观牢记在心，在"五育并举"的基础上做好思政大课程、全课程建设，深入研究、有效实施生涯规划。唯有此，才能把"培养社会主义接班人"的教育方针落到实处。

真诚感谢恩师朱永新先生推荐我成为国家出版基金项目"当代中国教育改革与创新书系"的作者之一，还仔细阅读我的书稿，点拨修改思路，并为书稿作序。感谢海门教育团队的龚向东、吴爱建、王丽根等同事，放弃了许多休息时间，帮助我整理这几年的讲话稿、论文，文中照片由江伟明等同事拍摄提供，感谢中国人民大学出版社的王雪颖，用心编辑，让书稿增色很多。

未来教育的美好是需要我们共同去创造的，未来学校的构想是需要我们共同去实现的。相信种子，相信岁月。我们已经在教育创新改革的路上，坚信一定会遇到一个又一个隆重的庆典。

许新海

图书在版编目（CIP）数据

变革的力量：海门县域教育生态的蜕变/许新海著. —北京：中
社，2018.7
（当代中国教育改革与创新书系/朱永新总主编）
ISBN 978-7-300-25902-4

Ⅰ.①变… Ⅱ.①许… Ⅲ.①教育改革-研究-海门 Ⅳ.①G527.534

中国版本图书馆 CIP 数据核字（2018）第 122469 号

国家出版基金项目
当代中国教育改革与创新书系
总主编 朱永新
变革的力量
海门县域教育生态的蜕变
许新海 著
Biange de Liliang

出版发行	中国人民大学出版社		
社　　址	北京中关村大街 31 号	**邮政编码**	100080
电　　话	010－62511242（总编室）		010－62511770（质管部）
	010－82501766（邮购部）		010－62514148（门市部）
	010－62515195（发行公司）		010－62515275（盗版举报）
网　　址	http://www.crup.com.cn		
经　　销	新华书店		
印　　刷	天津中印联印务有限公司		
规　　格	170 mm×240 mm　16 开本	**版　　次**	2018 年 7 月第 1 版
印　　张	13.75 插页 1	**印　　次**	2021 年 1 月第 2 次印刷
字　　数	241 000	**定　　价**	49.00 元
